의도적 연습으로 익히는

가족치료 기술

의도적 연습으로 익히는

가족치료 기술

Adrian J. Blow, Ryan B. Seedall, Debra L. Miller, Tony Rousmaniere, Alexandre Vaz 공저

최연실 옮김

신정

옮긴이의 말

처음에 이 책을 접하였을 때, 상당히 참신하다는 인상을 받았습니다. 가족치료의 핵심기술을 주제로 해서 내담자가 처해 있는 상황을 지시문으로 알려주고 내담자들에게서 나올 법한 진술들을 제시함과 더불어 이런 상황에서 치료자가 어떻게 개입해야 하는지를 연습하는 형식이 신선했고, 이런 방식으로 구성된 책이 가족치료 분야에서는 드물었기 때문입니다. 훈련을 시키는 위치에 있는 전문가들이나 훈련을 받는 연습생, 그리고 본인의 개입기술을 향상하고자 지속적으로 노력하는 상담자들 모두 어쩌면 우리가 가족치료의 실제 장면 속으로 들어가도록 안내해 주는 이런 책을 오랫동안 기다려왔다고 할 수 있을 것입니다.

견습과정에서 비행사들이나 의사들이 이론적으로 공부한 것을 실제 현장에서의 경험을 통해 기술을 단련하듯이, 상담자에게도 그런 현장을 마련하고 훈련을 받는 과정이 꼭 필요하다고 할 수 있습니다. 사실 가족치료 분야와 같이 임상이 중요한 영역에서는 내담자를 만남으로써 배우고 익히는 것이 참 많은데, 준비가 되지 않은 채로 내담자를 만나는 것은 상당히 두렵고 위험하기까지 합니다. 더욱이 상담을 공부해야겠다고 마음먹기까지는 했으나, 이론으로 배운 기술들의 적용에 서투른 초보 상담자의 경우는 실제 내담자를 만날 기회조차 갖기가 어려운 형편이며, 어렵게 내담자를 만나게 되었을지라도 불안과 긴장 수준이 너무 높아 상담을 잘 이끌어가는 데 방해를 받기가 십상입니다. 그러한 여건에서 이 책은 가족치료를 전공하거나 수행하는 사람들이 실제 장면을 그려보며, 가장 핵심적인 가족치료의 기술을 의도적으로 연습할 수 있다는 점에서 의미가 있습니다. 실제 내담자를 만나기 전 훈련하는 단계에서 상담 현장에서 나온 사례에 기반한 다양한 상황과 문제를 다루는 훈련을 통하여 가족치료자로서의 개입 기술을 발전시켜 나갈 좋은 기회를 가질 수 있을 것입니다.

주로 가족치료 전공의 석사 과정 학생들을 염두에 두고 만들었다는 저자들의 의도를 생각해보면, 대학원의 가족치료 강의에서나 슈퍼비전 과정에서 이 책의 활용도는 아주 클 것이라고 봅니다. 무엇보다도 가족치료가 그 토대를 두고 있는 체계론적 관점에서 가족문제에 개입하는 시도들이 돋보이며, 특히 최근 심리치료 분야에서 대두되고 있는 공통요인의 관점에서 가장 핵심적으로 부각되는 개입기술을 추려냈다는 점에서 이 책의 가치가 높게 평가될 수 있습니다.

구체적으로 살펴보면, 이 책에서는 12가지의 핵심 가족치료 기술을 다루고 있습니다. 처치를 위한 체계론적 근거 제공하기, 치료동맹의 부분으로서 유대 확립하기, 문제를 재정의하기, 완화를 통해 상호작용을 구조화하기, 삼각관계 피하기, 경계 강조하기, 체계론적 관점 수용 질문하기, 희망 만들어내기, 다양성에 주의 기울이기, 치료목표 확립하기, 상호작용 주기 추적하기, 실연을 통해 상호작용을 구조화하기 등이 바로 그러한 기술 들입니다. 이러한 기술 연습 외에 이 책에서는 이 가족치료 기술이 한 회기 속에서 전체적으로 어떻게 적용될 수 있는지를 보여주는 전사 회기 기록과 이 기술들을 응용할 수 있도록 연습하는 모의 회기를 마련해주고 있습니다. 또한, 부록을 통해 이러한 의도적 연습의 난이도와 반응을 평가해 볼 수 있는 양식, 연습을 전반적으로 성찰할 수 있는 일지 양식, 그리고 이 의도적 연습을 본격적으로 활용하는 강의계획서의 견본을 제시하고 있습니다.

이 책이 취하고 있는 체계적인 방식이 있으므로, 이 책을 최대한으로 잘 활용하기 위해서는 지침을 잘 읽어보고 지시를 따를 필요가 있지만, 몇 번만 반복해서 연습해보면 이 책의 체제를 금방 파악하고 익숙해져 이 책의 절차를 따르는 데 큰 무리가 없을 것입니다. 이 책은 미국심리학회가 기획한 의도적 연습 시리즈의 가족치료 편으로서, 가족치료 분야의 권위 있는 전문가들인 에이드리언 블로우Adrian J. Blow, 라이언 시달Ryan B. Seedall, 데브러 밀러 교수Debra L. Miller, 그리고 시리즈 기획자인 토니 루스마니에르Tony Rousmaniere, 알렉상드르 바즈 Alexandre Vaz 교수의 노고가 스며 있습니다. 특히, 이론과 실제를 겸비하여 가족치료 교육의 노하우를 축적하고 있는 세 저자(블로우, 시달, 밀러 교수)가 실제 사례에서 수집한 상황들에 근거하여 내담자의 진술문과 치료자의 개입문으로 그 내용을 구성하였고, 다루어야 할 문제와 상황의 난이도에 따라 초급, 중급, 고급으로 나누어 강의의 성격이나 참여자의 수준에 따라 적절하게 활용이 가능하도록 접근하고 있다는 점에서도 이 책은 다른 책들과 차별화되는 고유성이 있다고 하겠습니다. 더 나아가 저자들은 이 책이 출판되기 전에 이러한 내용을 전 세계 여러 각국의 전문가들과 공유하여 강의와 슈퍼비전과정에서 실험적으로 적용해 본 경험의 피드백을 이 교재를 개발하는 과정에 반영했습니다. 이 책은 과학적, 실용적 측면에서의 효용을 높이고자 이러한 무수한 노력을 기울여 출판된 것이니만큼 가족치료의 기술을 익히고 실제 어떻게 적용할 것인가를 고민하는 초보 상담자와 숙련 상담자 모두에게 동반자의 역할을 할 수 있으리라 기대를 해 봅니다.

불가에서 참선을 배울 때, 머리로 다가가는 것이 아니라 몸으로 닦고 익히는 것이라 합니다. 진정한 깨우침을 위해서는 심신 수련이 모두 통합된 존재론적 투신이 필요하겠지요. 아무리 머리로는 이해해도 몸이 따라가지 않으면 소용이 없을 것입니다. 그러하므로 많은 선승이 선방에 들어 치열하게 정진을 하는 것이 아닌가 생각됩니다. 그렇게까지 거창한 이야기를 할 의도는 아니었지만, 그러한 배움의 자세는 본받을 수 있을 것 같아 가족치료에 끌어와 이야기의 실마리를 풀어가 보자면, 마찬가지로 가족치료 분야에서도 이론적으로 공부하는 것이 현장에서 실천적으로 적용되기 위해서는 훈련을 받는 사람들이 기술들을 열심히 꾸준하게 몸으로 익히는 시간이 필요한 것 같습니다. 이론이 실제 상황을 모두 망라할 수 없기에 효과적으로 개입하는 유능한 치료자가 되기 위해서는 기본 기술을 버팀목처럼 탄탄하게 장착해서 다양한 실제 상황에 맞게 적절하게 구사할 수 있어야 할 것입니다. 그러기 위해서는 당연히 상당한 수련과 연습에 투자하는 시간과 노력이 관건이 될 것입니다.

이 책의 내용에도 나오지만, 맬컴 글래드웰Malcolm Gladwell은 어느 한 분야의 전문성에 요구되는 실제 시간의 수는 분야나 개인에 따라 다르지만, 대략적으로 '10,000시간' 정도가 필요하다는 규칙을 말합니다. 우리가 가족치료 분야의 전문가로 자리 잡기까지 이렇게 많은 시간이 요구된다고 하면 아득하게 느껴지기도 합니다. 하지만, '천 리 길도 한 걸음부터'라는 속담이 알려주듯이 우리는 이 여정에 발을 내디뎠으니 차근차근 앞으로 나아가야겠습니다. 여러분들께서 걸어가는 그 여정의 부분에서 가족치료 기술을 의도적으로 연습해보는 이 책이 보탬이 되고 충실한 벗이 되기를 빌어봅니다.

끝으로, 이 책의 출판을 수락해 주신 신정출판사의 최용구 사장님과 편집에 노고와 정성을 쏟아주신 편집부 직원들께 감사의 말씀을 드리며, 도움을 준 대학원생 정소영 양에게도 고마움을 전하고 싶습니다.

2025년 봄

역자 씁니다.

차례

PART 01

개관과 지침

제1부에서, 우리는 의도적 연습deliberate practice이 어떻게 체계론적 가족치료systemic family therapy의 임상 훈련 프로그램 안으로 통합될 수 있는지를 포함해서 의도적 연습의 개관과 제2부에 나오는 의도적 연습을 수행하는 지침을 제공한다. **우리는 훈련자와 훈련생 모두 의도적 연습을 수행하기 전에 먼저 제1장과 제2장을 다 읽도록 권한다.**

제1장은 의도적 연습과 관련된 중요한 개념과 더 광범위하게 심리치료 훈련, 더 특수하게는 체계론적 가족치료 훈련에서의 의도적 연습이 수행하는 역할을 소개함으로써 이 책의 나머지 부분에 대한 토대를 제공한다.

제2장은 제2부의 체계론적 가족치료 의도적 연습을 수행하기 위한 기본적이고 가장 필수적인 지침을 보여준다. 그 지침은 빠르고 간단하게, 그리고 너무 많은 정보로 인해 압도당하지 않고 시작하기에 충분한 정보를 주기 위해 설계되었다. 제3부의 제3장은 더 심층적으로 이끌어주는데, 우리는 여러분들이 제2장의 기본 지침에 대해 편해진 다음 이 장을 읽도록 권하는 바이다.

CHAPTER 01

의도적 연습과 체계론적 가족치료의 서론과 개관

CHAPTER

01 의도적 연습과 체계론적 가족치료의 서론과 개관

이 책의 앞 세 저자는 모두 체계론적 가족치료SFT에서 수련을 받았는데, 각자의 여정은 비슷하기도 하고 차이가 있기도 하다. 에이드리언Adrian과 라이언Ryan은 공인부부가족치료교육위원회COAMFTE: Commission on Accredication for Marriage and Family Therapy Education가 인증한 프로그램에서 부부·가족치료 석사학위를 취득하였다. 그런 다음 둘 다 계속해서 COAMFTE 인증 박사 프로그램에서 박사학위를 취득하였다. 뎁Deb의 이야기는 약간 다르다. 그녀는 사회복지 분야에서 석사학위를 취득하고 나서 박사학위를 받으려고 학교에 돌아가기 전 15년 동안 지역사회 정신건강 배경에서 계속해서 일했다. 우리 세 명 모두 치료 실천에서 처치에 대한 근거기반 접근을 포함하여 수많은 훈련을 받았다. 에이드리언은 정서중심치료, 내적 가족체계치료, 그리고 단기 SFT에서 추가로 심층적인 수련을 했다. 그는 SFT 이론들에서 공통요인의 주제에 대해 광범위한 저술을 했다. 라이언은 애착과 정서기반 개입(정서중심치료, 애착기반 가족치료, 애착과 생리행동적 따라잡기catch-up), 외상중심 개입(내적 가족체계치료, 신속accel-erated 해결치료), 양가적 감정을 다루는 커플기반 개입(분별상담), 그리고 청소년을 위한 가족기반 처치(기능적 가족치료)에서 학위 후 수련 경험을 했다. 그는 커플관계에서 애착기반과 관찰 과정에 대해 광범위한 저술을 했다. 뎁은 단기 전략적 가족치료, 정서중심치료, 외상중심 인지행동치료, 소아정신건강, 그리고 통합된 이중장애 처치에서 집중적인 훈련을 받았다. 그녀는 치료자 훈련과 근거기반 실천 수행을 연구한다.

이 책을 쓰면서, 우리는 SFT 훈련에서 가르치는 기술 대부분이 개념적이라는 것을 재빨리 깨달았다. 이것은 기술을 흔히 강의나 책이나 학회지 논문 같은 자료 읽기로 배운다는 것을 의미한다. 강의실 밖으로 나와 어떤 기술은 슈퍼비전 상황에서 논의되지만, 이것은 대개 치료하는 장면을 담은 비디오테이프를 보면서 이루어져, 흔히 깊이가 없거나 시간에 따라 추적되지 못한다. 이것은 훈련생과 훈련자가 그들의 안전지대에서 나오도록 만드는 훈련을 시키는 의도적 연습의 접근법과 대조되는 것이다. 비록 읽기, 관찰하기, 그리고 강의실 토론이 인지적 활동이기는 하지만, 그것들은 '치료자가 되어 가는' 경험의 오직 한 조각만을 나타낼 뿐이다. 의도적 연습은 경험적이고 정서적인 학습 기제를 포함해서 배우는 다른 경로를 짚어낸다. 대학원 기간 내내 받은 훈련을 성찰해 보면서, 에이드리언은 그래도 어느 정도 연습이 되었던 기술은 공감 진전시키기 하나뿐이었다고 회상한다. 이 기술을 익힐 때, 에이드리언은 강의를 함께 듣는 동료와 같이 모의 회기를 기록하고 그들이 곤경이라고 묘사한 상황에 있는 한 동료에게 반응하기 위해 '공감 공식empathy formula'을 사용했다. 그런 다음 수업에 참여하는 학생들과 교수가 이 테이프를 보고 즉석 피드백을 제공하였다. 에이드리언이 배웠던 다른 모든 기술은 읽기나 치료 회기 관찰을 통해 스스로 학습한 것이었다. 그가 대학원 졸업 후 임상훈련을 받으면서, 모델들의 어떤 측면을 연습했지만, 효과성을 측정할 수 없었고, 어떤 기술에 도달하기 위한 역량 수준도 제시되지 않았다. 비록 그가 수많은 시간을 들여 슈퍼비전과 임상 작업에 참여했을지라도, 이 대부분은 사례들과 다양한 개념화를 통하여 말하는, 개념화 수준에서 발생하였다. 이 책에서 우리가 묘사하는 중요한 가족치료 기술을 잘 조작화하지 못했고, 또 리허설도 하지 못했다. 많은 훈련생의 경험도 이와 비슷하리라는 의심이 든다.

치료자가 대개 치료실에서 한 사람 이상과 작업하는 것을 감안해 본다면, SFT를 유능하게 실천하는 데 필요한 기술은 복잡하다. 우리는 체계론적 가족치료자가 가족치료의 기본적인 기술을 갖출 만큼 잘 훈련되지 않고 있다고 본다. 이는 핵심 기술의 명확한 조작화가 부족하고, 훈련에서 이러한 기술을 유능하게 구사할 수준까지 이르지 못하는 간극이 존재하기 때문이다.

이 책에서, 우리는 핵심 가족치료 기술에 초점을 맞춘다. 우리의 첫 번째 목표는 독자가 이해할 수 있는 방식으로 이러한 기술을 조작화는 것이다. 우리는 각 기술을 훈련생들이 리허설하고 나서 동료, 교수, 혹은 슈퍼바이저로부터 피드백을 얻는 기본적인 단계들로 나누어 보고자 하였다. 이러한 기술을 유능하게 사용한다고 해서 훈련생들이 효과적인 체계론적 가족치료자가 되는 것은 아니다. 치료에서의 유능성은 더 복잡한 문제이다. 그러나 이 기술들이 체계와 함께 작업하는 사람에게는 누구나 기본적이다. SFT 훈련 프로그램에서 공감과 같은 기본적 기술은 잘 배울 수 있지만, 상호작용 추적하기, 목표 설정, 혹은 다양성 강조하기와 같은 더 복잡한 실천적 기술은 익히기가 간단하지 않아서, 이러한 기술에서 기량을 달성하기 위해서는 심층적인 리허설과 피드백이 필요하다. SFT훈련에 의도적 연습을 부가시키면, 3가지 주요 목표가 달성될 것이다. 첫째, 그것은 체계론적 가족치료자가 효과적인 치료자가 되는 데 필요한 핵심 기본 기술에 기반을 두게 할 것이다. 치료자들은 일단 그들이 졸업하고 치료에 진입하게 되면, 이러한 기술을 거의 배우려고 하지 않는다. 하지만 그들이 훈련 초기에 이러한 기술에서 유능성을 얻게 되면, 그들은 이후 프로그램과 임상 경력에서 더 효과를 보게 될 것이다. 둘째, 의도적 연습을 실시하는 훈련을 받게 되면, 훈련 프로그램에서 훈련생의 성과와 그리고 어떤 경우에는 프로그램에서 벗어난 상담 훈련생의 성과가 더 잘 측정될 수 있을 것이다. 셋째, 치료자의 사고방식mindset에 능숙함의 문화가 자리 잡을 것이다. 그것은 개념적인 것으로부터 실천적이고, 기술 기반 측면 쪽으로 옮겨가는 도전(종종 놀라게 하는)이다. 의도적 연습은 치료자들을 안전지대로터 벗어나게 하여 그들이 배워야 하고 취약해져야 하는 공간으로 옮겨가게 한다.

의도적 연습의 개관

이 책은 의도적 연습의 개관뿐만 아니라 SFT 훈련자와 훈련생으로부터의 피드백을 바탕으로 철저하게 검증되고 수정된 핵심 SFT 기술과 관련해서 14개의 연습을 포함한다. 먼저 나오는 12개의 연습은 각각 필수적인 SFT 기술을 나타낸다. 나머지 2개의 연습은 실습하는 사람들에게 이 모든 기술을 더 확장된 임상 시나리오로 통합하는 방법을 가르쳐주는 주석 달린 SFT 전사와 모의 치료 회기로 구성되어 좀 더 종합적이다. 〈표 1.1〉은 이 연습들이 다루고 있는 12개의 기술을 제시한다.

〈표 1.1〉 **의도적 연습에서 제시되는 12개의 체계론적 가족치료 기술**

초급 기술	중급 기술	고급 기술
1. 처치를 위한 체계론적 근거 제공하기 2. 치료동맹 구축하기: 유대 확립하기와 체계에 합류하기 3. 문제를 재정의하기 4. 상호작용의 구조화: 완화하기	5. 삼각관계 피하기 6. 경계 강조하기 7. 체계론적 질문: 관점 수용을 촉진하기 8. 희망 만들어내기	9. 다양성에 주의 기울이기 10. 치료동맹 구축하기: 치료목표 확립하기 11. 상호작용 주기 추적하기 12. 상호작용의 구조화: 실연 주도하기

모든 연습에서, 훈련생들은 슈퍼바이저의 지도하에 내담자들과 치료자로서 역할극을 하고 그 2가지 역할을 다시 바꾸어서 하는 4명까지의 집단으로 작업한다. 12개의 기술 중심 연습 각각은 특정한 기술을 요구하는 초급, 중급, 고급의 난이도에 따라 나뉜 여러 개의 내담자 진술로 구성되어 있다. 각 기술에 대해 훈련생들은 기술 설명, 그 기준, 그것에 대한 예시들을 잘 읽고 받아들이도록 요청받는다. 그런 다음 내담자 역할을 하는 훈련생은 SFT 실습을 할 때 가능한 시나리오를 나타내는 진술문을 읽는다. 그러면 치료자 역할을 하는 훈련생은 적절한 기술을 보여주는 방식으로 반응한다. 훈련생 치료자는 연습에서 제공된 것을 사용하거나 혹은 자신이 즉각적으로 만들어 내거나 제공하는 반응을 실습하게 될 것이다.

각 내담자 진술과 치료자 반응 쌍들을 몇 번 연습하고 난 후, 훈련생들은 멈추어서 슈퍼바이저로부터 피드백을 받는다. 슈퍼바이저의 지도로, 훈련생들은 아래 리스트에 있는 것들을 자기들 방식으로 작업하면서 진술-반응 쌍들을 몇 번 시도하도록 지시받는다. 슈퍼바이저에게 자문하면서, 훈련생들은 가장 어렵지 않은 것으로 시작해서 좀 더 고급 수준으로 옮겨가면서 연습을 하게 될 것이다. 그 집단(슈퍼바이저-내담자-치료자)은 이 연습들이 너무 어렵거나 혹은 너무 쉬운지를 토론하고 그 사정에 기초해서 수준을 올리거나 낮추어 조정할 기회를 가질 것이다.

슈퍼바이저에게 자문하는 훈련생은 그들이 어떤 기술을 계속 작업하고 얼마나 오래 할지를 결정할 수 있다. 실험 연습에 기초해서, 우리는 최대한의 이익을 얻는 데 연습 회기 당 약 1시간에서 1시간 25분이 걸린다는 것을 알아냈다. 이 시간 후에는, 훈련생들이 피로해지고 휴식이 필요하다.

이상적으로, SFT를 배우는 사람들은 이러한 연습들을 실제로 해봄으로써 자신감도 얻고 역량도 키우게 된다. 여기서 역량은 내담자에게 유연하고 반응적인 방식으로 SFT기술을 수행하는 능력으로 정의된다. 기술은 SFT에 기본이 되고 실습하는 사람들이 흔히 수행하기 어렵다고 하는 것들로 선택되었다.

이 책에서 제시된 기술들은 역량 있는 SFT 임상가가 되기 위해 배울 필요가 있는 것들이지만, 그렇다고 해서 그것들이 전부는 아니다. 훈련생들에게 어떤 기술은 특히 더 어려울 것이다. 우리가 그것들을 어떻게 결합하게 되었는가를 설명하기 위해, 다음에서 SFT의 짧은 역사와 의도적 연습 방법론을 간단히 설명하고자 한다.

이 책의 목표

이 책의 주요한 목표는 훈련생이 핵심 SFT 기술을 유능하게 성취하도록 돕는 것이다. 그러한 기술이나 역량의 표현은 내담자에 따라 혹은 같은 내담자와의 한 회기 안에서조차 다소 다르게 보일 수 있다.

SFT 의도적 연습은 다음과 같은 목표를 달성하기 위해 설계되었다.

1. 체계론적 가족치료자가 다양한 범위에 걸친 임상 상황에서 기술을 적용하는 능력을 개발하도록 돕는다.
2. 그 기술들을 절차 기억(Squire, 2004)으로 옮겨서, 체계론적 가족치료자가 지치고, 스트레스를 받고, 압도되거나 의기소침할 때조차도 그것들에 접근할 수 있게 한다.
3. 훈련 중인 체계론적 가족치료자에게 그들 자신과 일치하는 방식과 언어

를 사용하는 특정한 기술을 연습할 기회를 제공한다.

4. 다양한 내담자 진술과 감정에 반응해서 SFT 기술을 사용할 기회를 제공한다. 이것은 내담자가 여러 가지로 다른 맥락 안에 있게 되는 광범위한 상황에서 자신감 있게 기술을 사용할 수 있도록 설계되었다.
5. 훈련 중인 체계론적 가족치료자가 실패하는 많은 경험을 한 다음 피드백에 기초해서 그들의 실패한 반응을 교정하게 한다. 이것은 자신감과 내성을 심어준다.

마지막으로, 이 책은 훈련생이 그들 자신의 개인적 학습 양식을 발견해서 공식 훈련이 끝난 후에도 오랫동안 전문적 발달을 지속시키는 것을 목표로 한다.

누가 이 책으로부터 혜택을 받는가?

이 책은 대학원 수준의 강의, 슈퍼비전, 학위 후 과정, 그리고 평생교육 프로그램을 포함해서 여러 상황에서 사용되도록 설계되었다. 이 책은 다음과 같은 사항을 가정하고 있다.

1. 훈련자는 SFT를 잘 알고 있고 이에 대해 역량이 있다.
2. 훈련자는 역할극과 비디오, 혹은 이 두 방법을 모두 통해, 여러 범위의 치료적 상황에 걸쳐 SFT기술을 사용하는 방법을 잘 보여줄 수 있다. 아니면 훈련자는 온라인 도서관이나 훈련자들을 통해 이용 가능한 많은 심리치료 비디오를 통해 제시되는 SFT의 예시들에 접근한다. 예컨대, 대부분의 대학 도서관은 커플, 가족과 작업하는 예시들을 제공하는 치료 비디오 모음을 소장하고 있다.
3. 훈련자는 SFT 기술을 적용하는 기량을 연마하고 향상하는 방법에 대해 학생들에게 피드백을 제공할 수 있다.
4. 훈련생들은 SFT의 이론, 연구와 근거, 그리고 각 특정한 기술을 설명하는 책이나 논문 같은 읽기 자료를 알게 될 것이다. 각 기술에 대해 추천되

는 읽기 자료는 강의계획서 견본(부록 C)에 제공되어 있다.

이 책에서 다룬 연습들은 미국과 오스트레일리아에 있는 5개의 훈련기관에서 예비조사를 한 것이다. 이 책은 다양한 문화적 배경과 출신국에서 온 훈련자와 훈련생들을 위해 설계되었다.

이 책은 또한 실제 내담자와 한 번도 작업해 보지 못한 초보 훈련생부터 경험 많은 치료자까지, 모든 경력 단계에서 훈련 중인 사람들을 위해 설계되었다. 모든 연습은 개별 학습자의 요구를 정확히 맞추기 위해 난이도 조정에 대한 지침을 제시한다. 이 책에서 훈련생trainee이라는 말은 SFT 심리치료 기술을 얻기 위해 노력하는 전문적인 정신건강 분야에 있는 사람을 가리키는 넓은 의미로 사용되고 있다.

심리치료 훈련에서의 의도적 연습

사람들은 그들의 직업 분야에서 어떻게 전문가가 되는가? 훈련될 수 있는 것은 무엇이고, 또 선천적이고 통제할 수 없는 요인들로 인해 도달할 수 없는 것은 무엇인가? 이러한 질문들은 전문 수행자들과 그들의 발달에 매혹당하도록 만든다. 모차르트Mozart, 레오나르도 다빈치Leonardo da Vinci, 혹은 농구의 전설 마이클 조단Michael Jordan과 체스의 거장 가리 카스파로프Garry Kasparov 같은 당대의 최고 수행자들 주변에는 놀라움, 찬탄, 그리고 심지어는 혼란의 뒤섞임까지 존재한다. 그들이 일관적으로 보여주는 우월한 전문적 결과를 설명해 주는 것은 무엇인가? 증거는 특정한 종류의 훈련에 들이는 시간의 양이 실제로 모든 영역에서의 전문성을 개발하는 데 있어 열쇠가 된다고 제시한다(Ericsson & Pool, 2016). '의도적 연습deliberat practice'은 효과적이고 신뢰를 주는 방식으로 수행을 향상하게 하는 하나의 근거기반 방법이다.

의도적 연습의 개념은 K. 안데르스 에릭손K. Anders Ericsson과 동료들(1993)의 고전적인 연구에 그 기원을 두고 있다. 그들은 한 기술을 연습하는 시간의 양과 그렇게 하느라고 보내는 시간의 질이 숙달과 획득을 예측하는 핵심 요인이라는 것을 발견했다. 그들은 기술을 배우고 숙달하는 데 있어서 다음과 같은 5가지 핵심활동을 밝혔다. 그것은 (a) 자신의 작업을 관찰하기, (b) 전문가 피드백을 받기, (c) 수행자의 능력을 딱 넘어서 조금만 더 증가시키는 학습 목표를 설정하기, (d) 구체적 기술의 반복적인 행동 리허설을 시도하기, 그리고 (e) 계속해서 수행을 평가하기 등이다. 에릭손과 그의 동료들은 [그림 1.1]에 나타난 주기적 과정인, 이 과정을 '의도적 연습'이라고 이름 붙였다.

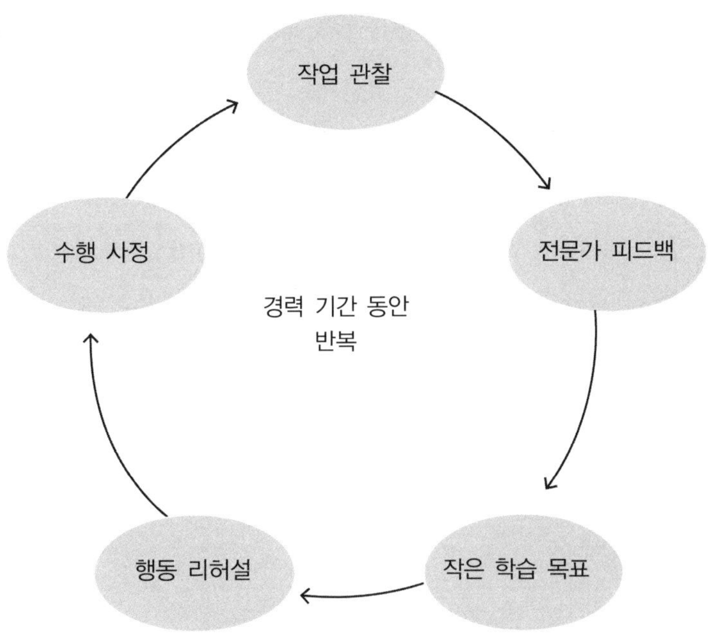

[그림 1.1] 의도적 연습의 주기

연구는 오랫동안 의도적 연습을 하는 것이 의학, 스포츠, 음악, 체스, 컴퓨터 프로그래밍, 그리고 수학 같은 다양한 전문분야에 걸쳐 전문가 성과와 상관이 있다고 보여주었다(Ericssonet al., 2018). 전문성에 요구되는 실제 시간의 수는 분야나 개인에 따라 다르지만, 의도적 연습은 맬컴 글래드웰Malcolm Gladwell이 2008년 출간한 책 『아웃라이어Outliers』로 대중화되고 널리 알려진' 10,000시간 규칙'과 연관될 수 있다(Ericsson & Pool, 2016). 도움이 되기는 하지만, 글래드웰의 저작은 두 가지 오해를 지속시켰다. 첫 번째, 영역이 무엇이든 간에, 이것이 모든 사람이 전문성에 이르기 위해 완료해야 할 의도적 연습 시간의 수라는 것이다. 사실상 얼마나 많은 시간이 요구되는가는 영역에 따라서 상당히 다르다.

두 번째 오해는 작업 수행 10,000시간 참여가 어떤 사람을 그 영역에서 전문가가 되도록 이끈다는 것이다. 이러한 오해는 내담자와의 작업 경험 시간이 전통적으로 유능성의 측정으로 사용되어 온 심리치료 분야에 상당히 중요한 의미를 지닌다(Rousmaniere, 2016). 그러나 사실상, 우리는 시간의 양만으로는 치료자 효과성을 예측할 수 없다는 것을 알고 있다(Goldberg et al., 2016). 아마도 핵심 요인은 의도적 연습의 질quality일 것이다.

다른 분야에서 의도적 연습의 가치가 인정되면서, 심리치료 학자들도 최근에 정신건강 전문가를 위한 훈련에 의도적 연습의 통합을 요구하게 되었다(예, Bailey & Ogles, 2019; Hill et al., 2020; Rousmaniere et al., 2017; Taylor & Neimeyer, 2017; Tracey et al., 2015). 그러나 비교해 보면, 심리치료는 너무 복잡하고 형식이 자유로우므로, 스포츠나 음악 같은 다른 전문분야와 심리치료 간에 유사성을 문제 삼을 충분한 이유가 있다. 이것은 특히 처치를 위해 체계론적 가족치료자를 찾는 사람들 같은 복잡한 체계와 작업하게 될 때 해당이 된다. 스포츠는 명확히 정의된 목표를 가지고 있고, 고전음악은 씌어있는 음표를 따른다. 대조적으로, 심리치료의 목표는 회기마다 각 내담자 체계가 독특하게 나타남에 따라 달라진다. 치료자들은 음표를 따르는 사치를 누리지 못한다.

대신, 좋은 심리치료는 즉흥 재즈에 보다 가깝다(Noa Kageyama, Rousmaniere, 2016에서 재인용). 밴드 구성원들 간에 공동으로 협력, 창의성과 상호작용이 복합적으로 섞이면서 재즈 연주가 이루어진다. 심리치료처럼, 어떤 재즈 연주도 똑같은 것이 없다. 그러나 즉흥연주가 음표의 무작위적인 집합은 아니다. 그것들은 끊임없는 의도적 연습을 통해서만 개발되는 종합적인 이론적 이해와 기술적 유능성에 근거를 두고 있다. 예를 들어, 유명한 재즈 강사인 제리 코커Jerry Coker(1990)는 학생들이 숙달해야 할 18가지 기술 영역을 목록화했다. 이 기술 영역 각각은 톤의 질, 간격, 코드 아프레지오스chord apreggios[1], 스케일, 패턴과 릭licks[2]을 포함해서 여러 가지의 뚜렷하게 분리된 기술들을 갖는다. 이런

1) 역자 주: 아르페지오스는 끊어진 화음의 한 종류로, 화음을 구성하는 음을 상승 또는 하강 순서로 연주하거나 부르는데, 한 옥타브 이상에 걸쳐 있을 수 있다. 화음의 음색을 보다 선명하게 표현할 수 있으며, 화음의 움직임을 강조할 수 있다.

2) 역자 주: 릭은 즉흥연주에서 사용하는 짧은 멜로디나 음형으로서, 일반적으로 2–8음 정도의 짧은

면에서, 더 창의적이고 예술적인 연주는 실제로 반복적으로 기술을 연습하고 획득하기 위해 지난 시간 동안 얼마나 헌신했는지를 반영한다. 전설적인 재즈 뮤지션인 마일스 데이비스Miles Davis가 말한 것처럼, "당신은 당신 자신처럼 연주할 수 있기 위해 긴 시간을 연주해야 한다"(Cook, 2005).

여기서 강조하려는 주요한 아이디어는 의도적 연습이 SFT 치료자들에게 그들 자신이 되도록 돕기 바란다는 것이다. 그 아이디어는 여러분이 기술을 배워서 원할 때 그것들을 손에 넣는 것이다. 당신 자신의 것으로 만들기 위해 그 기술들을 연습하라. 당신에게 알맞다고 느끼는 그런 측면들을 통합하라. 지속적이고 노력을 기울인 의도적 연습은 유연성과 창의성에 지장을 주지 않는다. 이상적으로, 그것은 유연성과 창의성을 높인다. 우리는 심리치료가 끊임없이 변화하는 만남이라고 인정하고 누리고자 하는 것이지, 그것이 공식이 되어버리거나 공식처럼 느끼기를 바라는 것이 아니다. 강력한 SFT 치료자들은 이전에 획득한 기술을 당당하게 통합시켜 적절하게 조율된 유연성과 섞는다. 제공되는 핵심 SFT 반응들은 '해답'이라기보다 본뜨는 판이나 가능성을 의미한다. 당신에게 이해되는 방식으로, 그것들을 해석하고 당신에게 맞게 적용하라. 우리는 유연하고 즉흥적인 연주를 장려한다!

모의실험기반 숙달 학습

의도적 연습은 모의실험simulation기반 숙달 학습을 사용한다(Ericsson, 2004; McGaghie et al., 2014). 즉, 훈련을 위한 자극을 주는 자료가 "전문적 만남에서 발생하는 문제, 사건, 혹은 조건들을 모방하는 고안된 사회적 상황"으로 구성된다(McGaghie et al., 2014, p. 375). 이 접근의 핵심 요소는 훈련에서 사용되는 자극이 현실 세계 경험과 충분히 유사해서 그것들이 비슷한 반응을 불러일으킨다는 것이다. 이것은 전문가들이 기술을 수행해야 할 똑같은 심리적 환경에서 기술을 획득하는 상태의존적 학습state-dependent learning을 촉진한다(Fisher & Craik, 1977; Smith, 1979). 예컨대, 비행사들은 기계적 실패와 위험한 기상

길이이며, 특정 화음이나 코드 진행에 맞게 연주된다. 다양한 멜로디를 쉽게 연주할 수 있고, 재즈 연주의 개성이나 스타일을 표현하는 데에도 사용되므로, 재즈 연주에서 중요한 역할을 한다.

조건을 제시하는 비행 자극요인에 대해 훈련하고, 외과 의사들은 의료적 문제를 나타내는 외과적 자극요인에 대해 실습한다. 도전적인 자극들이 있는 모의실험으로 훈련을 하는 것은 스트레스를 받는 상황에서 효과적으로 수행하는 전문가들의 능력을 증가시킨다. 이 책에 나오는 심리치료 훈련 연습들에 있어서, '자극요인'은 치료 회기 과정에서 실제로 나타나고 특정한 기술의 사용을 요구할 수 있는 전형적인 내담자 진술들이다.

선언적 지식 대 절차적 지식

선언적 지식declarative knowledge은 어떤 사람이 그것에 대해 이해하고, 쓰고, 말할 수 있는 것이다. 그것은 흔히 기억을 통해 의식적으로 상기되고 비교적 빨리 획득되는 사실적 정보를 말한다. 대조적으로, 절차적 학습은 기억 속에서 함축되고, "대개 활동의 반복을 요구하고, 향상된 과제 수행을 통해 나타나는 연관된 학습이다"(Koziol & Budding, 2012, pp. 2694, 강조가 첨가됨). 절차적 지식procedural knowledge은 어떤 사람이 특히 스트레스 하에서 수행할 수 있는 것이다(Squire, 2004). 그들의 선언적 지식과 절차적 지식 간에는 큰 차이가 있을 수 있다. 예컨대, '안락의자 쿼터백armchair quarterback'은 운동에 대해 잘 이해하고 말하지만, 전문적 수준에서 그것을 실행하는 데 어려움이 있는 사람이다. 마찬가지로, 대부분의 춤, 음악 혹은 연극비평가들은 그들의 관심 주제에 관해 쓰는 능력은 아주 많지만, 그것들을 수행하라고 하면 허둥댈 것이다.

SFT 훈련에서 선언적 지식과 절차적 지식 간 괴리는 훈련생이나 치료자가 예컨대, 잘 설계된 SFT 재정의를 인정하고 진가를 깊이 알아볼 때조차도 나타난다. 그 잘 설계된 SFT의 재정의는 체계의 모든 성원에게 문제의 의미를 바꾸고 그들이 그 문제에 관해 대화하는 방식을 변화시킨다. **의도적 연습에 있어 스위트 스팟sweet spot[3]은 선언적 지식과 절차적 지식 간 괴리이다.** 다른 말로 하면, 훈련생이 좋은 논문을 쓸 수는 있지만, 현실의 내담자에게 실제로 수행하는 데 어려움을 겪을 수 있는 기술들은 노력을 기울인 연습의 표적이 되어야

---

3) 역자 주: 스위트 스팟은 (클럽, 라켓, 배트 등의) 공이 맞으면 가장 잘 날아가는 부분을 말한다.

한다. 우리는 기술을 이론적으로 배우고, 다른 사람들이 그것을 수행하는 것을 관찰하는, 선언적 지식으로 시작한다. 일단 배워지면, 의도적 연습의 도움으로 치료자들이 필요할 때 끌어올 수 있는 각 기술에 '자동적으로' 접근하게 할 목적으로, 절차적 학습의 발달을 향해 작업한다.

이제 이 책의 기술들을 맥락화 하도록 돕는 SFT에 대한 이론적 배경과 그것들을 어떻게 더 큰 훈련모델 안에 맞출지에 대해 좀 살펴보고자 한다.

체계론적 가족치료

SFT는 문제를 다루는 작업에 널리 사용되는 접근이며, 특히 관계, 가족 혹은 집단과 같은 맥락 내에서 드러나거나 유지되는 문제들에 유용하다. SFT는 체계론적 사고에 뿌리를 두고 있는데, 이는 체계 내 역동, 예컨대 반복적이고 유익하지 않은 관계 맺기 패턴을 움직이고, 체계 내에서 이러한 움직임을 통하여 체계 구성원들 사이에서 문제의 역할과 의미를 변화시키는 것을 목표로 한다(Bertalanffy, 1968). 체계론적 가족치료자들은 개인과도 작업하지만, 이 책에 나오는 연습 대부분은 체계의 한 구성원 이상과 동시에 작업하는 것에 적용된다. 예를 들어, 커플과 작업할 때, 커플 구성원 둘 다 체계론적 가족치료자와 치료실에서 함께 있을 것이다. 마찬가지로, 청소년이나 아동과 작업할 때, 체계론적 가족치료자들은 거의 항상 치료 과정에 부모와 같은 직접 돌보는 사람을 포함한다. SFT 처치는 체계와 치료적 관계를 구축하는 과정에서 치료자가 체계 구성원들과 함께 만나는 것으로 시작한다. 이 과정에서, 치료자는 각 체계 구성원들과 정서적 유대를 형성하고, 처치 목표와 이 목표를 달성하기 위해 사용되는 방법 측면에서 그들을 같은 입장에 서게 한다. 처치의 초기 단계 동안, 치료자는 체계와 그 관계적 역동을 파악하는 데 시간을 소비한다. 이는 체계에 관련된 역사적 사건, 나타난 문제의 역사, 문제에 관련된 것 등을 포함한다. 이 정보는 치료자가 문제에 대한 최초 가설과 해결을 포함해 문제의 체계론적 개념화를 형성하게 한다. 이 개념화는 체계의 구성원들과 협력해서 수행되는 처치 개입으로 이끈다. 예를 들어, 치료자가 자녀의 문제 표출을 행동 체계 안에서 부모의 지도력이 빈약해서 생기는 것으로 개념화한다면, 치료자는 부모와 함께 작업해서 체계 규칙과 규칙이 깨질 때 부모가 그 결과에 대해 동의하게 할 것이다. 시간이 흐름에 따라 치료자가 획득하는 새로운 피드백에 근거하여 더 많은 정보가 등장하게 되면서 수행되는 개입이 바뀔 수 있다. 체계론적 치료는 또한 개인과의 작업으로도 이루어질 수 있는데, 이를 통해 그들 관계 범위 안에 있는 다른 사람들에 대해 생각하거나 관계 맺는 방식을 변화시킬 수 있다.

SFT 기술의 의도적 연습

SFT에는 핵심적이고도 중요한 기술들이 많이 있다. 이 책에서, 우리는 훌륭한 임상 작업에 기초가 된다고 믿는 12개를 골랐다. 비록 각 기술은 치료 과정의 모든 지점에서 중요하고 사용될 수 있지만, 우리는 이 기술들을 초급, 중급, 고급 세 범주로 제시한다. 그 기술 중 몇 가지는 처치를 받는 체계 구성원의 참여와 관련이 있다. 이것들은 치료동맹(유대와 목표), 재정의에 대한 두 가지 연습과 처치에 대한 체계론적 근거 제공하기를 포함한다. 이러한 기술들은 모두 체계 구성원들이 그들 문제의 해결에 이르는 목표를 가지고 치료작업을 하도록 동기를 부여한다. 본질적으로, 그것들은 체계의 구성원들에게 치료작업을 할 안전한 장소와 신뢰할 수 있는 목표를 제공한다. 그리고 체계들과 그 복잡한 역동에 관여할 때 사용되는 핵심 기술에 초점을 맞추는 연습들이 있다. 이것들은 삼각관계 피하기, 경계 강조하기, 그리고 체계론적 질문하기를 포함한다. 우리는 또한 주기 추적하기, 완화하기, 그리고 실연에 초점을 맞추어서, 체계 내 상호작용 주기를 사정하고 추적하는 것에 관한 세 가지 연습을 포함한다. 마지막으로, 치료의 모든 측면을 연결하는 기술, 즉 다양성을 가지고 작업하기, 내담자에게 희망 불어넣기와 같이 주요한 주제를 포함하는 두 가지 연습이 있다.

연습 1부터 연습 12까지 제시되는 SFT 기술

이 부분에서, 우리는 각 기술에 대한 개관과 그것이 왜 중요한지를 제시한다. 각 기술은 또한 모든 연습 부분에서 좀 더 자세히 설명될 것이다.

처치를 위한 체계론적 근거 제공하기

SFT 치료자의 특징을 핵심적으로 정의하는 특징은 문제와 정신건강상의 어려움을 관계적 용어로 개념화한다는 것이다. 체계론적 가족치료자들이 공통되게 수행하는 방식은 치료실에서 한 번에 한 사람 이상의 체계 구성원과 작업하거나 혹은 한 개인만이 있을 때, 그들의 문제를 더 큰 맥락에서 보면서 작업하는 것이다. 한 번에 여러 명의 체계 구성원들과 작업할 때, 처치와 방향 측면에서 그들 모두가 같은 입장에 서도록 작업하는 것이 중요하다. 체계론적 처치 초기에, 치료자는 치료작업에 대한 체계론적 근거systemic rationale를 제공하는데, 이것은 체계 구성원들이 처치를 받게 하도록 하며, 치료를 변화하는 수단으로 사용할 동기를 증가시킨다.

치료동맹 구축하기: 유대 확립하기와 체계에 합류하기

치료동맹therapeutic alliance의 강도는 치료에서 긍정적인 성과의 가장 강력한 예측요인 중의 하나라는 것이 문헌 고찰에서 잘 알려져 있다. 하지만 핵심적인 동맹기술의 훈련은 부족하다. 치료자와 치료에 나오는 각 체계 구성원 간 튼튼한 유대를 확립하는 것은 치료를 받는 체계 구성원들의 효과적인 참여에 필수적이며, 성공적인 치료작업을 촉진하는 요소가 된다.

문제를 재정의하기

여러 SFT모델에서 핵심적인 구성개념 중의 하나인 *재정의*reframing는 체계 구성원들이 자신을 발견하는 상황에 대해 새롭고, 그럴듯하고, 더 적응적인 생각의 틀을 찾아내는 것이다. 재정의가 솜씨 좋게 이루어질 때, 체계 구성원들은 그들이 문제를 바라보는 방식의 변화, 그들 상황을 바라보는 새로운 방식을 경험한다. 재정의는 특히 처치 초기에, 체계 구성원들 간 부정적인 상호작용을 감소시키고, 체계 구성원들이 공격과 비난에서 벗어나 보다 생산적인 대화에 참여하는 플랫폼을 제공한다.

상호작용의 구조화: 완화하기

체계론적 가족치료자가 획득하는 핵심적인 기술은 체계 구성원들이 처치 작업에 참여할 수 있도록 상황을 완화하는deescalte 능력이다. 상호작용의 구조화는 치료자가 회기에 참여하는 사람들 간 상호작용을 촉진할 때 발생한다. 연습 4에서 완화하기는 치료자가 회기의 구조를 증가시킬 때 일어난다. 이 과정은 특히 체계가 치료에서 높은 수준의 긴장과 체계 구성원들 간 반작용을 보여줄 때 유용하다. 완화하기를 하게 만드는 상호작용의 구조화는 치료의 초기 단계에서 일어나는 핵심적 개입이다. 완화하기를 시도하는 회기에서, 치료자는 체계 구성원들에게 규칙과 지침을 제공할 것이고, 이를 연습하기 위한 규칙은 회기 중 일어나는 모든 상호작용은 치료자를 통해 걸러진다는 것이다. 전반적으로, 이 기술의 목표는 치료자를 통한 경로를 취해 이러한 상호작용의 순서를 바꿈으로써 부정성과 다른 파괴적인 상호작용 패턴을 감소시키는 것이다.

삼각관계화 피하기

치료자의 삼각관계화triangulation는 여러 명의 체계 구성원들과의 치료에서는 항상 가능하다(Rait, 2000). 삼각관계는 보웬이론에서 나온 개념이다(Bowen, 1978). 삼각관계는 제3자를 끌어들임으로써 두 사람 간 관계에서의 긴장을 흩뜨리게 한다. SFT에서, 치료자가 가족 이슈로부터 탈삼각관계화하는 것이 종종 어려운데, 그 이유는 그들의 역할이 커플이나 가족체계의 긴장을 다루는 것이기 때문이다. 보웬Bowen은 2인 체계가 평온하게 교류될 때는 안정적이다가 긴장이 고조될 때는 불안정해지는 것으로 보았다. 레Rait(2000)는 한 내담자 이상이 있는 모든 치료적 만남은 삼각관계화가 일어날 위험이 있다고 주장했다. 보웬은 만약 치료자가 계속해서 삼각관계와 그것들이 가족체계에서 갖는 영향을 인식한다면, 그들은 삼각관계의 한 가운데에서도 정서적으로 평온을 유지하는 일을 잘 해낼 것이라고 제안하였다. 삼각관계는 도처에 있고, 따라서 때때로 그것을 피하기가 어렵다. 하지만 삼각관계의 와중에서 정서적으로 동요된다면, 치료자가 가족을 진정으로 돕는 것이 어렵다. 보웬의 관점에서는 치료자가 가족과 함께 참여할 때 정서적 반작용을 통제할 수 있는 것이 중요하다. 보웬은 치료자가 회기에 참여한다는 측면에서는 가족과 정서적으로 접촉하면서도, 삼각관계와 정서적 반작용에 대해 인식하게 되면 가족에서 벗어날 수 있다고 주장한다. 삼각관계화에 대한 연습은 치료자가 체계와 작업할 때 아주 유용한 치료적 기법인 삼각관계를 피하는 전략을 실습하도록 도와준다.

경계 강조하기

경계boundary를 설정하고 강조하는 것은 체계에서 핵심적인 치료 개입이다. 각 체계는 가족체계 안팎으로 사람들의 물리적, 정서적 움직임을 조절하고 체계 구성원들 간 연결에 영향을 미치는 명시적이거나 혹은 묵시적인 역할, 체계, 규칙을 가지고 있다. 이상적인 경계는 분명하고, 구조화되어 있고, 유연하다. 경계가 너무 경직되거나 너무 애매할 때, 가족들은 발생하는 어려움에 적응하느라고 힘이 든다. 경계를 강조하는 것은 치료자가 가족 구성원들이 서로에게 관계 맺는 방식을 사정하고 주의를 기울이도록 돕는다. 연습 6에서 설명되는 기술은 치료자가 치료 순간에 경계를 반영하도록 돕고, 그런 다음 체계 구성원들이 회기에서 그들에 대해 직접 말하도록 격려한다(예: 실연). 그때 일어나는 실연은 체계 구성원들이 서로에게 직접 소통할 수 있는 새로운 규칙들(경계)로 그 순간 대화하는 것이다. 치료자는 가족 상호작용 패턴을 체계의 성원들이 다르게 경험하도록 실연 안에서의 경계와 규칙을 바꾼다.

체계론적 질문: 관점 수용을 촉진하기

체계와 작업하는 한 가지 핵심 기술은 상황에 대해 새로운 사고방식을 열어주는 좋은 질문을 하는 치료자의 능력이다. 이러한 성찰적 질문은 체계 구성원들이 관계에서 자신들과 그들의 역할에 대해 생각할 수 있게 해준다. 이 연습에서 우리는 체계 구성원들이 체계에서 다른 중요한 사람들의 관점을 고려하도록 돕는, 관점 수용 질문perspective-taking question이라는 한 가지 중요한 유형에 초점을 맞춘다. 관점 수용 질문은 직면시키지 않는 부드러운 방식으로 체계 구성원들에게 도전한다. 이러한 질문들은 한 체계 구성원에게 다른 구성원의 내적 경험과 행동이 이들에게 영향 미치는 방식에 대해 생각해보게 한다. 이러한 질문들은 정서, 인지, 혹은 행동을 강조할 수 있다. 그것들은 지금 여기에 초점을 맞추고 내담자 인식을 현재로 가지고 오며, 내담자가 자신에 대한 인식을 깊게 하고, 그들이 이전에 생각해보지 못했던 관점을 고려하도록 돕는다.

희망 만들어내기

희망 만들어내기engendering hope는 SFT 이론들 전반에 걸친 공통요인이다. 체계 구성원들이 더 희망적으로 느낄 때, 그들은 처치에 더 많이 참여하고 그들 상황을 변화시키는 데 더 동기화된다. 반대도 또한 해당이 된다. 즉, 그들이 덜 희망에 찰 때, 사기가 떨어지고 동기부여가 안 되며, 그냥 치료에 왔다 갔다 하는 것으로 끝낼지도 모른다. SFT에서 희망을 늘리기 위해 작동하는 방식은 그다지 많지 않다. 연습 8에서, 우리는 치료자가 내담자를 타당화해 주고, 특히 그들의 강점과 낙관적인 성과에 초점을 맞추어 그들 상황을 다르게 보도록 하는 관점을 제안한다.

다양성에 주의 기울이기

체계론적 가족치료자는 치료에 나타나는 다양한 범위의 체계로서 모든 형태에서의 다양성diversity에 대해 유능하고 편안하게 일하는 것이 상당히 중요하다. 각 체계는 고유의 독특한 문화를 나타낸다. 처치 관계에서 다양성과 공평성에 주의를 기울이는 것은 더 깊고 더 진정한 치료적 관계를 가능하게 한다. 한 체계 구성원의 사회적 정체성, 그리고 그 여러 개 정체성의 교차는 치료자가 개인 삶의 경험을 보는 창을 제공해 주며, 치료 과정을 더 깊게 하는 기회를 마련해 준다. 치료자가 치료 과정의 전면에 다양성의 주제를 가져오는 안전한 공간을 만드는 것이 매우 중요하다(PettJohn et al., 2020). 다양성에 주의를 기울이는 치료자가 주도하는 대화는 내담자와 치료자 모두에게 그들 자신의 위상, 교차적intersectional 정체성, 그리고 특권 사항들을 인정하는 기회를 부여한다. 연습 9는 치료자에게 내담자의 독특한 삶의 경험에 대한 순수성과 호기심을 가지고 그들 체계에 접근하게 하는 기술을 실습할 기회를 준다.

치료동맹 구축하기: 치료목표 확립하기

목표 확립하기establishing goals는 치료에서 중요한 동맹 변수이다. 그것은 한 명 이상의 체계 구성원이 처치에 올 때 더 복잡해지는데, 치료자가 치료에 오는 각 구성원의 목표를 충족시키기 위해 작업해야 하기 때문이다. 이러한 목표들이 매우 다르므로, 이것은 때때로 어려워진다. 여러 체계 구성원들과 경쟁하는 목표들과 어떻게 작업할지에 대한 전략을 갖는 것은 SFT에서 튼튼한 치료동맹을 확립하는 데 있어 핵심적인 단계이다.

상호작용 주기 추적하기

체계와 작업하면서, 치료자는 어느 지점에서 체계에 개입할지를 가장 잘 이해하기 위해 상호작용 패턴patterns of interaction을 추적할 수 있어야 한다. 체계에서의 관계는 순환적 인과성circular causality(파트너 1과 2가 서로 영향 미친다)으로 특징 지워진다. 한 개인의 사고, 감정, 그리고 행동은 흔히 체계의 다른 사람에 의한 사고, 감정, 행동에 연결되어 있다. 연습 11의 목표는 치료자가 체계의 부정적 상호작용 주기를 잘 이해하도록 해서 내담자들에게 경험에 대해 체계론적으로 사고하게 하고 상호작용 주기에서 그들의 역할을 탐색하게 하는 것이다. 이 과정은 내담자들이 그들의 가족 내에서 자기들의 내적 경험, 행동과 정서 간에 관계를 더 충분히 이해하도록 도와준다. 상호작용 패턴을 추적하는 것은 SFT의 핵심기술인, 부적응적 상호작용 패턴에 개입할 수 있게 되는 데 필요한 첫 단계이다.

상호작용의 구조화: 실연 주도하기

실연enactment은 치료실에 함께 있는 체계 구성원들 수에 기인하는 핵심적인 SFT 개입 기술이다. 상호작용의 구조화는 처치에 오는 체계 구성원들 간 상호작용을 촉진한다. 상호작용의 구조화는 치료자가 회기에 나타나는 가족 구성원들 간 상호작용의 흐름을 촉진할 때 일어난다. 이것들은 그 자리에서의 실연으로 가장 잘 이루어지는데, 이 과정은 치료자가 의도적으로 회기 구조를 감소시키고 체계 구성원들에게 그들이 치료 밖에 있을 때처럼 서로에게 행동하게 하는 것이다. 실연에서 치료자는 한발 물러나 내담자들 간 직접적인 상호작용을 촉진하고 이 과정을 통해 체계 구성원들이 서로와 어떻게 상호작용하는지에 대해 많이 알게 된다. 연습 12의 기술은 체계 구성원들 간 실연을 주도하는 것에 초점을 맞춘다. 이 기술의 유용성은 체계 구성원들이 서로와 상호작용하는 것을 촉진하고, 궁극적으로 그들에게 대개 치료 밖에서 갖게 되는 것과는 다른 잠재적으로 더 많은 치유적인 경험을 제공한다.

체계론적 가족치료 훈련에서 의도적 연습의 역할

미국의 SFT에서의 훈련에만 초점을 두는 훈련 프로그램은 공인부부가족치료교육위원회COAMFTE가 인증한다. 미국에서와 국제적으로 모두, 여러 유형의 학위(예: 사회복지, 상담)도 또한 임상훈련의 부분으로서 SFT실습을 포함한다. 석사 수준의 프로그램은 대개 체계와 작업하는 것에 관련된 기본 기술과 이론으로 그들의 훈련을 시작한다. 전형적으로 초기 치료 기술을 배우기 전 실습전prepracticum 강의가 있다. 부가해서, 모든 인증된 SFT 프로그램에서 학생들은 훈련받은 슈퍼바이저와 함께 매주 슈퍼비전에 참여하고, 이 슈퍼비전의 한 부분을 비디오든 현장이든 치료 회기를 포함하는 원자료에 초점을 두도록 요구받는다. 만약 프로그램이 의도적 연습을 훈련에 통합해서, 이론, 임상 개입, 실습과 슈퍼비전에서의 가르침들이 어우러진다면 이상적일 것이다. 이론과 임상 수업에서, 새로운 치료자들은 먼저 치료 효과성을 위한 핵심 기술과 이러한 접근 뒤에 있는 이론적 근거를 배운다. 인턴십 전과 인턴십 환경에서, 초보 치료자들은 먼저 이러한 기술들을 배우는데, 이러한 수업에서 흔히 기술들을 연습하게 된다. 슈퍼비전은 슈퍼바이저가 훈련 중인 치료자들이 수행하는 작업을 계속해서 점검할 수 있는 맥락이다. 우리는 이 책에 설명된 핵심 SFT 기술이 훈련 내내 사정되고 추적되어서, 프로그램 전체를 통해 의도적 연습이 통합되는 것이 이상적이라고 본다. 모든 인증 프로그램은 핵심적인 학생 성과를 인증 기준의 일부로 인정하고 살펴볼 것을 요청받는다. 의도적 연습은 이러한 성과를 가르치고 사정하는 이상적인 기제를 제공한다.

이 책의 구조에 대한 개관

이 책은 세 부분으로 구성되어 있다. 제1부는 이 장과 이러한 연습들을 어떻게 수행하는지에 대한 기본 지침을 제공하는 제2장을 포함한다. 우리는 검증을 통해 너무 많은 지침을 앞세우는 것이 훈련자와 훈련생을 압도시켜, 그들이 그 지침을 지나쳐 버리게 만든다는 것을 알게 되었다. 따라서 우리는 이 지침을 가능하고 단순하게 해서 훈련자와 훈련생들이 연습을 시작하는 데 필요한 가장 중요한 정보에만 초점을 두었다. 더 나아가, 의도적 연습에서 가장 많이 나온 지침들은 제3장에 제시되어 있고, 연습의 어려움을 점검하고 조정하는 것을 위한 부가적인 지침은 부록 A에 제공되어 있다. **제2장의 지침을 건너뛰지 말고, 기본 지침에 좀 익숙해지면 제3장과 부록 A에 있는 부가적인 지침과 지시를 꼭 읽도록 하라.**

제2부는 12개의 기술에 초점을 둔 연습을 포함하는데, 이것들은 난이도에 따라 초급, 중급, 고급으로 배열되어 있다(〈표 1.1〉 참조). 그것들은 각각 연습의 간단한 개관, 훈련생을 이끌어줄 내담자-치료자 상호작용의 예시, 연습을 수행하기 위한 단계별 지침과 관련 기술에 숙달하는 기준 목록을 포함한다. 내담자 진술과 치료자 반응 견본이 또한 난이도 수준(초급, 중급, 고급)에 따라 구성되어 그 다음에 제시된다. 진술과 반응은 따로 제시되어 있어서 치료자 역할을 하는 훈련생이 반응 견본에 영향을 받지 않고 더 자유롭게 반응해 볼 수 있다. 만약 훈련생이 자신의 반응을 만들어 내는 것이 어렵다면, 그 반응 견본으로 돌아갈 수 있을 것이다. 제2부의 마지막 두 연습은 모의 심리치료 회기 안에서 12개의 기술을 연습할 기회를 제공한다. 연습 13은 SFT 기술이 사용되고 분명히 이름 붙여져 실제 치료 회기에서 어떻게 진행되는지를 보여주는 심리치료 회기 전사기록 견본을 제공한다. SFT 훈련생들은 한 사람은 치료자, 다른 사람은 내담자 역할을 하는 전사 기록을 통해 한 회기가 어떻게 펼쳐지는지를 느낄 수 있다. 연습 14는 훈련생들이 즉석 역할극에 사용할 수 있는 난이도(초급, 중급, 고급) 순서에 따른 내담자 프로필과 더불어 사실적인 모의 회기를 행하는 것을 제시한다.

제3부는 훈련자와 훈련생을 위한 부가적인 지침을 제공하는 제3장을 포함한

다. 제2장이 보다 절차적인 것에 비하면, 제3장은 큰 그림의 이슈들을 다룬다. 그것은 의도적 연습을 가장 잘 활용하는 6가지 핵심 요점을 조명하고, 여러 주제 중에서도 적절한 반응성의 중요성, 훈련생의 안녕에 관심 기울이기, 그들의 프라이버시 존중, 그리고 훈련자의 자기평가 등을 설명한다.

3개의 부록이 이 책의 끝을 맺고 있다. 부록 A는 각 연습의 어려움을 점검하고 조정하는 것에 대한 지침을 제공한다. 그것은 치료자 역할을 하는 훈련생이 연습이 너무 쉬운지 혹은 너무 어려운지 나타내는 의도적 연습 반작용 양식Deliberate Practice Reaction Form을 제공한다. 부록 B는 의도적 연습 일지 양식Deliberate Practice Diary Form을 포함한다. 이것은 훈련 회기의 마지막 평가 동안 훈련생의 경험을 처리하기 위해 사용할 수 있지만, 이것의 기본적인 목적은 슈퍼바이저 없이 부가적인, 회기 사이 의도적 연습 활동에 참여할 때 그들의 경험을 탐색하고 기록하는 양식을 훈련생에게 제공하는 것이다. 부록 C는 14개의 의도적 연습과 다른 지원 자료가 어떻게 더 넓은 SFT훈련 강의에 통합될 수 있는지를 보여주는 강의계획서 견본을 제시한다. 교강사는 그 강의계획서를 수정하거나 그들 자신의 강의에 통합하도록 그것의 요소들을 선택할 수 있다.

의도적 연습 반작용 양식의 컬러판을 포함해서 이 책의 부록들을 다운로드한 버전은 미국심리학회 홈페이지http://www.apa.org/pubs/books/deliberate-practice-systemic-family-therapy의 '임상가와 실천가 자원Clinical and Practitioner Resources' 탭에서 찾을 수 있다.

CHAPTER 02

체계론적 가족치료에서의 의도적 연습을 위한 지침

CHAPTER 02

체계론적 가족치료에서의 의도적 연습을 위한 지침

이 장은 이 책의 모든 연습에 공통적인 기본 지침을 제공한다. 더 구체적인 지침은 각 연습에서 제시된다. 제3장도 또한 훈련자와 훈련생이 의도적 연습을 가장 잘 활용할 수 있도록 하는 중요한 지침을 제공한다. 부록 A는 한 난이도 수준에서 내담자 진술을 다 통과한 후 치료자 역할을 하는 훈련생이 그 진술이 너무 쉬운지 혹은 너무 어려운지 나타낼 수 있는 의도적 연습 반작용 양식을 포함해서, 연습의 어려움을 점검하고 조정하기 위한 부가적 지침을 제시한다. **난이도 사정은 의도적 연습 과정의 중요한 부분이므로 건너뛰지 말아야 한다.**

개관

이 책에서 의도적 연습은 치료에서 가설적 상황과 관련되는 내담자 지시메시지prompts를 포함한다. 이것들은 대개 3명에서 5명을 포함한다. 즉 한 훈련생은 치료자로서 행동하고, 한 명에서 세 명의 훈련생은 내담자(들)의 역할을 하고, 훈련자(교수/슈퍼바이저)는 관찰하고 피드백을 제공한다. 아니면, 한 동료가 관찰하고 피드백을 제공한다.

이 책은 내담자 진술에 각각, 그리고 또한 치료자 반응 예시에도 각각 연습 대본을 제공한다. 이 난이도 등급이 추정된 것일 뿐이기는 해도, 내담자 진술은 초급부터 고급까지 난이도 등급이 매겨진다. 내담자 진술의 난이도를 실제로 어떻게 지각하는가는 주관적이고 훈련생에 따라 크게 차이가 난다. 예를 들어, 어떤 훈련생은 화가 난 내담자의 자극에 쉽게 반응할 수 있지만, 다른 훈련생은 그것을 매우 어려워할 수 있다. 따라서 그들이 너무 쉽거나 너무 어렵지 않은 적절한 난이도 수준에서 연습하고 있다는 것을 확인하기 위하여 훈련생이 난이도 사정과 조정을 제공하는 것이 중요하다.

시간 배정 작업

우리는 모든 기술에 대해 다음과 같이 대략 구조화시킨 90분 시간 구획을 추천한다.

- **처음 20분:** 오리엔테이션. 훈련자가 체계론적 치료 기술을 설명하고 자원 훈련생에게 연습 절차를 시범으로 보인다.
- **중간 50분:** 훈련생들은 2명에서 4명의 집단으로 연습을 수행한다. 훈련자나 동료가 이 과정 전반에 대해 피드백을 제공하고, 각 진술에 대해 작업한 다음에 요구되는 연습 난이도를 점검하고 조정한다(난이도 사정에 대한 더 많은 정보를 위해서는 부록 A 참조).
- **마지막 20분:** 검토, 피드백과 토론

준비

1. 모든 훈련생은 자기 소유의 이 책이 필요하다.
2. 각 연습은 훈련자가 한 난이도 수준에서의 모든 진술을 완성한 후에 의도적 연습 반작용 양식을 채울 것을 요구한다. 훈련생은 또한 훈련 회기의 최종 평가 동안 그리고/또는 회기 사이, 특히 부가적인 의도적 연습 활동 동안 의도적 연습 일지 양식을 완성해야 한다. 이러한 양식은 미국심리학회 홈페이지http://www.apa.org/pubs/books/deliberate-practice-systemic-family-therapy

('임상가와 실천가 자원' 탭 참조)와 부록 A와 B에서 각각 얻을 수 있다.

3. 훈련생들은 2명에서 4명의 팀으로 나뉜다. 필요한 훈련생의 정확한 수는 각 기술 연습의 시작 부분에 명시된다. 한 명이 치료자로 행동하도록 자원하고, 1명에서 3명의 개인이 내담자(들)가 되기를 자원한다(그들은 15분 연습한 후에 역할을 바꾸도록 한다). 전에 밝혔듯이, 훈련자나 동료 훈련생들 중 한 명이 관찰자가 되어 각 집단과 함께 작업한다.

훈련자의 역할

훈련자의 1차적인 책임은 다음과 같다.

1. 교정적인 피드백을 제공해서, 훈련생의 반응이 기대되는 기준을 얼마나 잘 충족시켰는지에 대한 정보를 주고, 반응을 향상하는 방법에 대해 필요한 지침도 준다.
2. 각 수준의 내담자 진술이 완료된 후, 훈련생에게 난이도 사정과 조정을 상기시킨다(초급, 중급과 고급).

연습 방법

각 기술은 고유한 단계별 지침이 있다. 모든 단계가 중요하기 때문에, 훈련생들은 이 지침을 신중하게 따라야 한다.

기술 기준

이 책에 나오는 12가지 체계론적 가족치료 기술은 그 기술에 대한 중요한 요소나 원리를 설명하는 2개에서 4개 정도의 기술 기준으로 제시된다.

각 연습의 목표는 (a) 내담자에게 맞춰 조정하고, (b) 가능한 한 기술 기준을 충족시키면서, (c) 그럴듯하게 느껴지는 방식으로 훈련생이 내담자 진술에 대한 반응을 만들어내는 실습을 하는 것이다. 기술 기준이 반응으로 통합되는 방법에 대한 감각을 키우기 위해 훈련생에게는 치료자 반응 예시가 있는 대본이 제공된다. **하지만, 훈련생들이 반응 예시의 축어록을 그대로 읽지 않는 것이 중요하다!** 치료는 아주 개인적이고 즉각적이어서, 의도적 연습의 목표는 일관된 틀 내에서 즉시 만들어내는 훈련생의 능력을 개발하는 것이다. 훈련생이 대본화된 반응을 기억하는 것에 의존하게 되면, 개별 내담자에게 반응적이고, 그럴듯하며, 잘 맞춰진 치료를 수행하도록 배우지 못할 수 있다.

이 책의 앞에 나오는 세 저자(블로우Blow, 시달Seedall과 밀러Miller)가 대본화된 예시 반응을 썼다. 그러나 훈련생의 개인적 치료 양식은 그 예시 대본과 다소 다를 수 있다. 모델의 원리와 전략에 따라 개입할 수 있으면서도, 시간이 흐름에 따라서 훈련생이 자신의 방식과 목소리를 개발하는 것이 아주 중요하다. 이를 촉진하기 위하여, 이 책에 있는 연습들은 기술 기준과 지속적인 피드백을 통해 정보를 얻어 즉각적인 반응을 최대한 잘 해내도록 설계되었다. 훈련생들이 보기에 대본화된 반응 일부는 모든 기술 기준을 충족하지 못할 수 있다. 이러한 반응들은 체계론적 가족치료의 기술을 내담자(들)에게 잘 맞춰서 융통성 있게 적용하는 예시로 제공된 것이다.

연습의 목표는 훈련생이 다음과 같은 방식으로 내담자 진술에 대한 반응을 즉시 만들어내는 연습을 하는 것이다.

- 내담자에게 잘 맞춰지고,
- 가능한 한 많은 기술 기준을 충족시키고,
- 훈련생에게 그럴듯하게 느껴지도록 함.

검토, 피드백과 토론

내담자 지시 메시지와 치료자 반응에 뒤따르는 검토와 피드백은 다음과 같은 두 가지 요소를 갖는다.

- 첫째, 내담자 역할을 하는 훈련생은 치료자의 반응에 대해 어떻게 느꼈는지를 **짧게** 이야기한다. 이것은 훈련생이 내담자에게 얼마나 잘 맞추는지를 사정할 수 있게 한다.
- 둘째, 훈련자는 기술 기준에 근거한 **짧은** 피드백(1분 미만)을 제공한다. 기술 리허설 시간을 절약하기 위하여 피드백은 구체적이고, 행동적이고, 간단하게 하라. 한 훈련자가 여러 쌍의 훈련생들을 가르치고 있다면, 훈련자는 방을 왔다 갔다 하면서 집단을 관찰하고 짧은 피드백을 준다. 훈련자가 여의치 않으면, 내담자 역할을 하는 훈련생이 기술 기준에 근거해 개입을 받은 것을 어떻게 느꼈는지에 대해 치료자에게 동료 피드백을 준다. 아니면, 부가적인 훈련생이 관찰하고 피드백을 제공한다.

훈련자(혹은 동료)는 모든 피드백을 구체적이고 짧게 하고, 이론 논의로 방향을 틀지 않도록 해야 한다. 체계론적 가족치료 이론과 연구를 확장해서 논의할 많은 다른 상황들이 있다. 의도적 연습에서는, 연습을 통해 지속적인 행동 리허설을 위한 시간을 최대한 많이 갖는 것이 가장 중요하다.

최종 평가

모든 훈련생이 내담자(들)와 치료자의 역할을 해본 다음, 훈련자는 평가를 제공한다. 참여자들은 이 평가에 기초한 짧은 집단 토론에 참여해야 한다. 이 토론은 과제와 향후 의도적 연습 회기에서 어디에 초점 맞출지에 대한 아이디어를 제공할 수 있다. 이 목적을 위해, 부록 B에 미국심리학회 홈페이지

http://www.apa.org/pubs/books/deliberate-practice-systemic-family-therapy('임상가와 실천가 자원' 탭 참조)에서 다운로드할 수 있는 의도적 연습 일지 양식이 제시되어 있다. 이 양식은 훈련생이 슈퍼바이저와 함께 회기에서의 경험을 처리하도록 돕기 위해 최종 평가의 부분으로 사용될 수 있다. 그러나 그것은 주로 훈련생들이 회기 사이사이에 그들의 사고와 경험을 탐색하고 기록하기 위한 본template으로서도 사용할 수 있다. 특히 그들이 반응들을 혼자 리허설 하거나, 슈퍼바이저의 역할을 채우는 또 다른 훈련생까지 해서 2명 이상의 훈련생들이 함께 연습을 하고자 할 때처럼, 슈퍼바이저 없이 부가적인 의도적 연습 활동을 추구할 때 사용할 수 있다. 그런 다음, 그들이 원한다면, 훈련생들은 다음 훈련 회기를 시작하면서 슈퍼바이저와 이러한 경험들을 토론할 수 있을 것이다.

PART 02

체계론적 가족치료 기술을 위한 의도적 연습

책의 이 부분은 필수적인 체계론적 가족치료 기술을 익히기 위한 12개의 의도적 연습을 제공한다. 이러한 연습들은 막 체계론적 가족치료 훈련을 시작하는 사람에게 더 적절한 기술부터 진전을 이루어 나가는 사람들에게 적합한 기술, 그리고 더 고급 수준에서의 기술들까지, 발달적인 순서로 구성되어 있다. 비록 우리는 훈련자 대부분이 우리가 제시한 순서대로 이 연습들을 사용하기를 기대하지만, 어떤 훈련자들은 그들의 훈련 상황에 맞추어 순서를 달리해서 사용할 수도 있다. 또한, 우리는 체계론적 가족치료 기술들이 한꺼번에 다루어지는 두 개의 종합적인 연습을 제공하는데, 그것들은 주석 달린 체계론적 가족치료 회기 전사본과 모의 체계론적 가족치료 회기이다.

초급 체계론적 가족치료 기술을 위한 연습

연습 1. 처치를 위한 체계론적 근거 제공하기

연습 2. 치료동맹 구축하기: 유대 확립하기와 체계에 합류하기

연습 3. 문제를 재정의하기

연습 4. 상호작용의 구조화: 완화하기

중급 체계론적 가족치료 기술을 위한 연습

연습 5. 삼각관계 피하기

연습 6. 경계 강조하기

연습 7. 체계론적 질문: 관점 수용을 촉진하기

연습 8. 희망 만들어내기

고급 체계론적 가족치료 기술을 위한 연습

연습 9. 다양성에 주의 기울이기

연습 10. 치료동맹 구축하기: 치료목표 확립하기

연습 11. 상호작용 주기 추적하기

종합적 연습

연습 1 처치를 위한 체계론적 근거 제공하기

연습 1을 위한 준비

1. 제2장의 지침을 읽으라.
2. 미국심리학회 홈페이지 http://www.apa.org/pubs/books/deliberate-practice-systemic-family-therapy에서 의도적 연습 반작용 양식과 의도적 실습 일지 양식을 다운로드하라('임상가와 실천가 자원' 탭 참조: 또한 부록 A와 부록 B에서도 각각 얻을 수 있음).

연습 1을 위한 체계론적 상황

체계론적 치료자는 개인, 커플, 가족과 작업하고, 체계론적 관점으로부터 각 대상에 접근한다. **이 특수한 기술을 위해, 여러분은 2명의 훈련생이 필요하다. 한 사람은 치료자이고, 한 사람은 내담자이다.** 우리는 각 내담자 지시 메시지 전에 몇 가지 사례 상황을 제공했다. 이 상황은 부가적인 배경 정보(예: '가족-아버지와 청소년 딸')가 따르는 관계 유형을 밑줄 친 텍스트의 형태로 먼저 진술한다. 내담자 역할을 하는 훈련생은 각 내담자 지시 메시지 앞에 있는 밑줄 친 텍스트를 소리 내어 읽도록 하라.

만약 특수한 지시 메시지로 설계된 내담자 역할을 하는 사람보다 더 많은 훈련생이 있다면, 한 명이나 그 이상의 훈련생들은 그 특수한 지시 메시지의 역할극을 관찰할 수 있다. 내담자 역할을 하는 훈련생들이 내담자 진술을 읽을 사람과 관찰할 사람으로 역할을 바꿔 보면서 모든 사람이 연습에 참여할 기회를 가질 것을 권한다.

기술 설명

기술 난이도 수준: 초급

다른 치료 분야는 통상 개인을 처치의 기준 단위로 다루지만, 체계론적 가족치료 내에서는 커플과 가족에 대해 광범위하게 초점을 두고 있다. 처치에 대한 체계론적 접근을 취하는 데 있어 핵심 요소는 전체 체계를 처치 공간 안으로 가져와 작업하는 것이다. 종종 파트너들이나 가족 구성원들은 처치 참여에 대해 회의적이거나 그들 자신이 문제가 된다고 생각하지 않을 수 있다. 치료자들은 가족 구성원들이 현재 문제를 체계론적으로 이해하도록 시도하는데, 이는 문제는 흔히 상호작용을 통해 유지된다는 아이디어를 포함한다(Minuchin, 1974). 체계론적 치료는 변화를 일으키기 위하여 관계의 힘을 이용하는 것을 강조한다. 따라서 치료자 자신이 가족체계의 모든 성원과 관련을 맺어서, 각자가 치료 과정에서 듣고 받아들여지는 것을 느끼고, 왜 그들이 처치 과정의 중요한 부분이 되는지를 이해하는 것이 아주 중요하다(Szapocznik & Hervis, 2020). **이 기술의 목표는 내담자가 나타나는 문제를 체계론적 관점에서 바라보게 하고, 변화를 일으키는 데 있어서 체계의 중요성을 깨닫게 하는 것이다.** 체계론적 근거는 처치 초기(예: 접수, 사정 시점 혹은 내담자에게 중요한 새로운 체계 구성원이 나타날 때)에 전화를 통해서나 대인in-person 접촉으로 제공될 수 있다. 또한, 치료적 합류를 유지하고, 반드시 모든 체계 구성원들과 지속해서 접촉하도록 하는 것이 처치 내내 유용할 수 있다.

연습 1을 위한 기술 기준

1. 그 사람이 보는 대로 현재의 이슈를 승인해 주고 타당화해주라.
2. 체계론적, 관계적 접근의 잠재적인 이점에 대해 체계론적 근거를 제공하라.
3. 개방형 질문을 사용해서 체계론적 근거가 내담자(들)와 맞는지를 점검하라.

처치를 위한 체계론적 근거를 제공하는 치료자의 예시

예시 1

커플 – 한 파트너가 우울증 때문에 개인 회기를 요청하였다.

내담자 *[슬픈 표정으로]* 저는 정말 계속해서 너무 우울해요. 제가 자라면서 겪었던 부모님과의 문제를 다룬다면, 제가 더 나은 배우자가 되는 데 도움이 될 것 같아요.

치료자 당신의 우울증을 지금 당장 다루는 것은 정말 어려워 보이는데요, 그게 당신의 어린 시절과 관련이 있을 것 같네요. (기준 1) 음, 당신의 파트너를 포함하는 게 좋을 것 같은데요. 그분들의 존재가 당신들 두 사람 사이를 더 잘 이해를 시킬 것 같고, 또 파트너와의 더 강한 관계가 우울증에 대해서 잘 도울 수 있을 것 같은데요. (기준 2) 어떻게 생각하세요? (기준 3)

예시 2

가족 – 이혼 후 한쪽 부모가 부모 이혼 후 청소년 아들 문제로 치료를 요청한다.

내담자 *[걱정하는 표정으로]* 아들이 저의 이혼에 대한 감정을 처리할 여지가 필요한 것 같아요.

치료자 아드님의 감정 배출구를 만들어주고 싶다고 하시니 훌륭하시네요. (기준 1) 회기에 부모님들께서도 오시는 것이 좋을 듯한데요, 왜냐하면 부모님들은 자녀들이 이혼과 모든 상실에 대해 타협할 수 있도록 도와줄 결정적인 분들이니까요. 그렇게 하면, 아드님은 감정을 조절할 기술도 얻게 될 뿐만 아니라 우리의 관계가 감정에 대처하는 데 어떻게 도움이 될 수 있는가를 배우게 될 겁니다. (기준 2) 아드님과 함께 회기에 오는 것이 어떻게 들리시나요? (기준 3)

예시 3

커플 – 트라우마의 역사가 있기 때문에, 한 파트너가 다른 파트너가 회기에 참석하도록 요청하는 것을 꺼린다.

내담자 *[머뭇거리면서]* 남편이 그의 과거 트라우마를 해결해야 우리 관계를 다룰 수 있다고 생각하지 않는데요.

치료자 당신들의 관계와 트라우마는 분명히 구분되는 두 가지 중요한 문제입니다만, 연구들에 보면 두 문제를 치유하는 것은 관련되어 있습니다. (기준 1과 2) 두 분 모두 참석하시면, 관계를 강하게 할 수 있고 그 관계의 힘을 이용해 남편이 트라우마를 처리할 수 있어요. (기준 2) 어떻게 하면 당신이 좀 더 편안하게 남편의 트라우마에 대해 함께 작업하게 될까요?

연습 1에 대한 지침

단계 1: 역할 연습과 피드백

- 내담자는 각 내담자 지시 메시지 앞에 있는 밑줄 친 텍스트를 소리 내어 읽는다.
- 내담자는 먼저 초급 내담자 진술을 말한다. 치료자는 기술 기준에 근거하여 반응을 **즉시 만들어 낸다.**
- 훈련자는(혹은, 가능하지 않다면, 내담자는) 기술 기준에 근거한 **짧은** 피드백을 제공한다.
- 그런 다음 내담자는 같은 문장을 반복하고, 치료자는 다시 반응을 즉시 만들어 낸다. 훈련자(혹은 내담자)는 다시 짧은 피드백을 제공한다.

단계 2: 반복

- **현재의 난이도 수준**(초급, 중급, 고급)**에서** 모든 진술에 대해 단계 1을 반복하라.

단계 3: 사정과 난이도 조정

- 치료자는 의도적 연습 반작용 양식(부록 A 참조)을 완성하고 더 쉽거나 더 어려운 연습을 만들지, 아니면 같은 난이도 수준을 반복할지 결정한다.

단계 4: 약 15분 동안 반복

- 최소한 15분 동안 단계 1에서 3을 반복하라.
- 그런 다음 훈련자는 치료자와 내담자 역할을 바꾼 다음 다시 시작하라.

⇨ 자, 이제 당신의 차례다. 지침에서 나온 단계 1과 단계 2를 따르라.

기억하라: 역할 연습의 목표는 훈련생이 (a) 기술 기준을 사용해서 (b) 훈련생에게 그럴듯하게 느껴지는 내담자 진술에 대한 반응을 즉시 만들어 내는 연습을 하는 것이다. 각 내담자 진술에 대한 치료자 반응 예시들은 이 연습 뒷부분에 제공된다. 훈련생들은 예시 반응을 읽기 전에 자신의 반응을 즉시 만들어 내도록 시도해야 한다.

연습 1에 대한 초급 수준의 내담자 진술

초급 내담자 진술 1

커플 – 이것은 한 파트너와의 개인 회기이다. 그들은 쌍방 모두 이전의 외도로 치료에 왔다.

[자신 없어 하면서] 제 파트너와 저는 둘 다 과거에 상대방에게 상처를 주는 일을 했어요. 저는 우리 둘 다 상대방을 신뢰할 수 있을지 확신할 수 없어요.

초급 내담자 진술 2

가족 – 불안 때문에 힘 드는 청소년이 가족 없이 회기에 왔다.

[불만스러워하면서] 우리 가족은 잘 지낼 수 없어요. 사소한 것조차 우리 가족한테는 큰 말싸움을 일으키게 해요.

초급 내담자 진술 3

가족 – 한 아버지가 최근의 행동 이슈 직후 아들을 위해 치료를 요청하였다.

[짜증나는 듯] 아들과 나는 예전엔 정말로 가까웠어요. 하지만 근래 몇 년 동안, 그 아이의 거짓말과 말썽이 우리 사이에 쐐기를 박아버렸어요. 아들을 믿을 수가 없어요.

초급 내담자 진술 4

커플 – 어떤 사람이 우울증으로 개인치료를 받은 후 커플 회기를 숙고 중이다.

[소심하게] 제 파트너와 저는 우울과 불안 때문에 개인치료를 하는 상담자를 만났지만, 커플로서 치료를 받은 적은 없어요.

초급 내담자 진술 5

커플 – 한 파트너가 최근 외도를 노출한 후 처치를 구하고 있다.

[걱정스러운 듯이] 매일, 저는 파트너가 저를 떠날 것에 대한 생각을 떨쳐버릴 수가 없어요.

▶ 다음 난이도 수준으로 옮겨가기 전에 난이도를 사정하고 조정하라(연습 지침에서 단계 3 참조).

연습 1에 대한 중급 수준의 내담자 진술

중급 내담자 진술 1

커플 – 한 파트너가 관계 불만족으로 지원을 요청하고 있다.

[불만스러운 듯이] 제 파트너는 이전 관계에서 신뢰 문제가 컸던 것 같아요. 이전 관계에서 그를 속였던 사람이 제가 아니라는 것을 그 사람에게 깨닫게 해줄 수가 없어요.

중급 내담자 진술 2

가족 – 한 부모가 딸이 우울한 것이 걱정되어서 양육 지원을 요청하고 있다.

[걱정스러운 듯이] 남편과 저는 딸을 어떻게 도와주어야 할지 모르겠어요. 그 아이는 우울해 보이지만, 그것에 대해 말하려 하지 않아요.

중급 내담자 진술 3

가족 – 한 부모가 올해 초 파트너/계부의 죽음 이후 지원을 요청하고 있다.

[슬퍼하며] 올해 초 파트너를 잃었지만, 제 아이들은 그것에 대해 말하고 싶어하지 않아요. 저는 더 좋아지질 않아요. 아이들이 그것을 이야기할 수 있으면 정말 좋을 텐데요. 아이들은 그걸 피하는 것 같아요.

중급 내담자 진술 4

커플 – 관계의 한 구성원이 그들을 힘들게 만들고 집을 떠날 수 없게 하는 심각한 불안을 보고하면서 치료에 참여한다.

[풀이 죽어서] 저는 뭐가 잘못됐는지 모르겠어요. 불안이 너무 심해서 집을 떠날 수가 없어요. 파트너가 제 걱정을 하고 있다는 걸 알지만요.

중급 내담자 진술 5

가족 – 한 청소년이 위축 행동을 보여주고 있다.

[슬픈 듯이] 저는 제게 중요한 모든 사람을 밀어젖힌 것 같아요. 정말 외로워요.

▶ 다음 난이도 수준으로 옮겨가기 전에 난이도를 사정하고 조정하라(연습 지침에서 단계 3 참조).

연습 1에 대한 고급 수준의 내담자 진술

고급 내담자 진술 1

가족 – 한 부모가 분노 이슈를 가진 자녀 때문에 지원을 요청하였다.

[걱정스러운 듯이] 저는 제 아이가 필요로 하는 도움을 주고 싶은데, 그 아이는 지금 당장은 많은 일을 의심하는 것 같아요. 제가 있으면, 아이는 말을 많이 안 하려 해요.

고급 내담자 진술 2

가족 – 한 부모가 퇴학 처분 이후 그들 자녀를 위한 서비스를 구하고 있다.

[좌절감을 느끼듯이] 행동이 통제되지 않으면 아들은 학교에서 실패할 거예요! 그 아이는 엉망이에요! 그 아이를 어떻게 도와주실 수 있으세요?

고급 내담자 진술 3

가족 – 적대행동 및 품행장애로 밝혀진 한 청소년 자녀가 치료자와 첫 회기를 하고 있다.

[완강하게] 저는 정말 여기 있고 싶지 않아요. 부모님은 제가 여기 와야만 하고, 오지 않으면 저를 집에서 내쫓겠다고 말씀하세요.

고급 내담자 진술 4

커플 – 한 개인이 치료에 참석하고 있으며, 관계에서의 문제를 이야기한다. 치료자는 파트너가 참석한다면, 치료 작업의 결과가 더 좋을 거라고 믿고 파트너가 치료에 참여하도록 초대하자고 제안하였다.

[혼란스러운 듯이] 저는 잘 모르겠어요. 저는 정말 제 감정을 이야기할 수 있고, 그 사람이 제 말을 듣는 것을 걱정하지 않는 장소가 필요해요.

고급 내담자 진술 5

커플 – 한 개인이 처음으로 파트너와 함께 회기에 참석해서, 그들이 커플치료에서 어떻게 작업할지에 대한 치료자의 지시에 반응한다.

[방어적으로] 제 파트너는 이미 상담을 많이 받아서 더 나은 위치에 있는데, 저는 이제야 여기 있게 된 것이 무슨 가치가 있는지 잘 모르겠어요.

▶ 다음 난이도 수준으로 옮겨가기 전에 난이도를 사정하고 조정하라(연습 지침에서 단계 3 참조). 적절하다면, 연습을 훨씬 더 어렵게 만드는 지침을 따르라(부록 A 참조).

치료자 반응 예시: 처치에 대한 체계론적 근거 제공하기

기억하라: 훈련생들은 예시 반응을 읽기 전에 그들 자신의 반응을 즉시 만들어 내도록 시도해야 한다. **만일 당신의 반응을 떠올리는 데 어려움이 있지 않다면 다음 반응 축어록을 읽지 말라!**

연습 1 초급 수준의 내담자 진술에 대한 예시 반응

초급 내담자 진술 1에 대한 예시 반응

당신과 파트너는 서로에게 상처를 주고, 서로를 신뢰하지 못하게 하는 방식으로 행동하신 것 같네요. (기준 1) 신뢰가 원하는 수준에 도달하지 못했을 때, 처치에 함께 올 것을 생각하기는 어려운 듯합니다. 하지만 당신들 둘 다 처치를 받게 되면, 서로를 신뢰하지 못하는 것을 가장 잘 다룰 수 있게 될 겁니다. (기준 2) 당신의 파트너가 함께 치료를 받는 것에 대해 어떻게 생각하세요? (기준 3)

초급 내담자 진술 2에 대한 예시 반응

너에게는 가족이 잘 지내는 것이 중요한데, 최근에는 그게 불가능하다고 생각하는 것 같구나. (기준 1) 가족치료가 좋은 점 중 하나는 가족 구성원들이 서로에게 더 효과적으로 말하는 방법을 찾게 해서, 모든 사람이 덜 걱정하도록 할 수 있다는 거야. (기준 2) 네 가족에 대한 그 선택안에 대해 어떻게 생각하니? (기준 3)

초급 내담자 진술 3에 대한 예시 반응

당신은 아들과 이전에 느꼈던 가까움을 놓쳐서 정말로 아쉬운데, 아들의 행동이 그렇게 하는 걸 방해한다고 생각하시는군요. (기준 1) 부모와 자녀들은 관계에 영향을 미치는 어려운 행동을 다루기 위해 함께 치료를 받으면 좋아질 수 있습니다. 이렇게 해서 당신과 아드님이 행동을 관리하는 기술을 배움으로써 서로 다시 연결될 수 있을 겁니다. (기준 2) 아들과 함께 상담받는 게 어떠신지요? (기준 3)

초급 내담자 진술 4에 대한 예시 반응

당신은 커플치료에서 무엇을 기대할지 확신하지 못한 것처럼 들리네요. (기준 1) 우울과 불안 증세를 지속해서 다루는 것이 당신의 전반적인 건강에 중요합니다. 이 증상들이 커플 관계에서 효과적으로 다루어질 수 있다는 걸 알고 계시나요? (기준 2) 파트너가 좀더 편안하게 치료를 받도록 만드는 아이디어에는 어떤 것이 있을까요?

초급 내담자 진술 5에 대한 예시 반응

파트너가 떠날 것이라는 걱정이 당신을 압도하는 것 같군요. (기준 1) 파트너가 어떻게 느끼는지 그리고 당신들 각자가 관계에서 무엇을 경험하는지를 알면 도움이 될 것 같습니다. 이것이 대개는 커플치료의 주요 목표이지요. (기준 2) 파트너가 함께 치료 받는 것에 대해 어떻게 느끼시나요? (기준 3)

연습 1 중급 수준의 내담자 진술에 대한 예시 반응

중급 내담자 진술 1에 대한 예시 반응

파트너가 신뢰 문제로 힘들어하고 있고, 과거 관계로부터의 상처가 당신을 향하는 것처럼 느껴지니까 이건 당신에게 어려운 일일 것 같습니다. (기준 1) 커플의 치료는 흔히 이전 관계가 현재 관계에 영향 미치는 것을 다룰 때 효과적이에요. (기준 2) 이 문제로 커플이 함께 치료받는다면, 어떻게 될 것 같으세요? (기준 3)

중급 내담자 진술 2에 대한 예시 반응

따님의 우울을 알아차리시고, 그 아이가 감정에 대해 말하는 능력이 중요하다는 것을 아시니 좋네요. (기준 1) 자녀가 우울을 경험할 때, 부모님을 회기에 참석하게 해서 모두가 어려운 감정을 다루는 기술을 얻고, 아이의 회복을 지원하는 것이 최선임을 함께 이해하는 것이 좋습니다. (기준 2) 따님과 회기에 참석하는 것이 어떻게 들리시나요? (기준 3)

중급 내담자 진술 3에 대한 예시 반응

당신의 가족은 파트너의 죽음으로 인해 상당한 슬픔을 겪고 계신 것 같습니다. (기준 1) 때로는 그것들을 이야기하는 것보다 그 어려운 감정을 피하는 것이 더 쉽게 느껴질 수 있습니다. 비록 당신들 모두 슬픔을 이야기하는 것이 무슨 이득이 있을지 확신할 수는 없지만, 가족으로서 그것을 이야기하게 되면 이 상실이 당신들 각자에게 무엇을 의미하는지 처리할 기회를 줄 거예요. (기준 2) 파트너의 죽음을 한 가족으로서 함께 이야기하는 것이 좋다는 것을 어떻게 생각하시나요? (기준 3)

중급 내담자 진술 4에 대한 예시 반응

당신의 불안은 정말로 지금 당장은 다루기가 어려워서 파트너도 그걸 깨닫고 계신 것 같습니다. (기준 1) 말씀하시는 걸 들으니, 파트너를 포함하는 게 좋을 것 같다는 생각이 드는데요. 이렇게 해서, 두 분 모두 불안을 다루는 것에 대한 이해를 높일 수 있고, 그걸 다루는 데 도움되는 방법들을 함께 찾아낼 수 있을 거예요. (기준 2) 어떻게 생각하세요? (기준 3)

중급 내담자 진술 5에 대한 예시 반응

너는 외롭다고 느끼고 있는데, 네게 가장 중요한 사람들을 이제 더 밀어내고 싶지는 않구나. (기준 1) 관계치료는 우리 감정을 표현하고 지원을 받는 데 도움을 주는 중요한 가족 구성원을 포함해. (기준 2) 다음 회기 때 너에게 중요한 누군가를 초대하는 것에 대해 어떻게 생각하니? (기준 3)

연습 1 고급 수준의 내담자 진술에 대한 예시 반응

고급 내담자 진술 1에 대한 예시 반응

자녀가 필요로 하는 도움을 얻게 하고 싶다고 하시니 참 좋네요. 당신은 자녀가 경험을 이야기할 배출구를 갖게 하고 싶어 마음을 쓰시네요. (기준1) 때때로 부모들은 아이들이 그들 앞에서 말하고 싶지 않는다고 걱정하지만, 더 흔히는 치료 과정에 가장 가까운 사람들이 같이 와서 지원을 해주는 것이 아이들에게 도움이 됩니다. (기준 2) 자녀의 다음 약속에 오시는 것이 어떠신가요? (기준 3)

고급 내담자 진술 2에 대한 예시 반응

당신은 아드님의 행동과 그것이 학업에 미칠 영향에 대해 아주 많이 걱정하시는 것 같아요. (기준 1) 연구들은 어려운 행동을 다루는 가장 효과적인 방법은 도와줄 처치 과정에 중요한 가족 구성원을 참여시키는 것이라고 보여줍니다. 이렇게 하면, 당신들 모두 그의 성공에 기여할 가능성이 있지요. (기준 2) 다음 회기 때 아드님과 함께 상담받는 것에 대해 어떻게 생각하십니까? (기준 3)

고급 내담자 진술 3에 대한 예시 반응

너는 여기 있고 싶지 않다는 걸 알리고 싶은 심정인데도 여기에 있으니 고맙구나. (기준 1) 좀 더 흔하게, 부모들은 자녀들과 함께 상담을 받으면서 잘 안 돌아가는 일들에 대한 생각을 나눌 기회를 갖게 되지. 이것은 모든 게 자기 잘못이라고 느낄 어떤 사람에 대한 압력을 거둘 수 있게 해줘. (기준 2) 가족을 처치에 초대하는 아이디어가 네겐 어떻게 들리니? (기준 3)

고급 내담자 진술 4에 대한 예시 반응

감정과 프라이버시는 당신에게 중요한데, 또 동시에 파트너와는 이러한 감정을 나누어야 하는가에 대해 혼란스럽게 느끼는 것 같습니다. (기준 1) 흔히, 파트너들은 그들에게 가까운 사람들이 그들의 감정을 이해할 때 안도감을 느낍니다. 이렇게 하면, 파트너는 필요할 때 당신을 지지해 주는 위치에 있을 수 있습니다. (기준 2) 파트너와 함께 치료 받는 것에 대해 어떻게 생각하시나요? (기준 3)

고급 내담자 진술 5에 대한 예시 반응

당신은 파트너가 좋아지고 있는 어떤 영역을 인정하고 있고, 당신이 그녀와 함께 처치를 받기 전에 일어난 것을 이해하고 계신 것 같네요. (기준 1) 그렇지만 동시에, 파트너가 함께 치료를 받으면, 다른 일들이 다루어지는 가운데 서로가 연결감을 느끼도록 도움을 받을 수 있을 겁니다. (기준 2) 함께 치료를 받는 것에 대해 어떤 점이 우려되시는가요? (기준 3)

연습 2 치료동맹 구축하기: 유대 확립하기와 체계에 합류하기

연습 2를 위한 준비

1. 제2장의 지침을 읽으라.
2. 미국심리학회 홈페이지http://www.apa.org/pubs/books/deliberate-practice-systemic-family-therapy에서 의도적 연습 반작용 양식과 의도적 실습 일지 양식을 다운로드하라('임상가와 실천가 자원' 탭 참조: 또한 부록 A와 부록 B에서도 각각 얻을 수 있음).

연습 2를 위한 체계론적 상황

체계론적 치료자는 개인, 커플, 가족과 작업하고, 체계론적 관점으로부터 각 대상에 접근한다. **이 특수한 체계론적 기술을 위해, 여러분은 5명의 훈련생이 필요하다.** 한 사람은 치료자이고, 네 사람은 내담자이다. 우리는 각 내담자 지시 메시지 전에 몇 가지 사례 상황을 제공했다. 이 상황은 부가적인 배경 정보(예: '가족-아버지와 청소년 딸')가 따르는 관계 유형을 밑줄 친 텍스트의 형태로 먼저 진술한다. 내담자 역할을 하는 훈련생은 각 내담자 지시 메시지 앞에 있는 밑줄 친 텍스트를 소리 내어 읽도록 하라. 만약 특수한 지시 메시지로 설계된 내담자 역할을 하는 사람보다 더 많은 훈련생이 있다면, 한 명이나 그 이상의 훈련생들은 그 특수한 지시 메시지의 역할극을 관찰할 수 있다. 내담자 역할을 하는 훈련생들이 내담자 진술을 읽을 사람과 관찰할 사람으로 역할을 바꿔 보면서 모든 사람이 연습에 참여할 기회를 가질 것을 권한다.

기술 설명

기술 난이도 수준: 초급

(혹은 치료관계라 불리는) 치료동맹therapeutic alliance은 성공적인 치료의 핵심요소이며, 특히 치료 초기에 동맹의 강도는 긍정적 변화의 견고한 예측요인이다. 치료동맹은 다양한 방식으로 설명되지만, 우리는 그것을 과제, 목표, 그리고 유대라는 3가지 뚜렷하게 구분되는 내용 차원으로 구성된 것으로 보는 보딘Bodin(1979)의 범이론적pantheoretical 개념화에 초점을 둔다. 첫 번째 차원인 과제tasks는 과정과 치료의 구조에 대해 치료자와 내담자가 합의하는 것을 표적으로 삼는다. 두 번째 차원인 목표goals는 치료가 가져오기 바라는 성과에 대해 내담자와 치료자가 동의하는 것을 지칭한다. 유대bonds 차원은 치료자와 내담자 간 공감적 연결을 짚어내는 것이다. 커플이나 가족과 작업할 때, 치료자가 체계의 각 성원과 각 동맹 요소를 조작화하는 것에 따라 동맹의 기술은 빠르게 복잡해진다. 이 장에서의 기술은 동맹의 유대에 초점을 맞춘다.

이 기술의 목표는 치료자가 내담자 체계의 모든 구성원과 긍정적인 방식으로 연결함으로써 유대를 확립하는 것이다. 치료동맹의 유대 요소는 치료자와 체계 각 구성원 간 정서적 연결로 이루어진다. 체계와의 유대를 형성하기 위하여, 치료자는 각 체계 구성원들에 대해 수용하는 태도를 보이고, 그들이 세상에서 존재하는 방식에 대해 존중을 표해야 한다. 가족치료자는 개인적으로 유대를 형성함으로써 각 체계 구성원들과 관계를 맺으려고 시도해야 하지만, 누군가에게 말하도록 강요하거나 어떤 구성원을 불필요하게 불편하게 하지 말아야 한다. 치료자는 특히 변화과정에 아주 영향력 있는 체계 구성원들뿐만 아니라 체계가 함께 처치를 받는 것을 고의로 방해하는 힘이 있는 체계 구성원과도 강한 유대를 가질 필요가 있다. 기술 있는 치료자라면 몇 분 내에도 초기 유대를 형성할 수 있지만, 유대는 정말로 몇 치료 회기가 흘러가야 깊어진다. 비록 그들이 각자 상황에 대한 다른 관점을 가지고 있을지라도, 기술 있는 치료자들은 체계의 각 구성원과 유대를 형성할 수 있다.

체계의 각 구성원과 진정한 연결을 형성하기 위하여, 치료자는 공감, 온정, 친절, 호기심, 연민, 유머, 근심, 돌봄, 수용과 이해 같은 긍정적인 관계 특성을 가지고 각 구성원에게 다가간다. 이러한 관계 맺기는 판단, 무례함, 조급함, 못마땅함과 같은 부정적인 관계 특성에서 자유롭다. 체계에 있는 개인들과 유대를 형성한다고 해서 치료자가 그들의 행동이나 관점에 동의할 필요가 없으며, 편을 들거나 어떤 체계 구성원을 편애하는 모습을 보이지 않도록 주의해야 한다.

연습 2를 위한 기술 기준

1. 각 체계 구성원이 문제나 회기 내용에 대해 취하는 독특한 관점을 잘 듣고 있다는 것을 분명하게 전달하라.
2. 각 체계 구성원들에 대해, 따뜻하고, 이해하고, 수용적인 방식으로 관련된 정서와 의미를 찾아내 주고, 반영하라.
3. (a) 당신과 치료 과정에 대한 그들의 경험에 대해 체계 구성원들부터의 피드백을 구하라. 혹은
(b) 치료실이나 치료 과정이 치유나 변화를 위한 공간이 될 수 있다고 제안하라.

유대 확립하기와 체계에 합류하기의 예시

예시 1

청소년 아들과 어머니 - 어머니가 아들의 행동을 걱정하고 있다.

아들 *[불만스러운 듯이]* 엄마가 항상 잔소리를 하고, 저한테 소리를 질러서 우리가 여기 온 거예요. 엄마는 누그러지질 않아요.

치료자 내가 들은 대로 말하자면(기준 1), 너는 엄마가 네게 잔소리한

다고 보는 거고, 그래서 너는 불만스럽고 스트레스가 생기는 거네. (기준 2) 내가 방금 말한 걸 어떻게 생각하니? (기준 3)

어머니 *[미소지으며]* 저는 제가 나이 들어 잔소리꾼이 될 거라고 전혀 생각하지 못했어요! 저는 단지 우리 집에서 일들이 잘 정돈되도록 할 뿐이에요.

치료자 제가 듣기로, (기준 1) 어머니는 아드님에게 정말로 좋은 의도로 요청하는 것인데, '나이든 잔소리꾼'이라는 소리를 들어서 언짢으신 거네요*[미소짓는다]*. 오늘 치료에서 이것에 관해 이야기 나누는 것이 어떠세요? (기준 3A)

예시 2

레즈비언 커플 – 파트너들이 관계에서의 친밀성 부족과 외도에 대한 두려움을 논의한다.

파트너 1 *[비난하며]* 그녀가 사업차 떠날 때마다 우리 관계에 충실할 건지에 대해 제가 걱정할 필요가 없으면, 이 관계에서 제가 훨씬 더 행복해질 텐데요.

치료자 당신은 그녀가 사업차 여행을 떠날 때마다 그녀가 당신들의 관계에 정말로 위협이 되는 어떤 것을 할 거라고 걱정을 하고 계시는군요. (기준 1) 당신은 집에 혼자 있게 되고 그 시간 내내 걱정이 된다면 겁이 날 거예요. (기준 2) 제가 말한 것이 어떻게 들리세요? (기준 3A)

파트너 2 *[방어적으로]* 저는 잘못 행동하는 게 없으니, 이건 저에게 어려운 주제예요. 저는 그녀를 결코 속인 적이 없어요. 그리고 미래에 어떤 계획도 없어요. 제가 그녀를 다시 안심시킬 때조차도, 도움이 되는 게 없어 보여요. 이제 뭘 더 해야 할지 잘 모르겠어요.

치료자 당신의 관점을 이야기해줘서 고마워요. (기준 1) 당신에게도 어려운 상황인데, 이유는 다르네요. 당신은 그녀를 안심시키려

하지만 어떤 것도 도움이 되지 않아 좌절감을 느끼고 있네요. (기준 2) 당신들 두 사람 간에 이러한 차이를 탐색하는 공간으로서 계속해서 치료를 이용하는 것에 대해 괜찮으신지요? (기준 3B)

예시 3

<u>어머니, 아버지, 그리고 어린 두 자녀 – 아버지가 집에서의 전체적인 무질서에 대해 불평한다.</u>

아버지　*[압도되어서]* 저는 매일 밤 우리가 식탁에 앉아있도록 노력합니다만, 대개는 서커스처럼 끝나요. 저는 그녀(아내)가 좀 더 지원해 주어, 아이들이 제 말을 들었으면 좋겠어요.

치료자　당신은 한 가족으로서 저녁 식사를 하는 것 같은 가족의식을 해나가려고 아주 많이 노력하고 계신 것 같네요. (기준 1) 하지만 모든 사람이 그 계획에 대해 지루해해서 당신은 실망감을 느끼고, 이것이 당신에게 더 큰 긴장감을 불러일으키네요. (기준 2) 일이 어떻게 궤도에서 벗어나는지를 알아보기 위해 치료과정을 이용하는 것에 대해 어떻게 느끼세요?

치료자　*[자녀 1에게]* 너는 식사 상황에 대해 어떻게 생각해?

자녀 1　*[조용히]* 저는 식탁에서 함께 밥 먹는 것을 좋아하지만, 아빠는 자주 소리를 지르세요, 그러면 저는 일어나서 제 방으로 가서 혼자 식사를 끝내는 것이 더 좋아요.

치료자　너는 식사 자리를 아빠와 다르게 경험하는 것 같아. 너는 긴장을 느끼고, 그건 아빠 경험과는 다른 것처럼 들리네. (기준 1) 네가 너의 방에서 혼자 식사를 해야 한다는 것이 너무 외롭게 들려. (기준 2) 여러분들이 이것에 대해 그렇게 많이 다툴 필요가 없도록 이 문제를 해결하는 수단으로 치료를 사용하는 것이 어떠신지요? 이 말이 어떻게 들리시나요? (기준 3B)

연습 2에 대한 지침

단계 1: 역할 연습과 피드백

- 내담자는 각 내담자 지시 메시지 앞에 있는 밑줄 친 텍스트를 소리 내어 읽는다.
- 내담자는 먼저 초급 내담자 진술을 말한다. 치료자는 기술 기준에 근거하여 반응을 **즉시 만들어** 낸다.
- 훈련자는(혹은, 가능하지 않다면, 내담자는) 기술 기준에 근거한 **짧은** 피드백을 제공한다.
- 그런 다음 내담자는 같은 문장을 반복하고, 치료자는 다시 반응을 즉시 만들어 낸다. 훈련자(혹은 내담자)는 다시 짧은 피드백을 제공한다.

단계 2: 반복

- **현재의 난이도 수준**(초급, 중급, 고급)**에서** 모든 진술에 대해 단계 1을 반복하라.

단계 3: 사정과 난이도 조정

- 치료자는 의도적 연습 반작용 양식(부록 A 참조)을 완성하고 더 쉽거나 더 어려운 연습을 만들지, 아니면 같은 난이도 수준을 반복할지 결정한다.

단계 4: 약 15분 동안 반복

- 최소한 15분 동안 단계 1에서 3을 반복하라.
- 그런 다음 훈련자는 치료자와 내담자 역할을 바꾼 다음 다시 시작하라.

⇨ 자, 이제 당신의 차례다. 지침에서 나온 단계 1과 단계 2를 따르라.

기억하라: 역할 연습의 목표는 훈련생이 (a) 기술 기준을 사용해서 (b) 훈련생에게 그럴듯하게 느껴지는 내담자 진술에 대한 반응을 즉시 만들어내는 연습을 하는 것이다. 각 내담자 진술에 대한 치료자 반응 예시들은 이 연습 뒷부분에 제공된다. 훈련생들은 예시 반응을 읽기 전에 자신의 반응을 즉시 만들어내도록 시도해야 한다.

연습 2에 대한 초급 수준의 내담자 진술

초급 내담자 진술 1

개인 – 내담자는 오래 가길 바랐던 데이트 관계가 최근에 깨져서 힘들어하고 있다.

[슬퍼하면서] 제 남자친구가 2주 전에 헤어지자고 해서 선생님을 보러 여기 왔어요. 저는 매일 눈물이 나고, 그가 이미 다른 누군가와 데이트하고 있는지 알아내려고 스토킹까지 하고 싶어져요.

초급 내담자 진술 2

어머니, 아버지, (15세와 17세의) 두 청소년 – 가족은 통행금지 시간에 대해 충돌하고 있는데, 이것이 많은 말다툼을 일으켜 왔다.

아버지: [사실적으로] 우리는 아이들, 아니, 말하자면 어린 성인들이 통행금지 시간을 지키지 않아서 오늘 선생님을 보러 여기 왔어요. 저는 소리 지르는 것에 대해 지쳤고, 그런 것들이 제 일을 방해하고 있습니다.

어머니: [짜증을 내며] 만일 이 사람(아버지)이 좀 도와주면, 제가 그렇게 많이 소리 지르지 않아도 될 거예요. 통행금지 시간을 지키게 하는 데 남편의 지지가 필요해요.

초급 내담자 진술 3

이성애 커플 – 여성 파트너가 그들이 멀어져갈까 봐 걱정해서 치료 약속을 했다. 남성 파트너는 회기에 별로 오고 싶지 않았다.

여성 파트너: [비난하고, 걱정스러운 듯이] 우리 관계는 이제 멀어져 가고 있어요. 그는 저한테 관심을 기울이지 않고 축구 리그에만 꽂혀 있는 것처럼 보여요. 저는 우리가 회복할 수 있을지 아주 걱정스러워요.

남성 파트너: [믿을 수 없다는 듯이] 여기서 제가 뭘 하는지 모르겠어요. 이건 완전히 재앙 같아요.

초급 내담자 진술 4

외국 출생의 커플 – 그들은 3년 동안 미국에서 살았고, 한 파트너가 학위를 얻을 수 있었다.

파트너 1: [**화가 치민듯이**] 우리는 공부하러 미국에 왔어요. 우리는 예전에 치료받은 적이 없었지만, 그녀가 허구한 날 너무 우울해하고 잠만 자는 것처럼 보여서 급하다고 느끼게 되었어요. 그녀는 늘 제게 화가 나 있는 것 같아요. 저는 무력감을 느껴요.

파트너 2: [**불행한 모습으로**] 미국은 끔찍한 곳이에요. 저는 우리가 여기서 무얼 하고 있는지 모르겠어요. 이 치료 같은 것이 도움 될 것 같지 않아요.

초급 내담자 진술 5

재혼가족(친부, 계부, 13세와 16세의 두 청소년 딸) – 가족은 아버지가 게이로 커밍아웃을 하고 아내를 떠나 새로운 남자(계부)를 배우자로 선택한 후 싸워왔다.

계부: [**평온하게**] 제가 치료에 오자고 한 사람이에요. 저는 전에 누군가에게 상담을 받은 적이 있는데, 정말 도움이 되었어요.

큰딸: [**계부에게, 못마땅한 듯이**] 저도 여기 와서 좋아요. 당신이 이사 온 후 일이 훨씬 더 힘들어졌어요.

▶ 다음 난이도 수준으로 옮겨가기 전에 난이도를 사정하고 조정하라(연습 지침에서 단계 3 참조).

연습 2에 대한 중급 수준의 내담자 진술

중급 내담자 진술 1

개인 내담자 – 오래 유지하기 바라던 데이트 관계가 최근 깨져서 힘들어하고 있다.

[고통스러운 듯이] 제게 주로 느껴지는 감정은 절망이에요. 이 관계가 깨진 것에 대해 친구들에게 도움을 요청했지만, 그들은 즐겁게 지내고 술집에 가자고 해요. 저는 그런 곳들에는 별로 관심이 없어요.

중급 내담자 진술 2

어머니, 아버지, (15세와 17세의) 두 청소년 – 가족은 통행금지 시간에 대해 충돌하고 있는데, 이것이 많은 말다툼을 일으켜 왔다.

청소년 1: [강렬하게] 엄마와 아빠는 우리를 죄지은 사람처럼 생각해요. 우리는 아닌데요, 그래서 부모님이 우리를 치료에 강제로 데리고 오신 거예요.

청소년 2: [지친 듯이] 저도 우리 집에서 싸우는 게 지겨워요. 그게 도움이 되면, 저는 기꺼이 치료에 왔을 거예요.

중급 내담자 진술 3

이성애 커플 – 여성 파트너가 그들이 멀어져갈까 봐 걱정해서 치료 약속을 했다. 남성 파트너는 회기에 별로 오고 싶지 않았다.

여성 파트너: [화가 난 채로] 우리는 멀어져가고 있을 뿐만 아니라, 예전처럼 자주 키스하지도 않아요. 저는 또 할 일이 산더미같이 많은데, 그는 제 상황을 까먹고 있어요.

남성 파트너: [방어적으로] 그녀가 여기 와서 이 모든 문제를 꺼내고 있지만, 집에서는 결코 제게 이야기하려 하지 않아요. 저는 그녀가 생각하는 것보다 훨씬 더 많은 시간을 내줄 수 있었는데 말이에요.

중급 내담자 진술 4

외국 출생의 커플 – 그들은 3년 동안 미국에서 살았고, 한 파트너가 학위를 얻을 수 있었다.

파트너 1: [우울한 듯이] 미국에 온 것은 제가 가족을 기쁘게 만들어 줄 국제 학위를 따는 방법이었어요. 지금은 제가 가장 사랑하는 사람이 불행하고 내내 화가 난 듯 보여요. 때때로 전 그저 술을 마시고, TV 앞을 제 구역으로 정하고 싶을 뿐이에요.

파트너 2: [당황해하며] 그는 결코 제게 시간을 내주지 않아요. 저는 직업 비자가 없어서, 하루 종일 집에 있어야 해요. 그는 하루 종일 공부하러 나가고, 새로운 친구들과 어울리고, 재미있게 지내요. 저는 그저 정체되어 있을 뿐이에요.

중급 내담자 진술 5

재혼가족(친부, 계부, 13세, 15세와 16세의 세 청소년 딸) – 가족은 아버지가 게이로 커밍아웃을 하고 아내를 떠나 새로운 남자(계부)를 배우자로 선택한 후 싸워왔다.

아버지: [감정을 나타내며] 저는 전에는 결코 치료를 받지 않았지만, 한 번 해보아야 한다고 생각했어요. 제가 벤(계부) 더러 이사 오라고 초대했을 때, 저는 우리가 아주 행복한 가족이 될 거라고 생각했어요. 글쎄, 제가 틀렸는지...

가운데 딸: [입을 다물면서] 전 할 말이 없어요.

▶ 다음 난이도 수준으로 옮겨가기 전에 난이도를 사정하고 조정하라(연습 지침에서 단계 3 참조).

연습 2에 대한 고급 수준의 내담자 진술

고급 내담자 진술 1

개인 내담자 – 오래 가길 바랐던 데이트 관계가 최근 깨져서 힘들어하고 있다.

[울먹이면서] 이 세상에 나 혼자 있는 것 같아요. 전 이 관계가 정말 잘될 거라고 생각했어요. [흐느끼면서] 저는 그가 사랑한다고 말한 다음 날, 저를 떠났다는 걸 믿을 수가 없어요.

고급 내담자 진술 2

어머니, 아버지, (15세와 17세의) 두 청소년 – 가족은 통행금지 시간에 대해 충돌하고 있는데, 이것이 많은 말다툼을 일으켜 왔다.

아버지: [의도적으로] 나는 내 가족이 원하는 것을 갖게 하려고 매일 너무도 열심히 일한다고 생각하는데, 때때로 내가 착취 당하고 있는 것 같아.

청소년 1: [화가 나서] 아빠, 그건 웃겨요, 아빠가 항상 그런 건 아니잖아요.

어머니: [아버지에게, 걱정스러운 듯이] 우리가 당신에게 얼마나 고마워하고 있는지를 정말로 말했지만, 당신은 너무 많이 확인하려는 것 같아요.

고급 내담자 진술 3

이성애 커플 – 여성 파트너가 그들이 멀어져갈까 봐 걱정해서 치료 약속을 했다. 남성 파트너는 회기에 별로 오고 싶어 하지 않았다.

여성 파트너: [파트너에게, 고마워하며] 오늘 와줘서 고마워. 나는 우리 관계가 정말 돌아가길 원하고, 우리 둘 다 행복했으면 좋겠어.

남성 파트너: [그녀의 손을 잡으며, 따뜻하게] 나도 일이 잘 돌아가길 바래.

고급 내담자 진술 4

외국 출생의 커플 – 그들은 3년 동안 미국에서 살았고, 한 파트너가 학위를 얻을 수 있었다.

파트너 1: [발끈해서] 때때로 무의미한 것 같아요. 아마 우리는 이혼을 해야 할 것 같아요.

파트너 2: [파트너에게, 불안해하며] 당신은 항상 극단적으로 가. 나는 당신을 사랑하고 우리는 잘해 보려고 여기 왔어. 제발 성급한 결정은 하지 말아줘.

고급 내담자 진술 5

재혼가족(친부, 계부, 13세, 15세와 16세의 세 청소년 딸) – 가족은 아버지가 게이로 커밍아웃을 하고 아내를 떠나 새로운 남자(계부)를 배우자로 선택한 후 싸워왔다.

막내딸: [눈에 눈물을 글썽이며, 전 가족에게 말한다] 정말로 엄마가 보고 싶어요, 하지만 저는 여러분들 모두를 사랑해요. 우리는 예전으로 돌아갈 수 없어요. 우리 모두 조금 더 열심히 노력할 수 있잖아요?

▶ 다음 난이도 수준으로 옮겨가기 전에 난이도를 사정하고 조정하라(연습 지침에서 단계 3 참조). 적절하다면, 훨씬 더 어려운 연습을 할 지침을 따르라(부록 A 참조).

치료자 반응 예시: 유대 확립하기와 체계에 합류하기

기억하라: 훈련생들은 예시 반응을 읽기 전에 그들 자신의 반응을 즉시 만들어 내도록 시도해야 한다. **만일 당신의 반응을 떠올리는 데 어려움이 있지 않다면 다음 반응 축어록을 읽지 말라!**

연습 2 초급 수준의 내담자 진술에 대한 예시 반응

초급 내담자 진술 1에 대한 예시 반응

당신은 관계가 끝난 후 정말 어려운 시간을 보내고 계신 것 같네요. (기준 1) 헤쳐 나아가기가 굉장히 어려울 거예요. (기준 2) 그래서 당신이 이 감정을 이겨내도록 도우려고 제가 여기 있는 거지요. (기준 3)

초급 내담자 진술 2에 대한 예시 반응

[아버지에게] 선생님 가족은 아이들이 자라면서 약간 스트레스를 겪고 있군요. (기준 1과 2) 이 시기 동안 스트레스를 겪는 것은 정상적인데, 저는 부모로서 당신들의 경험과 또 밖에 나가서 일할 때 스트레스를 주는 일들에 대해 더 듣고 싶군요. 저에게 그 이야기를 해주시는 게 어떠세요? (기준 3)

[어머니에게] 당신의 관점을 듣고 있는데, (기준 1) 집에서 일을 나누는 것에 대해 불만이 있는 것 같습니다. (기준 2) 치료에서 이것에 대해 작업하는 것이 어떠세요? (기준 3B)

초급 내담자 진술 3에 대한 예시 반응

[여성 파트너에게] 당신은 정말로 두 분의 관계에 대해 걱정하는 것 같네요. (기준 1과 2) 지금 상황에서 당신은 일이 돌아가는 방식에 대해 행복하게 느끼지 않으니까요. (기준 2) 이건 다루기가 어려운 상황인데, (기준 2) 저는 두 분이 지금 마주치고 있는 문제에 대해 작업을 하려고 치료에 와주셔서 기뻐요. (기준 3B)

[남성 파트너에게] 당신은 치료에 오는 것에 기대감이 별로 없으신 것처럼 들리네요. (기준 1) 두 분의 관계에 대해 작업하는 것은 큰 투자인데, 치료를 받으려고 하신 것에 대해 칭찬해 드리고 싶어요. (기준 2) 저는 당신이 치료를 받으려고 오늘 여기 오신 것이 기뻐요. 보장할 수는 없지만, 지금까지 저는 커플치료를 통해 관계가 나아지는 것을 많이 보았어요. (기준 3B)

초급 내담자 진술 4에 대한 예시 반응

[남성 파트너에게] 그 말씀을 해주셔서 감사합니다. (기준 1) 개인들 문제에 대해 누군가에게 말하는 것은 낯설지만, 저는 이것이 당신에게 편안한 경험이 될 수 있도록 최선을 다하겠습니다. (기준 2) 당신은 파트너에 대해 정말로 걱정하시는 것 같은데요, (기준 1과 2) 뭘 해야 할지 모르시겠다고요. 치료에서 이걸 다루어보죠. (기준 3B)

[여성 파트너에게] 당신의 관점을 이야기해 주셔서 정말로 감사해요. (기준 1) 치료에 온다는 것은 큰일이고, 이게 처음에는 정말로 이상하다는 것을 알아요. (기준 2) 저는 또 당신이 집을 떠나 외국에서 사는 것이 얼마나 어려운 일인지도 잘 알아요. (기준 2) 당신은 치료에 대해 의문이 든다고 말씀하셨지요. 저는 제가 할 수 있는 한 최선을 다해 두 분을 도우려고 여기 있다는 것을 말씀드리고 싶어요. (기준 3B)

초급 내담자 진술 5

[계부에게] 예전 치료에서 당신이 유익한 경험을 했다니 참 좋네요. (기준 1) 당신의 가족을 치료에 오시도록 잘 이끄신 것 같아요, (기준 2) 그리고 저는 여러분이 다루고 있는 문제들에 대해 제가 도움을 줄 수 있을 거라고 믿어요. (기준 3B)

[큰딸에게] 여기 와서 이 과정에 참여해주어 고마워. (기준 1) 너희 가족은 긴장을 일으키는 어떤 변화를 겪고 있는 것처럼 들려. 너는 이 문제들을 해결하려고 애쓰는 것 같은데 (기준 2), 나도 그걸 도우려고 여기 있는 거야. (기준 3B)

연습 2 중급 수준의 내담자 진술에 대한 예시 반응

중급 내담자 진술 1에 대한 예시 반응

당신은 이 관계가 끝난 후 많은 변화를 겪고 계신 것 같네요. (기준 1) 그 일로 해서 당신은 아주 고통스럽고 외로울 거예요. (기준 2) 당신의 삶에서 이러한 상실을 어떻게 다룰지 상담받는 것에 대해 어떻게 생각하세요? (기준 3A)

중급 내담자 진술 2에 대한 예시 반응

[두 청소년에게] 너희는 집에서 계속 싸우니까 스트레스를 많이 받는 것처럼 들리네. (기준 1과 2) 그런데 나는 너희 둘 다 여기 온 것에 대해 칭찬하고 싶고, 너희들이 목소리를 내고, 너희들이 어떻게 바라보고 있는지를 이야기해준 것이 소중하다고 봐. (기준 1) 치료라는 일이 성가실 수 있다는 걸 알아. (기준 2) 하지만 나는 너희 부모님 관점뿐만 아니라 너희들의 관점도 지지해 주러 내가 여기 있다는 걸 너희 두 사람에게 일러주고 싶어. (기준 3B)

중급 내담자 진술 3에 대한 예시 반응

[여성 파트너에게] 당신이 관계가 멀어지고 있다고 말할 때 당신의 목소리에 슬픔이 있다는 걸 알 수 있어요. (기준 1과 2) 당신이 마주하고 있는 다른 스트레스들이 주목되지 않는 것처럼 들리네요. (기준 2) 저는 당신이 치료에서 이걸 기꺼이 논의하려는 것이 기뻐요. (기준 3B)

[남성 파트너에게] 당신이 오늘 들은 것이 새롭다는 점을 이야기하고 계시고 (기준 1), 당신은 그녀가 집에서 더 많은 것을 나누었으면 하고 바라시네요. 그녀의 말을 들어보면, 그녀는 당신들의 관계가 더 강해지게 만들고 싶은 것인데, 이게 당신을 방어적으로 만든다는 것을 이해합니다. (기준 2) 저는 치료가 그걸 도울 수 있을 거라고 믿고, 당신이 그 과정에 계속해서 함께 하시길 빌어요. (기준 3B)

중급 내담자 진술 4에 대한 예시 반응

[파트너 1에게] 이야기하시는 걸 들어보니, (기준 1) 당신은 가족의 삶을 낫게 하려고 미국에 왔고, 아내가 너무 힘들어하는 것을 보고 깊은 상처를 받고 계시네요. (기준 1) 두 분이 도움을 받으러 치료에 온 것이 좋은 결정이라는 것을 알게 되실 거예요. (기준 3B)

[파트너 2에게] 말씀하시는 것을 들으니, (기준 1) 버려진 것 같고 외로우신 것 같아요. 당신은 남편과 함께 미국에 왔지만, 지금은 남겨지고 당신의 인생에 대해 의미 있는 것을 하고 있지 않다는 느낌이 있는 것 같아요. (기준 2) 저는 치료가 이것을 다룰 기회가 되기를 바라고 있어요. (기준 3B)

중급 내담자 진술 5에 대한 예시 반응

[가족에게] 아빠가 말씀하시는 걸 들으니, 아빠는 좋은 의도로 벤이 이사 오도록 했지만, 바라는 대로 잘되지 않은 것 같네요. (기준 1)

[아버지에게] 저는 이것에 대해 당신이 자업자득이라고 생각하지 않길 바라요. 재혼가족의 스트레스는 정상이고, 이걸 잘 다루게 되면 상황은 좋아질 수 있어요. (기준 2와 3)

[가운데 딸에게] 아무 말 안 해도 괜찮아. (기준 1) 나는 단지 너희들 가족이 겪고 있는 문제를 다루려고 여기 온 것만으로도 기뻐. (기준 2와 3B) 네가 이렇게 해주는 건 중요하고, 네가 말하고 싶은 게 생기면, 난 언제든지 그걸 들으려고 여기 있을 거야. (기준 1)

연습 2 고급 수준의 내담자 진술에 대한 예시 반응

고급 내담자 진술 1에 대한 예시 반응

이별은 지금 너무도 많은 슬픈 감정을 가져온 것 같네요. (기준 1) 그가 했던 행동은 혼란스러워서, 그것이 지금 당신에게 얼마나 상처를 입히는지 알 것 같아요. (기준 2) 여기는 그런 감정이 다 나오게 할 수 있는 안전한 곳이에요. (기준 3B)

고급 내담자 진술 2에 대한 예시 반응

[가족에게] 여러분 가족이 지금 얼마나 스트레스를 겪고 있는지 잘 들었습니다. (기준 1) 여러분 모두 바쁘게 살고 계시고, 모두가 들으려 하고 알려고 하고 있어요. 저는 제가 여러분 모두를 도우려고 여기 있다는 것을 각자에게 말씀드리고 싶어요. 그 말이 어렵게 들리겠지만 [웃으면서], (기준 2) 가족과 작업할 때, 가족 전체를 위해 제가 여기 있는 것이니 가능한 이야기지요. 이해되시는지요? (기준 3A)

고급 내담자 진술 3에 대한 예시 반응

[커플에게] 당신들 두 분 다 그렇게 연결되어 계신 것을 보니 아주 기쁘네요. (기준 1) 특별한 배려와 사랑의 순간이었는데, 우리는 여기서 그걸 더 많이 만들어내기 위해 함께 작업할 필요가 있어요. (기준 2) 하지만 당신들의 일상적인 관계에서 그걸 만들어 내는 것이 가장 중요하지요. (기준 3B)

고급 내담자 진술 4에 대한 예시 반응

[커플에게] 일이 잘 돌아가지 않아서 두 분이 관계를 나아지게 하고 싶다는 불만으로 들립니다. (기준 1) 저는 오늘 두 분의 말씀을 잘 들었는데, 두 분이 서로 사랑하고 있고 이게 잘 되었으면 하고 두 분 모두 말씀하시는 것 같아요. (기준 2) 저는 두 분이 치료에 시간을, 아마 3개월쯤이요, 투자하시고 난 다음 그때 가서 다시 평가해 보도록 권합니다. (기준 3B) 괜찮으신지요? (기준 3A)

고급 내담자 진술 5에 대한 예시 반응

[막내딸에게] 이야기해 주어서 정말 고마워. (기준 1) 너는 잘 견뎌왔구나, 전체 가족에게 너의 감정을 나누어준 용기에 대해 칭찬해주고 싶어. (기준 2)

[가족에게] 여러분도 그렇게 해주실 수 있다면, 제가 기꺼이 돕겠어요. (기준 3B)

연습 3 문제를 재정의하기

연습 3을 위한 준비

1. 제2장의 지침을 읽으라.
2. 미국심리학회 홈페이지http://www.apa.org/pubs/books/deliberate-practice-systemic-family-therapy에서 의도적 실습 반작용 양식과 의도적 실습 일지 양식을 다운로드하라('임상가와 실천가 자원'탭 참조: 또한 부록 A와 부록 B에서도 각각 얻을 수 있음).

연습 3을 위한 체계론적 상황

체계론적 치료자는 개인, 커플, 가족과 작업하고, 체계론적 관점으로부터 각 대상에 접근한다. **이 특수한 체계론적 기술을 위해, 여러분은 4명의 훈련생이 필요하다. 한 사람은 치료자이고, 세 사람은 내담자이다.** 우리는 각 내담자 지시 메시지 전에 몇 가지 사례 상황을 제공했다. 이 상황은 부가적인 배경 정보(예: '가족-아버지와 청소년 딸')가 따르는 관계 유형을 밑줄 친 텍스트의 형태로 먼저 진술한다. 내담자 역할을 하는 훈련생은 각 내담자 지시 메시지 앞에 있는 밑줄 친 텍스트를 소리 내어 읽도록 하라. 만약 특수한 지시 메시지로 설계된 내담자 역할을 하는 사람보다 더 많은 훈련생이 있다면, 한 명이나 그 이상의 훈련생들은 그 특수한 지시 메시지의 역할극을 관찰할 수 있다. 내담자 역할을 하는 훈련생들이 내담자 진술을 읽을 사람과 관찰할 사람으로 역할을 바꿔 보면서 모든 사람이 연습에 참여할 기회를 가질 것을 권한다.

기술 설명

기술 난이도 수준: 초급

재정의는 기본적인 가족치료 기술이다(Minuchin & Fishman, 1981; Sexton & Alexandr, 2003). *재정의*reframing는 내담자 체계 구성원들이 문제, 관계(들), 삶의 상황을 바라보는 방식을 바꾸는 것이다. 많은 것들이 회기에서 재정의될 수 있다. 즉, 재정의는 흔히 부정적이거나 비난하는 진술, 체계 구성원들의 부정적 행동, 또는 어려운 가족 상황 등과 관련된다. 재정의를 통하여, 치료자는 상황을 바라보는 다른 방식을 제안함으로써 체계 구성원들의 집단적 사고를 바꾸는 작업을 한다.

재정의는 만약 성공한다면, 내담자가 마주치고 있는 이슈들의 원인을 다시 찾도록 한다. 체계에서 이렇게 원인을 다시 찾는 것reattribution은 대개 구성원들이 더 긍정적이고 더 연결감을 느끼는 사고, 감정, 행동으로 옮겨가도록 해서, 그들이 서로와 관계 맺는 방식을 바꾼다. 재정의는 치료 과정 전반에 걸쳐 사용되지만, 치료 초기 단계, 특히 치료적 체계 구성원이 그들을 치료에 오게 한 문제, 치료목표, 그리고 이 문제를 해결하기 위한 단계를 규정하기 위해 작업할 때에 결정적으로 중요한 개입이다. 재정의는 체계 구성원들이 치료에 참여하고 동기화되도록 하고, 그들이 체계의 다른 구성원에게 덜 비난받거나 공격당한다고 느끼게 하므로, 그들의 방어를 떨어뜨리는 역할을 한다. 새로운 정의는 더 수용할 만하고, 체계 구성원들이 서로 관계 맺어 왔던 익숙하고도 부정적인 패턴으로 방해받지 않도록 한다. 좋은 재정의는 커플이나 가족의 독특한 상황의 맥락에서 나오고, 체계의 모든 성원에게 **그럴듯하고 관계적인** 것이다. 만약 새로운 정의가 적합하다면, 치료를 앞으로 나아가게 한다. 하지만 정의가 받아들여질 만하지 못하다면, 치료자가 체계 구성원들과 대화에서 새롭거나 다소 다른 정의가 나오도록 이끌어야 한다. 따라서 재정의는 치료 체계의 모든 성원이 동의할 때까지 계속되는 협력적이고 순환적인 과정이다.

재정의의 3가지 주요한 목표가 있다. 첫째, 문제(들)나 행동의 의미를 바꾸는 것이다. 숙련된 치료자들은 부정적 행동이나 태도에 명예롭고 잘 의도된 동기를 부여할 수 있다. 둘째, 재정의는 체계 구성원들에게 그들 상황에서 나아갈 잠재적으로 다른 방향을 제공한다. 셋째, 성공적인 재정의는 합동 체계joint system의 초점을 만들어내서 체계 구성원들을 함께 연결되게 한다. '옳은' 재정의는 없다. 치료자가 정보에 따른 추측을 하고, 내담자들에게 그것을 확인하고, 재정의를 확장하기 위해 내담자들의 피드백을 사용한다. 일단 다른 정의가 확립되면, 문제, 관계, 혹은 상황에 대해 새로운 정의를 반복하거나 요약함으로써 내담자들에게 그 정의의 적합성을 강화하는 것이 중요하다. **이 연습의 목표는 치료자가 가족치료에서 재정의하는 기본적인 단계를 배우는 것이다.**

통상적인 재정의의 예

- **청소년 반항:** 정체성 표현, 자신의 고유한 자의식 개발, 친구를 갖고 싶은 욕망, 분노는 상처나 열정의 표현
- **부모의 통제:** 부모가 그들 자녀에게 최선을 다하고 싶음, 그들 자녀가 잘되기를 걱정함, 통제하려는 노력은 돌보는 행동, 놓아주는 것을 배워가는 중임.
- **커플 문제:** 감정을 다침, 가까워지고 싶음, 애착 욕구, 서로에 대한 관심을 놓치고 있음, 공간과 연결의 균형 맞추기
- **일반적인 가족 스트레스:** 가족이 모든 것에 대한 스트레스를 관리하는 방식을 찾고 있음, 상실을 슬퍼함, 문제는 가족이 함께 해결하려는 것에 대한 어려움, 가족이 그들 상황에서 변화에 적응하고 있음.

연습 3을 위한 기술 기준

1. 지지적이고, 직접적이고, 명확하면서도 비난하지 않는 방식으로 당신이 내담자의 관점을 이해하고 있음을 반영해 주고 타당화해 주라. 커플이나 가족에서, 재정의를 제공하기 전에 모든 관점을 타당화해 주는 것이 필요하다.
2. 치료에 참석한 각 내담자에게 그럴듯하고 믿을 만한 문제, 관계 혹은 상황을 바라보는 대안적인 방식(즉, 정의)을 제공하라.
3. 내담자와 함께 정의가 적절한지에 대한 평가를 하라.

문제를 재정의하는 치료자의 예시

예시 1

어떤 가족이 치료에 참석한다. 지적된 환자identified patient인 청소년(15세)은 부모님이 자신에게 더 많은 자유를 주고 통금시간도 늦추어 주기를 원한다고 불평한다.

내담자 *[화가 나서]* 부모님은 제 삶을 통제하려고 해요. 감옥처럼 느껴지는 수많은 규칙들이 있어요. 저는 친구들과 더 많은 시간을 보내고 싶어요.

치료자 너는 부모님이 네 삶을 너무 많이 통제한다고 화가 나 있는 것 같구나. 네가 친구들이랑 시간을 보내고 싶어 하는 건 이해할 만해. (기준 1) 부모님이 왜 그렇게 행동하시는가를 생각해보면, 그분들은 너에 대해서, 그리고 네가 잘되기를 걱정하시고, 네 삶의 목표를 방해할 일이 일어나지 않기를 바라고 계신다는 거야. (기준 2) 그 설명이 네게 어떻게 들리니? (기준 3)

예시 2

한 아버지와 청소년 딸(14세)이 치료에 함께 참석한다. 아버지는 그의 딸이 윗사람을 좀 더 존경하기 바란다는 접수 양식서류를 제출한다.

아버지 *[언짢아서]* 제가 그 아이 나이일 때, 저는 항상 부모님을 존경했고, 그분들 말씀을 거스르지 않았어요. 그런데 그 아이는 제 말을 잘 안 들어요.

치료자 따님이 때때로 선생님을 존중하지 않는다고 생각하셔서 불만이시군요. (기준 1) 청소년들이 오늘날의 세계에서 그들의 목소리를 찾으려고 아주 큰 스트레스를 받고 있다는 생각을 해보신 적이 있나요? 그리고 비록 선생님께서는 그걸 받아들이는 것이 힘들지만, 따님이 자신의 의견을 형성하는 것이 건강한 일이라고 생각해보신 적이 있나요? (기준 2) 그것에 대해 어떻게 생각하세요? (기준 3)

예시 3

한 이성애 커플이 그들 관계에서의 거리를 불평하면서 치료에 참석한다. 여성 파트너는 특히 그 관계에서 불행하고 버림받고 있다고 느낀다.

내담자 *[화가 나서]* 남편이 저와 거의 시간을 보내고 싶어 하지 않아 화가 나요. 그는 목공소에서 그의 프로젝트에 온통 정신을 쏟고 있어요. 그가 항상 거기에 숨어버리니 우리가 싸우고 나서 어떻게 치유를 할 수 있겠어요?

치료자 남편이 당신과 더 많은 시간을 함께 보내고 싶어 하지 않아 상처를 받으시고 화가 나시는 걸 이해할 수 있어요. (기준 1) 부인은 남편과 더 많은 시간을 함께 보내길 원하시지만, 제게는 지난 6개월 동안 두 분 사이에 있었던 모든 싸움 끝에 남편분이 생각할 공간을 원하실 수도 있겠다고 보이는데요. (기준 2) 이것에 대해 이렇게 생각해 보신 적이 있으신가요? (기준 3)

연습 3에 대한 지침

단계 1: 역할 연습과 피드백

- 내담자는 각 내담자 지시 메시지 앞에 있는 밑줄 친 텍스트를 소리 내어 읽는다.
- 내담자는 먼저 초급 내담자 진술을 말한다. 치료자는 기술 기준에 근거하여 반응을 **즉시 만들어 낸다**.
- 훈련자는(혹은, 가능하지 않다면, 내담자는) 기술 기준에 근거한 **짧은** 피드백을 제공한다.
- 그런 다음 내담자는 같은 문장을 반복하고, 치료자는 다시 반응을 즉시 만들어 낸다. 훈련자(혹은 내담자)는 다시 짧은 피드백을 제공한다.

단계 2: 반복

- **현재의 난이도 수준**(초급, 중급, 고급)**에서** 모든 진술에 대해 단계 1을 반복하라.

단계 3: 사정과 난이도 조정

- 치료자는 의도적 연습 반작용 양식(부록 A 참조)을 완성하고 더 쉽거나 더 어려운 연습을 만들지, 아니면 같은 난이도 수준을 반복할지 결정한다.

단계 4: 약 15분 동안 반복

- 최소한 15분 동안 단계 1에서 3을 반복하라.
- 그런 다음 훈련자는 치료자와 내담자 역할을 바꾼 다음 다시 시작하라.

⇨ 자, 이제 당신의 차례다. 지침에서 나온 단계 1과 단계 2를 따르라.

기억하라: 역할 연습의 목표는 훈련생이 (a) 기술 기준을 사용해서 (b) 훈련생에게 그럴듯하게 느껴지는 내담자 진술에 대한 반응을 즉시 만들어내는 연습을 하는 것이다. 각 내담자 진술에 대한 치료자 반응 예시들은 이 연습 뒷부분에 제공된다. 훈련생들은 예시 반응을 읽기 전에 자신의 반응을 즉시 만들어내도록 시도해야 한다.

연습 3에 대한 초급 수준의 내담자 진술

초급 내담자 진술 1

개인 – 내담자는 최근의 이별에 대해 절망감을 느끼고 있다.

[슬퍼하면서] 저는 절망감을 느껴요. 저는 여러 번 데이트해보려고 했지만, 모든 사람이 저를 거부하는 것으로 느껴져요.

초급 내담자 진술 2

이성애 커플 – 남편과 부인이 그들 관계에 열정과 흥분을 회복하려고 치료에 참석한다.

여성 파트너: [좌절감을 느끼듯이] 저는 너무 하찮은 사람이 되었어요. 우리가 데이트하던 시절에는 정말 좋았어요. 오랫동안 제가 느꼈던 것보다 그 사람을 훨씬 더 가깝게 느꼈죠. 하지만 그러고 나서 그 사람은 제게 갑자기 인색하게 굴었고 우리는 싸우기 시작했어요. 급기야 각자 다른 방에서 자는 것에 이르렀죠.

초급 내담자 진술 3

가족 – 어머니, 아버지, 그리고 자녀(8세)가 치료에 온다. 8세 자녀는 풀이 죽어 보이고, 부모는 그에 대해 불안해한다.

자녀: [슬프게] 엄마와 아빠는 돈 때문에 늘 싸워요. 저는 부모님이 헤어질까 봐 두려워요.

초급 내담자 진술 4

가족 – 아버지와 청소년 자녀가 그들 사이에 지속적인 언쟁과 싸움을 불평하면서 치료에 온다.

청소년: [적대적으로] 제 아빠는 위선자예요. 절 더러는 담배 피우지 말라고 하면서 본인은 정작 하루에 한 갑을 피워요.

초급 내담자 진술 5

재혼가족 – 어머니, 계부, 그리고 청소년이 치료에 참석해서 그들의 새로운 재혼가족 안에서 스트레스와 어려움이 끊이질 않는다고 보고한다.

청소년: [모질게] 저는 새아빠가 미워요. 그는 제게 군림하려 들어요. 왜 그는 제 친아빠처럼 못하죠? 저는 친아빠가 보고 싶어요.

▶ 다음 난이도 수준으로 옮겨가기 전에 난이도를 사정하고 조정하라(연습 지침에서 단계 3 참조).

연습 3에 대한 중급 수준의 내담자 진술

중급 내담자 진술 1

개인 – 내담자는 최근의 이별에 대해 절망감을 느끼고 있다.

[방어적으로] 제가 단지 파트너를 찾으면 된다고 선생님께서 말씀하신 것이 쉽다고 생각했어요. 저는 지금 수년 동안 그렇게 많은 데이트를 했건만, 저를 기꺼이 사랑해주는 누군가를 찾을 수 없을 것 같아요.

중급 내담자 진술 2

이성애 커플 – 남편과 부인이 그들 관계에 열정과 흥분을 회복하려고 치료에 참석한다.

여성 파트너: [방어적으로] 우리가 데이트하던 시절로 돌아가 생각해 볼 때, 저는 조금도 불안감이 없었어요. 그때는 진짜 좋은 시간을 보냈는데, 그 이후에는 제대로 안 돌아가는 것 같아요.

남성 파트너: [무기력하게] 저는 제 감정이 무언지 모르겠어요. 제가 말하는 것을 통제할 수 없어요.

중급 내담자 진술 3

가족 – 어머니, 아버지, 그리고 자녀(8세)가 치료에 온다. 8세 자녀는 풀이 죽어 보이고, 부모는 그에 대해 불안해한다.

자녀: [두려워하며] 무서워요. 제일 친한 친구 부모님이 이혼했는데, 그 아이는 자기 부모가 돈 때문에 싸웠기 때문이라고 말했어요.

중급 내담자 진술 4

가족 – 아버지와 청소년 자녀가 지속적인 언쟁과 싸움을 불평하면서 치료에 온다.

청소년: [화가 나서] 네, 저는 화가 났어요. 아빠가 어떻게 저한테 호령하면서 담배 피우지 말라고 말할 수 있죠? 그는 두 얼굴을 가졌어요.

아버지: [방어적으로] 나는 호령한 적이 없어. 나는 매일 아침 기침하면서 일어나기 때문에 내 호흡을 걱정하는 거야. 나는 지금 금연 프로그램을 6개나 하고 있는데도 담배 피우는 것으로 돌아가고 있어. 너는 내가 담배 끊으려고 얼마나 노력하는지 몰라.

중급 내담자 진술 5

재혼가족 – 어머니, 계부, 그리고 청소년이 치료에 참석해서 그들의 새로운 재혼가족 안에서 스트레스와 어려움이 끊이질 않는다고 보고한다.

청소년: [좌절감을 느끼듯이] 저는 우리 가족 안에서 일어나는 모든 변화가 정말 싫어요. 다루기가 너무 힘들어서 지칠 뿐이에요.

계부: [저자세로] 제가 자랄 때, 저는 부모님 말씀을 잘 들었어요. 자녀들은 부모님을 존중해야 해요.

어머니: [조용히] 저는 중간에서 탁 막혀있는 것 같아요. 이 상황에서 양쪽 입장을 다 이해해요.

▶ 다음 난이도 수준으로 옮겨가기 전에 난이도를 사정하고 조정하라(연습 지침에서 단계 3 참조).

연습 3에 대한 고급 수준의 내담자 진술

고급 내담자 진술 1

개인 – 내담자는 최근의 이별에 대해 절망감을 느끼고 있다.

[허탈한 듯이] 제가 새 파트너를 찾을 수 있다고 정말 믿지 못하겠어요. 저는 과정을 믿고 적절한 사람을 찾아내고 싶어요. 혼자 늙어 갈까 봐 너무 두려울 뿐이에요.

고급 내담자 진술 2

이성애 커플 – 남편과 부인이 그들 관계에 열정과 흥분을 회복하려고 치료에 참석한다.

남성 파트너: **[당황해서]** 솔직히 말해, 우리 데이트가 끝났을 때, 그녀가 섹스하자고 말할 것을 정말 걱정했어요. 저는 발기가 되지 않을까 봐 두려웠거든요. 저는 정말로 그게 걱정이 되었어요.

여성 파트너: **[당황해서]** 나는 당신이 그것을 걱정하는지 몰랐어. 왜 나한테 말하지 않았어?

고급 내담자 진술 3

가족 – 어머니, 아버지, 그리고 자녀(8세)가 치료에 온다. 8세 자녀는 풀이 죽어 보이고, 부모는 그에 대해 불안해한다.

어머니: **[자녀에게, 다소 놀라며]** 솔직하게 말하면, 우리가 이혼하는 것에 대해 결코 말한 적은 없지만, 우리에게는 최근 많은 경제적 스트레스가 있었어. 우리가 조금 말다툼하기는 했지만, 네가 듣고 있는 줄을 몰랐어.

자녀: **[슬프게]** 저는 단지 엄마와 아빠가 이혼하는 걸 원치 않을 뿐이에요.

고급 내담자 진술 4

가족 – 아버지와 청소년 자녀가 지속적인 언쟁과 싸움을 불평하면서 치료에 온다.

청소년: **[불만스럽게]** 저도 담배 피우기 같은 일을 노력할 수 있기를 바래요. 저는 아빠가 제게 소리지를 때 항상 배려받지 못한다고 느껴요.

아버지: **[체념한 듯이]** 너 자신의 삶을 살겠다는 것을 받아들일 수는 있지만, 나는 네 건강을 걱정하는 거야.

고급 내담자 진술 5

재혼가족 – 어머니, 계부, 그리고 청소년이 치료에 참석해서 그들의 새로운 재혼가족 안에서 스트레스와 어려움이 끊이질 않는다고 보고한다.

청소년: [놀라는 듯이] 저는 전에는 재혼가족으로 사는 것을 상실로 생각해본 적이 없어요. 저는 그냥 어느 날 엄마가 재혼할 거라는 말을 들었을 뿐이에요. 엄마는 제 허락을 구하는 것 같은 행동은 하지 않았어요.

계부: [따뜻하게] 제게 분명히 큰 변화였어요. 저는 인생 전체를 통해 혼자 사는 것에 익숙해 왔는데, 갑자기 결혼했을 뿐 아니라 부모가 되었어요.

어머니: [사과하듯이] '제가 소통을 더 잘 했어야 하는데'라는 생각이 드네요. 저는 단지 최선을 다하려 했을 뿐이에요. 아이들 아빠가 이혼하자고 했을 때, 저는 다시 안정된 가족을 가질 수 있을까에 대해 절망적이었어요. 저는 아이들이 계속해서 상실과 변화를 겪을 거라곤 생각해보지 못했어요.

▶ 다음 난이도 수준으로 옮겨가기 전에 난이도를 사정하고 조정하라(연습 지침에서 단계 3 참조). 적절하다면, 훨씬 더 어려운 연습을 할 지침을 따르라(부록 A 참조).

치료자 반응 예시: 문제를 재정의하기

기억하라: 훈련생들은 예시 반응을 읽기 전에 그들 자신의 반응을 즉시 만들어 내도록 시도해야 한다. **만일 당신의 반응을 떠올리는 데 어려움이 있지 않다면 다음 반응 축어록을 읽지 말라!**

연습 3 초급 수준의 내담자 진술에 대한 예시 반응
초급 내담자 진술 1에 대한 예시 반응
저는 당신이 계속해 온 데이트가 더 이상 어떤 것으로 이끌어주지 못한다고 실망을 느낀다는 것을 이해합니다. (기준 1) 당신은 아직까지 적절한 사람을 발견하지 못했는데, 데이트했던 사람들이 당신에게 잘 어울렸는지는 중요합니다. (기준 2) 그것에 대해 어떻게 생각하세요? (기준 3)
초급 내담자 진술 2에 대한 예시 반응
두 분은 계속 데이트를 해왔고, 즐겁게 보냈고, 가깝게 느꼈어요. 하지만 두 분은 말다툼하고 다른 방에서 자는 것에 이르렀고, 희망이 없다고 느끼게 되었네요. (기준 1) 두 분이 정말로 가까웠고 재미있게 지낸 후 아주 오랜만에 그러해서 이것이 말다툼하는 것을 걱정하게 만들었는지 궁금합니다. (기준 2) 그것에 대해 어떻게 생각하세요? (기준 3)
초급 내담자 진술 3에 대한 예시 반응
너는 엄마, 아빠와 그들의 싸움에 대해 걱정하는구나. (기준 1) 때때로 어른들은 중요한 문제를 이야기할 필요가 있고 심지어는 말다툼을 해서 가장 좋은 결과에 이를 수도 있단다. (기준 2). 그게 어떻게 들리니? (기준 3)
초급 내담자 진술 4에 대한 예시 반응
너는 아빠 자신은 담배를 피우면서 너한테는 피우지 말라고 해서 화가 났구나. (기준 1) 아빠는 그걸 끊는 것이 얼마나 힘든지 알고 있고, 또 흡연이 건강에 얼마나 해로운지 알고 있어서, 네가 건강했으면 하고 신경 써서 그런 것일 수 있어. (기준 2) 그렇게 보는 걸 어떻게 생각하니? (기준 3)
초급 내담자 진술 5에 대한 예시 반응
너는 아빠를 그리워하면서도 새로운 아빠에 적응하느라 많은 것을 겪고 있구나. (기준 1) 가족이 함께 섞여 살려면 상실과 변화의 시간을 보내야 하니, 지금 당장은 아주 큰일일 수 있어. (기준 2) 그렇게 생각하는 게 너한테 얼마나 맞는 것 같아? (기준 3)

연습 3 중급 수준의 내담자 진술에 대한 예시 반응

중급 내담자 진술 1에 대한 예시 반응

당신은 파트너를 너무 열심히 찾느라고 지친 것 같습니다. 그렇게 데이트를 많이 하는데도 결과가 없으니 지칠 것 같습니다. (기준 1) 저는 당신이 과정을 중요하게 생각하지 않고 자신에게 너무 많은 압력을 주고 결과에 너무 초점을 두었는지 궁금하네요. (기준 2) 그것에 대해 어떻게 생각하세요? (기준 3)

중급 내담자 진술 2에 대한 예시 반응

[여성 파트너에게] 당신이 불안하지 않았었는데, 사태가 안 좋아졌다고 생각하시게 된 것을 이해합니다. (기준 1)

[두 사람에게] 그녀는 불안하지 않았다고 말할지라도, 당신(남성)은 어떤 걸 느꼈던 것 같아요. (기준 1) 커플이 잠시 떨어져 있게 되면, 연결이 불편해질 수 있죠. 특히 다음에 무엇이 있을까를 걱정하면 두 분 마음속에 수많은 사고와 감정이 지나갈 수 있습니다. (기준 2) 이러한 종류의 두려움은 흔히 서로에게 더 가까워질 때 나타납니다. 이것에 대해 어떻게 생각하세요? (기준 3)

중급 내담자 진술 3에 대한 예시 반응

네 친구 부모님이 돈 때문에 싸우다가 이혼했다는 걸 이해해. 네가 이걸 많이 생각했구나. (기준 1) 부모님이 싸우고 의견이 안 맞아도 이혼하지 않는 것이 정상이라고 알았으면 해. 사실, 어떤 것에 대해 싸우는 것은 해결하는 데 도움이 될 수 있어. (기준 2) 내가 말하는 걸 들으니 어때? (기준 3)

중급 내담자 진술 4에 대한 예시 반응

[청소년에게] 너는 아빠는 담배를 피우면서도 너한테는 담배 피우지 말라고 하니 화가 나 있구나. 네 생각에 아빠가 위선자같고. (기준 1)

[아버지에게] 선생님께서 그렇게 여러 번 금연 노력을 하고 또 흡연 때문에 자신의 건강을 얼마나 염려했는지를 말씀해주셔서 감사합니다. (기준 1)

[두 사람에게] 너(청소년)는 정말로 아빠에게 화가 났는데, 그건 네가 느끼기에 아빠가 이중 기준을 갖는 것으로 보여서 그런 것 같아. (기준 1) 그런데 내가 전에 말한 것이 더 맞는 것 같아. 아빠는 금연하는 게 힘들었기 때문에 네가 담배 피우는 것을 원치 않는 거야. 그는 건강 문제를 가지고 있고, 흡연 중지 프로그램에 많은 시간과 돈을 들여왔어. 아빠는 너를 생각하고 네가 잘되길 바라서 신경을 많이 쓰시는 거고, 아빠가 겪은 걸 네가 겪지 않도록 보호하려고 그러시는 것 같아. 때로 너는 아빠의 배려를 비난으로 경험하는 거야. (기준 2) 그것에 대해 어떻게 생각하니? (기준 3)

중급 내담자 진술 5에 대한 예시 반응

가족 안에 있는 모든 사람이 다른 관점을 가지고 있고 다른 감정을 갖는 것이 분명합니다. 재혼가족에서는 아주 정상적인 일이에요. (기준 1) 재혼가족으로 함께 산다는 것은 매우 어려운 일이죠. 그것은 모든 사람의 위치에서 많은 시간과 인내가 요구되지요. 모든 사람이 처리해야 하는 많은 상실과 변화가 있습니다. 또 모든 사람이 새 가족에서 그들의 역할을 배울 필요가 있어요. (기준 2) 이런 생각이 여러분의 경험과 얼마나 잘 맞는 것 같습니까? (기준 3)

연습 3 고급 수준의 내담자 진술에 대한 예시 반응

고급 내담자 진술 1에 대한 예시 반응

당신이 혼자될까 봐 두려운 걸 알아요. (기준 1) 당신이 파트너를 발견하지 못할 가능성도 있지만, 또 한편으로는 당신이 아직 적절한 사람을 만나지 못한 거라고 생각해 볼 수도 있어요. (기준 2) 그럴 가능성이 있는 것 같으세요? (기준 3)

고급 내담자 진술 2에 대한 예시 반응

[두 사람에게] 이건 정말로 중요한 대화예요. 두 분 다 무엇이 일어나고 있는지에 대해 말씀해주셔서 기쁩니다. (기준 1)

[남성 파트너에게] 발기에 대한 당신의 두려움을 이야기하는 데는 많은 용기가 필요했어요. (기준 1) 성적으로 가깝게 되는 것에 대한 두려움이 과거에 두 분 사이에 일어났던 것에 대한 불안을 가져오고, 당신은 그녀에게 두려움을 솔직하게 이야기하는 대신에 그녀를 무의식적으로 밀어낸 것으로 보입니다. (기준 2) 이 말이 어떻게 들리시나요? (기준 3)

고급 내담자 진술 3에 대한 예시 반응

[자녀에게] 네가 이 중요한 주제를 가져온 것이 아주 기쁘구나. 가족 안에 있는 모든 사람은 스트레스를 받는 것처럼 보여. 너의 부모님은 돈에 대해 걱정하셨고, 너는 이 문제로 그분들이 다투는 것을 듣게 되어서 이혼하실까 봐 걱정하는 거지, 너의 친구에게도 이런 일이 일어났으니, 이것에 대해 걱정하는 게 이해가 되는구나. 나는 엄마가 네게 지금이나 미래에 이혼할 생각이 없다고 안심시켜주시는 것을 듣고 기뻤어. (기준 1) 때때로 가족들이 스트레스를 받을 때, 말다툼하는 것은 어려운 상황을 해결하려고 노력한다는 것을 의미해. (기준 2) 그것에 대해 어떻게 생각하니? (기준 3)

고급 내담자 진술 4에 대한 예시 반응

[청소년에게] 너는 경험상 아빠가 신경을 써 준 것이 아니라 너에게 화를 내고 있다고 느끼는 것 같구나. (기준 1) 아빠는 자신이 했던 실수를 너는 안 하게 하고 싶어서 네게 소리를 지른 것 같아. 아마도 그 자신의 젊은 모습에 대해 소리 지르는 것처럼 느끼시는 거지. (기준 2) 이게 당신들 두 분께 어떻게 들리세요? (기준 3)

고급 내담자 진술 5에 대한 예시 반응

재혼가족이 된다는 것은 큰 도전입니다. 그것은 결코 쉬운 게 아니고, 누구나 그 과정에서는 실수를 할 수 있어요. 이러한 유형의 사건에는 훈련 매뉴얼이 없어요. (기준 1) 당신들 모두 이것이 각자에게 얼마나 힘든지 그리고 당신들이 각자 견디는 상실과 변화가 얼마나 많은지 말씀하고 계시네요. 이런 생각에 동의하신다면, 이러한 상실과 변화에 대해, 그리고 이것이 당신들 각자에게 어떤 것인지에 대해, 더 많이 말하는 것이 유익할 거예요. (기준 2) 어떻게 생각하세요? (기준 3)

연습 4 상호작용의 구조화: 완화하기

연습 4를 위한 준비

1. 제2장의 지침을 읽으라.
2. 미국심리학회 홈페이지http://www.apa.org/pubs/books/deliberate-practice-systemic-family-therapy에서 의도적 실습 반작용 양식과 의도적 실습 일지 양식을 다운로드하라('임상가와 실천가 자원'탭 참조: 또한 부록 A와 부록 B에서도 각각 얻을 수 있음).

연습 4를 위한 체계론적 상황

체계론적 치료자는 개인, 커플, 가족과 작업하고, 체계론적 관점으로부터 각 대상에 접근한다. **이 특수한 체계론적 기술을 위해, 여러분은 3명의 훈련생이 필요하다. 한 사람은 치료자이고, 두 사람은 내담자이다.** 우리는 각 내담자 지시 메시지 전에 몇 가지 사례 상황을 제공했다. 이 상황은 부가적인 배경 정보(예: '가족-아버지와 청소년 딸')가 따르는 관계 유형을 밑줄 친 텍스트의 형태로 먼저 진술한다. 내담자 역할을 하는 훈련생은 각 내담자 지시 메시지 앞에 있는 밑줄 친 텍스트를 소리 내어 읽도록 하라. 만약 특수한 지시 메시지로 설계된 내담자 역할을 하는 사람보다 더 많은 훈련생이 있다면, 한 명이나 그 이상의 훈

련생들은 그 특수한 지시 메시지의 역할극을 관찰할 수 있다. 내담자 역할을 하는 훈련생들이 내담자 진술을 읽을 사람과 관찰할 사람으로 역할을 바꿔 보면서 모든 사람이 연습에 참여할 기회를 가질 것을 권한다.

기술 설명

기술 난이도 수준: 초급

상호작용의 구조화 기술은 치료실에 한 사람 이상의 내담자들과 한 치료자가 있을 때 작업하는 것이 결정적으로 중요하다. *상호작용의 구조화*interactional structuring는 치료자가 회기에 참여한 사람들 간 상호작용의 흐름을 촉진하는 기술을 말한다. 이 연습을 위한 기술은 치료자가 회기의 구조를 강화하는 과정인 완화하기deescalation이다. 이것은 커플이나 가족체계에서 내담자들 간 불확실성volatility과 반작용(예: 욕하기, 끼어들기, 소리 지르기, 비난, 경멸, 방어, 그리고 벽 쌓기 등)이 심할 때에 필요하다. 완화하기 형식을 취하는 상호작용의 구조화는 특히 치료의 초기 단계에서, 관계를 맺고 있는 내담자들이 반작용이 심하고, 방어적이고, 치료로부터 무엇을 기대할지에 대해 불분명할 때 도움이 된다. 완화하기 위해, 치료자는 모든 회기 내 상호작용이 치료자를 통해 걸러질 필요가 있다는 아이디어를 확립하고 강화한다. 이 기술은 다음과 같은 3가지 주요한 단계를 포함한다.

첫째, 치료자는 부정적인 상호작용이 일어나면(그 순간에) 그것을 막을 필요가 있는데, 다양한 방식으로 이것을 할 수 있다. 예를 들면, 그들은 '한 단계 아래one-down' 자세를 취하거나(예: "잠깐만요, 저는 당신을 따라가지를 못하겠네요.") 현재 행동을 그들의 패턴에 연결할 수 있다(예: "그래서, 이것이 대개 집에서도 일어나는 방식인가요?").

다음, 치료자는 관련된 모든 당사자에게 이슈의 중요성이나 기저에 있는 요구를 타당화해 준다(예: "두 분 모두 어떻게 느끼는지에 대해 서로에게 말할 중요한 것이 있는 것 같군요.").

그다음, 치료자는 내담자가 무엇을 말해야 할지(예: "제 기본적인 목표 중의 하나는 모든 사람이 안전하게 느끼는 것입니다. 그걸 하기 위해, 우리는 욕하기를 피해야 합니다.") 그리고 그것을 어떻게 말해야 할지(예: "지금 여러분 모두 회기에서 제게 말하고 싶은 것을 지시해주세요.")에 대해 특별한 경계를 설정하는 작업을 한다.

전반적으로, 목표는 치료자를 통해 상호작용을 걸러냄으로써 부정성과 다른 분열시키는 소통을 감소시키는 것이다. 이것은 치료자가 처치 과정의 안전을 증가시키고, 궁극적으로는 긍정적인 상호작용을 촉진하는 더 기능적인 의사소통을 하게 하는 경계를 만들어내고 유지하게 한다.

연습 4를 위한 기술 기준

1. 커플이나 가족이 부정적인 상호작용을 하지 못하게 하거나 현재의 상호작용을 그들의 패턴에 연결하는 말을 하라.
2. 관련되는 모든 당사자에게 이슈의 중요성이나 기저에 있는 요구를 타당화시키라.
3. 내담자가 무엇을 말해야 할지(예: 욕하기, 비난하기, 끼어들기, 소리 지르기 등을 하지 않기) 그리고 그것을 어떻게 말해야 할지(예: 치료자를 통해 모든 것을 하기)에 대해 특별한 경계를 설정하라.

상호작용의 구조화를 사용하는 치료자의 예시: 완화하기

예시 1

가족 – 한 부모와 청소년이 치료에 참석한다. 어머니는 집 안에서 계속되는 말다툼과 무례함에 지친다고 보고한다.

부모 　*[화가 나서, 치료자에게]* 아이들이 저를 존중하지 않아서 오늘 여기에 왔어요.

청소년 　*[빈정거리듯이]* 음, 엄마, 존경은 받을만해야 받는 것이죠. 엄마가 그럴 자격이 안 되니까 우리가 엄마를 존경하지 않는 거라구요.

치료자 　그렇군요. 여기서 저를 좀 이해시켜 주세요. 이렇게 하시는 게 댁에서 여러분이 행동을 주고받으시는 방식인가요? (기준 1) 오늘 제 바람은 우리가 조금 다르게 할 수 있으면 하는 거죠. 이러한 중요한 문제를 처리하게 될 때, (기준 2) 여러분은 모든 말을 제게 해주시고, 탓하거나 빈정거리는 것은 되도록 하지 말 것을 부탁드립니다. (기준 3)

예시 2

스트레스를 받는 커플이 의사소통, 시댁, 처가의 문제, 그리고 지속되는 말다툼 등을 포함해, 많은 어려움을 불평하면서 치료에 참석한다.

파트너 1 *[스트레스를 받은 듯이, 치료자에게]* 저는 그녀의 어머니를 다룰 수가 없어요. 정말 미친 것 같아요, 아시겠어요?

파트너 2 *[조용히 파트너 1에게]* 엄마는 미치지 않았어.

파트너 1 *[불안하게, 여전히 치료자에게]* 이번 한 번인 것처럼 말하네.

파트너 2 *[불만스럽게, 큰 목소리로, 파트너 1에게]* 그만해.

파트너 1 *[부드럽게, 여전히 치료자에게]* 당신 어머니가 방문할 때, 당신 어머니가 실제로 말하는 것은-

파트너 2 *[소리 지르면서, 화가 나서]* 그만두라고 했잖아!

치료자 흠, 두 분이 이제껏 먹혀들지 않았던 오래된 패턴을 반복하고 있다는 것이 감지되네요, 사실이죠? (기준 1) 저는 우리가 중요한 문제들을 이야기하고 있는지 확인하고 싶습니다만, (기준 2) 좀 천천히 가도록 하지요. 그걸 하는 한 가지 방식은 두 분이 지금 저에게 직접 말하는 것입니다. 또 다른 건 어떤 비난이나 욕하기 등을 피하는 것입니다. (기준 3)

예시 3

한 커플이 '고집이 세다'고 묘사한 그들 자녀를 양육하는 것에 대한 도움을 요청하며 치료에 참석한다.

부모 1 *[치료자에게 조용히]* 그래서 우리는 이번 주에 우리 딸과 또 다른 문제를 겪게 되었어요. 파트너가 집에 없어서, 결국엔 제가 처리했어요. 저는 실제로 그걸 잘 처리했고, 최소한 그 아이는 폭발하진 않았죠.

부모 2 *[부모 1에게 끼어들며]* 당신이 잘못 본 거야. 나는 그날 밤 그것에 대해 들었어. 정말, 나는 왜 그걸 당신이 처리했는지 모르겠어. 당신은 나한테 물었어야지, 나는 솔직히 말해 그게 상황을 더 나쁘게 만들었다고 봐.

치료자 자, 좋습니다, 무슨 일이 일어났는지 제가 이해할 수 있도록 해주세요. (기준 1) 두 분 모두 특별한 사건이 일어났는지에 대해 다른 의견을 갖고 계셔서, 정리하는 것이 중요하다는 걸 알 수 있어요. (기준 2) 그건 분명히 우리가 여기서 다룰 수 있는 거예요. 그걸 하기 위해, 저는 우리가 끼어들기, 비난하기, 그리고 오해하기를 피해야 한다고 요청 드립니다. 또한, 두 분이 저를 통하여 모든 걸 걸러낼 수 있다면 유익할 거예요. (기준 3)

연습 4에 대한 지침

단계 1: 역할 연습과 피드백

- 내담자는 각 내담자 지시 메시지 앞에 있는 밑줄 친 텍스트를 소리 내어 읽는다.
- 내담자는 먼저 초급 내담자 진술을 말한다. 치료자는 기술 기준에 근거하여 반응을 **즉시 만들어 낸다.**
- 훈련자는(혹은, 가능하지 않다면, 내담자는) 기술 기준에 근거한 **짧은** 피드백을 제공한다.
- 그런 다음 내담자는 같은 문장을 반복하고, 치료자는 다시 반응을 즉시 만들어 낸다. 훈련자(혹은 내담자)는 다시 짧은 피드백을 제공한다.

단계 2: 반복

- **현재의 난이도 수준**(초급, 중급, 고급)**에서** 모든 진술에 대해 단계 1을 반복하라.

단계 3: 사정과 난이도 조정

- 치료자는 의도적 연습 반작용 양식(부록 A 참조)을 완성하고 더 쉽거나 더 어려운 연습을 만들지, 아니면 같은 난이도 수준을 반복할지 결정한다.

단계 4: 약 15분 동안 반복

- 최소한 15분 동안 단계 1에서 3을 반복하라.
- 그런 다음 훈련자는 치료자와 내담자 역할을 바꾼 다음 다시 시작하라.

⇨ 자, 이제 당신의 차례다. 지침에서 나온 단계 1과 단계 2를 따르라.

기억하라: 역할 연습의 목표는 훈련생이 (a) 기술 기준을 사용해서 (b) 훈련생에게 그럴듯하게 느껴지는 내담자 진술에 대한 반응을 즉시 만들어내는 연습을 하는 것이다. 각 내담자 진술에 대한 치료자 반응 예시들은 이 연습 뒷부분에 제공된다. 훈련생들은 예시 반응을 읽기 전에 자신의 반응을 즉시 만들어내도록 시도해야 한다.

연습 4에 대한 초급 수준의 내담자 진술

초급 내담자 진술 1

커플,

파트너 1: [치료자에게, 조용하게] 제 파트너는 분노 문제가 있는 것 같아요.

파트너 2: [파트너에게, 미심쩍은 듯이] 이거 봐! 당신 보기에 내가 분노 문제가 있다고? 당신이야말로 맨날 소리 지르고, 물건 부수고, 당신 주변에서는 우리 모두를 조심하게 만드는 사람이야.

초급 내담자 진술 2

가족 – 한 부모와 청소년이 치료에 참석한다. 어머니는 집 안에서 계속되는 말다툼과 무례함에 지친다고 보고한다.

부모: [화가 나서, 치료자에게] 아이들이 저를 존중하지 않아서 오늘 여기 왔어요.

청소년: [빈정거리듯이] 음, 엄마, 존경은 받을만해야 받는 것이죠. 엄마가 그럴 자격이 안 되니까 우리가 엄마를 존경하지 않는 거라구요.

초급 내담자 진술 3

커플이 몇 달 동안 지겹게 싸운 후라고 하면서 치료에 참석한다.

파트너 1: [치료자에게, 방어적으로] 제가 여기에 왜 오는지 정말 모르겠어요. 이건 그의 문제예요, 그가 그것을 고치기 전에는 우리는 안돼요.

파트너 2: [화가 나서] 그게 내 문제라고? 무슨 소리야? 당신이야말로 양극성, 경계선 성격장애자야.

초급 내담자 진술 4

가족-아버지와 청소년이 소통의 어려움에 대한 작업으로 의뢰되었다.

청소년: [치료자에게, 화가 나서, 무미건조하게] 왜 여기 있는지조차 모르겠어요. 엄마는 절 너무 통제하려고 들어요. 엄마가 미워요. 정말 상대할 수가 없어요. 너무 화가 났기 때문에 제가 18살이 되면 영원히 엄마를 떠나버릴 거예요.

부모: [경멸하듯이] 오, 이 자기밖에 모르는 녀석아! 네게 모든 걸 주었는데, 알지도 못하는구나.

초급 내담자 진술 5

커플이 그들 관계에서의 말다툼, 무례, 그리고 거리를 불평하면서 치료에 참석한다.

파트너 1: [파트너 2에게, 짜증을 내면서] 지난주에 대해 말해보자구.

파트너 2: [수동공격적으로] 좋아. 지난주에 무슨 일이 있었지?

파트너 1: [큰 소리로] 기억 안 나? 당신은 완전히 내게 무례했고, 무시했고, 그리고 소리까지 지르지 않았어? 그걸 상기시켜 줘야 해?

파트너 2: [무미건조하게] 난 그런 적 없어.

▶ 다음 난이도 수준으로 옮겨가기 전에 난이도를 사정하고 조정하라(연습 지침에서 단계 3 참조).

연습 4에 대한 중급 수준의 내담자 진술

중급 내담자 진술 1

한 이성애 커플이 치료에 참석한다. 여성 파트너는 남편이 그녀를 속일 것을 늘 걱정한다고 말한다.

파트너 1: **[파트너 2에게, 탓하듯이]** 왜 당신은 내 앞에서 다른 여자들과 계속 이야기하고 시시덕대지?

파트너 2: **[방어적으로]** 음, 나... 나는 시시덕댄 게 아니야.

파트너 1: **[탓하듯이]** 당신은 확실히 그랬어. 난 당신이 내 코앞에서 바로 그런 걸 한다는 게 안 믿겨져.

파트너 2: **[화가 나서]** 난 안 그랬어! 어리석은 짓이야! 난 우리 관계에서 당신에게 충실했을 뿐이야!

중급 내담자 진술 2

커플이 끊임없는 말다툼과 서로에 대한 싸움으로 치료에 참석한다.

파트너 1: **[파트너 2에게, 경멸적으로]** 난 당신을 믿을 수 없어. 당신이 정말 제대로 일을 하는 거야?

파트너 2: **[치료자에게, 저자세로]** 음, 분명히 그는 미련이 없어요. 그를 진정시키기 위해 하실 수 있는 게 있으세요?

중급 내담자 진술 3

커플이 그들 관계에서 끊임없는 말다툼의 반복을 불평하면서 치료에 참석한다.

파트너 1: **[치료자에게, 짜증을 내면서]** 요전 날 그녀가 폭발했을 때, 그녀가 도대체 무슨 말을 하고 있는지 몰랐던 것을 정말로 이야기하고 싶어요.

파트너 2: **[화가 나서, 방어적으로]** 어허! 정말? 내가 미안하다고 했잖아? 당신이 내게 폭발했을 때는 어떻고? 당신은 내가 그것을 말하고 싶어 한다는 걸 몰라, 안 그래?

중급 내담자 진술 4

스트레스를 받는 커플이 의사소통, 시댁, 처가의 문제, 그리고 지속되는 말다툼 등을 포함해, 많은 어려움을 불평하면서 치료에 참석한다.

파트너 1: **[치료자에게, 스트레스를 받은 듯이]** 저는 그녀의 어머니를 다룰 수가 없어요. 정말 미친 것 같아요, 아시겠어요?

파트너 2: **[조용히]** 엄마는 미치지 않았어.

파트너 1: **[치료자에게, 불안하게]** 이번 한 번인 것처럼 말하네.

파트너 2: **[불만스럽게, 큰 목소리로]** 그만해.

파트너 1: **[여전히 치료자에게, 부드럽게]** 당신 어머니가 방문할 때, 당신 어머니가 실제로 말하는 것은...

파트너 2: **[소리 지르면서, 화가 나서]** 그만두라고 했잖아!

중급 내담자 진술 5

가족 – 한 부모와 청소년이 가족 안에서 모든 사람에게 영향을 미치는 그들 관계에서의 긴장 때문에 치료에 참석한다.

부모: [치료자에게, 짜증을 내면서] 음, 오늘 일이 어떻게 될지 모르겠어요. 우리는 오늘 치료를 받으러 오는 길에 싸움을 시작했어요.

청소년: [치료자에게, 고집스럽게] 네, 엄마가 차에서 나를 공격했어요. 나는 오늘 엄마와 이야기하고 싶은 기분이 아니에요.

▶ 다음 난이도 수준으로 옮겨가기 전에 난이도를 사정하고 조정하라(연습 지침에서 단계 3 참조).

연습 4에 대한 고급 수준의 내담자 진술

고급 내담자 진술 1

한 커플이 '고집이 세다'고 묘사한 그들 자녀를 양육하는 것에 대한 도움을 요청하며 치료에 참석한다.

부모 1: **[치료자에게, 조용히]** 그래서 우리는 이번 주에 우리 딸과 또 다른 문제를 겪게 되었어요. 이 사람이 집에 없어서, 결국엔 제가 처리했어요. 저는 실제로 그걸 잘 처리했고, 최소한 그 아이는 폭발하진 않았죠.

부모 2: **[부모 1에게 끼어들며]** 당신이 잘못 본 거야. 나는 그날 밤 그것에 대해 들었어. 정말, 나는 왜 그걸 당신이 처리했는지 모르겠어. 당신은 나한테 물었어야지, 나는 솔직히 말해 그게 상황을 더 나쁘게 만들었다고 봐.

고급 내담자 진술 2

커플이 치료에 참석한다. 치료를 주도한 파트너는 환멸을 느끼면서도 그들의 관계가 끝날까 봐 걱정하고 있다.

파트너 1: **[치료자에게, 화가 치민다는 듯이]** 그는 전혀 신경 쓰지 않아요. 저는 그와 잘 지내보려고 하지만, 애들조차 이해 못 해요! 그는 우리를 잃어가고 있어요.

파트너 2: **[조용히 화를 내며]** 그냥 좀 조용히 하라구. 당신은 지금 무슨 말을 하고 있는지조차 모르고 있어!

고급 내담자 진술 3

커플이 계속해서 싸우는 문제를 해결하고 싶다고 하면서 치료에 참석한다.

파트너 1: **[파트너 2에게, 화를 내면서]** 당신은 정말 믿을 수 없을 만큼 이기적이야. 내가 왜 당신과 결혼했는지 모르겠어. 당신은 늘 나를 짜증나게 만들어.

파트너 2: **[방어적으로]** 오, 정말? 당신이야말로 그런 사람이야. 내가 아이들을 돌보느라 붙들려 있을 때 누가 집을 나가 골프를 가지? 당신은 내가 이기적이라고 말하는데, 당신이 어떤 사람인지 내가 말해볼까.

고급 내담자 진술 4

커플이 외도로부터 회복하는 작업을 하기 위해 치료에 참석한다.

파트너 1: **[파트너 2에게, 천천히 고조되면서]** 당신, 내가 외도를 했다는 걸 인정해, 하지만 당신이 나를 거기로 몰고 갔어. 당신은 거의 7개월 동안 내게 문을 닫아버렸다고, 내가 욕구를 다른 어딘가에서 채우려 하지 않을 줄 알았어?

파트너 2: **[화가 나서]** 내가 7개월 동안 문을 닫았다고? 7년 동안 나는 당신을 변화시키려고 노력해 왔고, 당신 가족들을 우선시해 왔는데. 그런데도 당신은 너무 바빴어!

고급 내담자 진술 5

커플이 그들의 긴장된 관계에 대해 작업하려고 치료 중이다.

파트너 1: **[파트너 2에게, 화를 내며]** 음, 당신 뭔가 말하고 싶은 거야, 아니면 그냥 평소처럼 거기에 그냥 앉아있는 거야?

파트너 2: **[고집스럽게 침묵 속에 앉아있다]**

파트너 1: **[파트너 2에게, 화를 내며]** 뭐야?

파트너 2: **[계속해서 고집스런 침묵 속에 앉아있다]**

파트너 1: **[치료자에게, 거들먹거리며]** 선생님은 그를 말하게 할 게 있으신가요? 아니면 우리가 시간 낭비하고 있는 건가요? **[파트너 2에게]** 계속해 봐. 거기에 앉아서 3살 먹은 아이처럼 시무룩해서...

▶ 다음 난이도 수준으로 옮겨가기 전에 난이도를 사정하고 조정하라(연습 지침에서 단계 3 참조). 적절하다면, 훨씬 더 어려운 연습을 할 지침을 따르라(부록 A 참조).

치료자 반응 예시: 상호작용의 구조화: 완화시키기

기억하라: 훈련생들은 예시 반응을 읽기 전에 그들 자신의 반응을 즉시 만들어 내도록 시도해야 한다. 만일 당신의 반응을 떠올리는 데 어려움이 있지 않다면 다음 반응 축어록을 읽지 말라!

연습 4 초급 수준의 내담자 진술에 대한 예시 반응
초급 내담자 진술 1에 대한 예시 반응
제가 두 분 모두 잠시 멈춰달라고 해도 될까요? (기준 1) 우리는 분노가 두 분의 관계에서 하는 역할을 이야기할 필요가 있는 것 같습니다. (기준 2) 하지만 그걸 하기 위해서는 서로 비난하는 걸 피할 필요가 있습니다. 제가 도와 드릴게요. 계속해서 말씀해 주세요. 하지만 지금은 모든 걸 제게 직접 말씀해 주시기를 부탁드립니다. (기준 3)
초급 내담자 진술 2에 대한 예시 반응
그렇군요. 여기서 저를 좀 이해시켜 주세요. 이렇게 하시는 게 댁에서 여러분이 행동을 주고받으시는 방식인가요? (기준 1) 오늘 제 바람은 우리가 조금 다르게 할 수 있으면 하는 거죠. 이러한 중요한 문제를 처리하게 될 때, (기준 2) 여러분은 모든 말을 제게 해주시고, 탓하거나 빈정거리는 것은 되도록 하지 말 것을 부탁드립니다. (기준 3)
초급 내담자 진술 3에 대한 예시 반응
좋습니다. 그런데 저는 여기서 모든 걸 따라가기가 좀 벅차네요. 우리 약간 좀 천천히 갈 수 있을까요? (기준 1) 치료자로서 제 책임 중 하나는 두 분 모두가 치료에서 편하게 가고자 하는 방향으로 가시도록 하는 겁니다. 사실, 그렇게 하도록 두 분이 마음을 여시게 하는 것, 그게 오늘 이상적인 초점이 될 거예요. (기준 2) 그러기 위해서, 저는 두 분이 비난하거나 욕하기를 접어두시고 파트너보다는 저와 말씀하시기를 부탁드리고 싶습니다. 괜찮으세요? (기준 3)
초급 내담자 진술 4에 대한 예시 반응
좋아요. 우린 좀 천천히 갈 필요가 있어요. (기준 1) 여기서 말씀하실 게 많고, 두 분 모두 제게 이게 중요하다고 알려주고자 하는 마음이 강하시네요. (기준 2) 치료자로서 제 역할 중의 하나는 그 감정들을 골라내고, 그것들을 가능한 한 생산적으로 만들도록 돕는 것입니다. 그러기 위해서, 잠재적으로 상처를 줄 수 있을 말들을 최소화할 것을 부탁드리는 바입니다. (기준 3)
초급 내담자 진술 5에 대한 예시 반응
잠시 멈추세요. 제가 여기서 확실하게 따라가고 싶군요. (기준 1) 지난주에 중요한 어떤 게 일어난 것처럼 들리네요. (기준 2) 진행해 보죠. 하지만 저는 두 분이 서로에게 하고 싶은 말씀을 아끼고 대신 저에게 말씀해 주시기를 부탁드립니다. 하실 수 있으세요? (기준 3)

연습 4 중급 수준의 내담자 진술에 대한 예시 반응
중급 내담자 진술 1에 대한 예시 반응
저는 잠시 여기서 건너뛰도록 하겠습니다. (기준 1) 이건 중요한 이슈 같군요. (기준 2) 그걸 말하기 전에, 이야기할 기본 규칙들이 있어요. 큰 거 하나는 두 분 다 제게 직접 이야기하는 것이고, 욕하기를 피하는 것입니다. 괜찮으신가요? (기준 3)
중급 내담자 진술 2에 대한 예시 반응
음. 잘 돌아가지 않는 두 분의 옛 패턴을 반복하고 계신 것 같네요. 맞나요? (기준 1) 저는 중요한 이슈에 관해 확실히 말씀드리고 싶어요. (기준 2) 하지만 조금 천천히 하지요. 그렇게 하는 한 가지 방식은 지금은 제게 직접 말씀하시는 거예요. 또 다른 것은 어떤 비난이나 욕하기 같은 걸 피하는 겁니다. (기준 3)
중급 내담자 진술 3에 대한 예시 반응
잠깐 멈추셔야 제가 따라잡을 수 있어요. (기준 1) 두 분께서 충분히 다루지 않으신 관계에서의 이슈들이 있는 것 같습니다. 그건 분명히 여기서 우리가 다룰 수 있는 것들입니다. (기준 2) 제가 두 분께 부탁드릴 것은 지금은 서로에게 직접 이야기하지 마시고, 또 욕하기나 비난하기를 피해달라는 것입니다. (기준 3)
중급 내담자 진술 4에 대한 예시 반응
잠깐만 여기서 건너뛰도록 하지요. (기준 1) 중요한 어떤 게 두 분에게 계속되는 것 같은데, 제가 그걸 좀 더 이해하고 싶군요. (기준 2) 그걸 하기 위해서, 두 분은 상대방을 건드리는 행동을 피하시고, 저에게 직접 이야기하시기를 부탁드립니다. (기준 3)
중급 내담자 진술 5에 대한 예시 반응
잠깐 멈추실까요? (기준 1) 중요하나 갈등이 일어날 수 있는 이슈들에 대해 직접 말하는 것은 힘들게 만들 때가 있어요. (기준 2) 그게 제가 여기 있는 이유입니다. 두 분께서는 서로에게 말씀하시기보다 저에게 직접 말씀하시기로 하지요. 그러면 바라건대 덜 부정적으로 이슈들을 처리할 수 있어요. (기준 3)

연습 4 고급 수준의 내담자 진술에 대한 예시 반응

고급 내담자 진술 1에 대한 예시 반응

좋아요, 무슨 일이 있었는지 확실히 이해시켜 주세요. (기준 1) 두 분은 특별한 사건이 어떻게 일어났는지에 대해 의견이 다르신데, 저는 무엇이 중요한지 알겠습니다. (기준 2) 그건 분명히 우리가 여기서 다룰 것이네요. 그걸 하기 위해서, 두 분이 모든 걸 저를 통해 걸러 내시면 좋을 것 같아요. (기준 3)

고급 내담자 진술 2에 대한 예시 반응

그래서 저는 궁금한 게 있네요. 이게 집에서도 일어나는 방식인가요? (기준 1) 만약 그렇다면, 저는 두 분이 중요한 이슈들에 대해 서로 대화하는 방법을 알아내는 데 도움을 드리고 싶습니다. (기준 2) 소리 지르거나, 비난하거나, 비판하지 말고요. 또, 지금은 모든 걸 저를 통하시는 걸 시작해 보죠. (기준 3) 그렇게 하는 것이 더 효율적으로 움직이고, 이슈들을 처리하도록 도와줄 거예요.

고급 내담자 진술 3에 대한 예시 반응

좋습니다, 이건 많은 감정이 담겨 있는 주제라고 말할 수 있습니다만, 이걸 논의하는 것이 도움이 될지 궁금하네요. 왜냐하면, 그것은 두 분을 평소에 관계하는 방식에 갇히게 할 것이기 때문입니다. (기준 1) 저는 이런 중요한 이슈들을 통해 두 분을 도울 수 있다는 게 흥미롭습니다만, (기준 2) 두 분이 비난하거나 비판하는 걸 피하고, 말씀하실 모든 걸 저에게 하시라고 부탁드리고 싶습니다. (기준 3)

고급 내담자 진술 4에 대한 예시 반응

좋습니다, 멈추셔서 저를 먼저 도와주실 수 있어요. (기준 1) 외도는 중요한 주제인 것 같습니다. 하지만 두 분 모두 자신이 잘못 대접받았다고 하시는 것 같습니다. (기준 2) 두 분이 어떤 비난도 안 하면서 저를 통해 모든 것을 말씀하시도록 할 수 있다면, 이상적일 것 같습니다. (기준 3)

고급 내담자 진술 5에 대한 예시 반응

음. 잠깐 멈추시고 제가 사태를 이해할 수 있게 해주세요. (기준 1) 두 분 모두 이러한 종류의 중요한 이슈들을 아주 다르게 접근하시는 것처럼 보입니다. 맞나요? (기준 2) 그래서 좀 속도를 늦추시고, 두 분 각자 저를 통해 이야기하시도록 하지요. 이렇게 하시면서, 욕하기나 비난하기를 최소화하는 것이 정말 좋을 것 같습니다. (기준 3)

연습 5 삼각관계 피하기

연습 5를 위한 준비

1. 제2장의 지침을 읽으라.
2. 미국심리학회 홈페이지http://www.apa.org/pubs/books/deliberate-practice-systemic-family-therapy에서 의도적 실습 반작용 양식과 의도적 실습 일지 양식을 다운로드하라('임상가와 실천가 자원'탭 참조: 또한 부록 A와 부록 B에서도 각각 얻을 수 있음).

연습 5를 위한 체계론적 상황

체계론적 치료자는 개인, 커플, 가족과 작업하고, 체계론적 관점으로부터 각 대상에 접근한다. **이 특수한 체계론적 기술을 위해, 여러분은 2명의 훈련생이 필요하다. 한 사람은 치료자이고, 한 사람은 내담자이다.** 우리는 각 내담자 지시 메시지 전에 몇 가지 사례 상황을 제공했다. 이 상황은 부가적인 배경 정보(예: '가족-아버지와 청소년 딸')가 따르는 관계 유형을 밑줄 친 텍스트의 형태로 먼저 진술한다. 내담자 역할을 하는 훈련생은 각 내담자 지시 메시지 앞에 있는 밑줄 친 텍스트를 소리 내어 읽도록 하라. 만약 특수한 지시 메시지로 설계된 내담자 역할을 하는 사람보다 더 많은 훈련생이 있다면, 한 명이나 그 이상의 훈

련생들은 그 특수한 지시 메시지의 역할극을 관찰할 수 있다. 내담자 역할을 하는 훈련생들이 내담자 진술을 읽을 사람과 관찰할 사람으로 역할을 바꿔 보면서 모든 사람이 연습에 참여할 기회를 가질 것을 권한다.

기술 설명

기술 난이도 수준: 중급

두 사람(A와 B)이 관계 이슈를 갖고 있을 때, 그들은 종종 안정성이 부족함을 느낀다. 그런 이유로 해서 A와 B(혹은 두 사람 모두)는 상황을 안정시키기 위해 제3자(C)를 끌어들일 수 있다. 이것을 *삼각관계triangle*라고 부른다(Bowen, 1978). 삼각관계가 발생할 때, 제3자는 다른 사람에 대항하여 한쪽과 제휴를 하거나 원래의 관계 문제로부터 어떤 방식으로 한 사람을 흩뜨리도록 만들 수 있다. 삼각관계는 스트레스나 불안으로 균형이 깨진 두 사람을 일시적으로 안정시킬 수도 있지만, 원래의 스트레스 초점을 제거하게 만드는 역할을 하기도 한다. 물론, 사람들이 관계에 더 잘 대처하는 데는 시간이 필요하지만, 삼각관계는 원래의 관계(A와 B)에 대한 초점으로 결코 되돌리지 못한다. 따라서 체계론적 지향이 있는 치료자는 내담자가 원래의 관계에 대한 초점을 지키도록 하고, 다른 사람을 관련시키지 않고 그들의 이슈를 해결하도록 작업한다. 이를 위하여, 치료자는 체계의 두 구성원 간 갈등이나 불화에 끌려 들어감으로써 두 사람 간 관계 안에 있는 스트레스로부터 흩뜨려지도록 하는 미묘한 시도에 저항하는 것을 연습할 필요가 있다. **그 결과, 이 연습의 주요한 목표는 치료자가 삼각관계의 부분이 되거나 삼각관계의 발달을 지지하는 것에 저항하도록 돕고, 원래의 2인 관계에 초점을 견지하는 것이다**(Burtler & Harper, 1994). 치료자는 잠재적인 삼각관계를 인지하고, 두 사람에게 주의를 돌리도록 하며, 내담자들이 관계를 돕는 방식에 재조율되게 함으로써 이것을 할 수 있다. 이렇게 하면 두 사람은 관계 이슈를 피하기보다는 문제를 해결하려고 노력한다.

연습 5를 위한 기술 기준

1. 내담자가 표현하는 아이디어에 대해 공감을 보여주라.
2. (스트레스가 존재하는) 1차적인 2인 관계에 초점이 돌아가도록 방향 설정을 다시 하라.
3. 1차적인 2인 관계를 개선하기 위해 취할 수 있는 방식에 집중하는 개방형 질문을 하라.

삼각관계를 피하는 치료자의 예시

예시 1

부모가 집에서 청소년 아들이 하는 행동을 다루기 위해 치료를 요청하였다.

부모 *[화가 나서]* 글쎄요, 이번 주에 다시 아들 일로 폭발을 했어요. 하지만 저는 이번 주에는 그걸 다룰 수조차 없었어요. 그 이유는 제 미친 이웃이 또 '소동'을 하나 벌였기 때문인데, 저는 거기로 달려가서 그녀를 도와야만 했어요. 저는 그녀가 언제야 정신을 차리게 될지 모르겠어요.

치료자 오, 그건 정말로 정신없었던 한 주였겠네요. (기준 1) 당신 이웃의 상황은 우리들의 주의를 끌게도 하지만, 저는 일단은 당신과 아들과의 관계를 더 다루고 싶군요. 그것이 당신이 치료에 오게 된 1차적인 이유이니까요. (기준 2) 아드님과의 일을 개선할 방법에 대한 어떤 생각이 있으신지요? (기준 3)

예시 2

커플 – 커플 중 파트너 1이 개인 회기에 참석한다. 그들은 파트너가 상대방을 대하는 행동에 신경이 쓰인다.

파트너 1 *[건조하게]* 제 파트너는 자기 도취자예요. 온라인으로 찾아보니, 그 사람은 기준에 딱 맞더라고요. 그러니 제가 어떻게 자기 도취자랑 살아요?

치료자 당신이 노력하고 있고, 지금 경험하고 있는 것을 이해하려는 것이 정말로 중요하다고 말할 수 있어요. (기준 1) 관계에서 말이죠. (기준 2) 궁금한데요, 그가 자기 도취자인 것은 별도로 치고, 지금 두 분의 관계에서 가장 이루고 싶은 게 뭐예요? (기준 3)

예시 3

커플 – 파트너 1과 2가 회기에 참석한다. 파트너 2는 그들이 관계에서 완전히 정직해야 한다고 파트너 1에게 주장한다.

파트너 1 *[방어적으로, 치료자에게]* 제가 이렇게 살아야 하냐고요! 그녀가 지금 나를 얼마나 가스라이팅하고 있는지 믿으실 수 있어요? 저는 그녀가 절 속이고 있다는 증거를 그녀와 당신에게 반복적으로 말했어요. 그녀의 지금 행동이 얼마나 해로운지를 말씀해주시고, 그녀가 진실을 말하도록 해주실래요?

치료자 당신이 생각하기에 그녀가 진실을 말하고 있지 않다는 것이 좌절감을 주겠네요. (기준 1) 어떤 사람들은 치료자가 판사가 되고 편을 들어주어야 한다고 생각하는데, 하지만 그건 제 역할이 아닙니다. 저는 두 분이 서로에 대해 잘하도록 돕기 위해 여기 있는 것이죠. (기준 2) 그녀가 자기 행동에 대해 완전히 마음을 열지 않는다고 믿는 것이 당신에게 어떻습니까? (기준 3)

연습 5에 대한 지침

단계 1: 역할 연습과 피드백

- 내담자는 각 내담자 지시 메시지 앞에 있는 밑줄 친 텍스트를 소리 내어 읽는다.
- 내담자는 먼저 초급 내담자 진술을 말한다. 치료자는 기술 기준에 근거하여 반응을 **즉시 만들어 낸다.**
- 훈련자는(혹은, 가능하지 않다면, 내담자는) 기술 기준에 근거한 **짧은** 피드백을 제공한다.
- 그런 다음 내담자는 같은 문장을 반복하고, 치료자는 다시 반응을 즉시 만들어 낸다. 훈련자(혹은 내담자)는 다시 짧은 피드백을 제공한다.

단계 2: 반복

- **현재의 난이도 수준**(초급, 중급, 고급)**에서** 모든 진술에 대해 단계 1을 반복하라.

단계 3: 사정과 난이도 조정

- 치료자는 의도적 연습 반작용 양식(부록 A 참조)을 완성하고 더 쉽거나 더 어려운 연습을 만들지, 아니면 같은 난이도 수준을 반복할지 결정한다.

단계 4: 약 15분 동안 반복

- 최소한 15분 동안 단계 1에서 3을 반복하라.
- 그런 다음 훈련자는 치료자와 내담자 역할을 바꾼 다음 다시 시작하라.

⇨ 자, 이제 당신의 차례다. 지침에서 나온 단계 1과 단계 2를 따르라.

기억하라: 역할 연습의 목표는 훈련생이 (a) 기술 기준을 사용해서 (b) 훈련생에게 그럴듯하게 느껴지는 내담자 진술에 대한 반응을 즉시 만들어내는 연습을 하는 것이다. 각 내담자 진술에 대한 치료자 반응 예시들은 이 연습 뒷부분에 제공된다. 훈련생들은 예시 반응을 읽기 전에 자신의 반응을 즉시 만들어내도록 시도해야 한다.

연습 5에 대한 초급 수준의 내담자 진술

초급 내담자 진술 1

가족 – 부모와 두 청소년이 가족치료에 참석한다. 부모는 집에서 아들의 반항 행동에 대해 걱정하고 있다.

부모 1: [믿을 수 없다는 듯이] 그래서 저는 아들에게 바닥에 있는 그의 백팩을 집으라고 요청했는데, 그 아이는 "그럴 필요가 없어요"라고 말해요. 그게 정상이에요? 제가 정말 걔가 살아있는 동안 종 노릇을 해야 할 운명인가요?

초급 내담자 진술 2

커플이 그들 관계에서 싸움이 커지고 갈등이 해결되지 않자 치료에 온다.

파트너 1: [건조하게] 파트너와 제가 싸울 때, 저는 결국에는 차로 가서 동생에게 전화를 해요. 최소한 걔는 저를 이해하니까요.

초급 내담자 진술 3

가족 – 두 부모와 한 청소년 아들이 집에서의 말다툼이 커지자 치료 회기에 참석한다.

부모: [조용히] 대개 아들과 싸운 후에, 저는 큰 딸네로 가서 그 애가 생각하는 것을 들어요. 그 아이는 아주 냉정하고, 조용하고, 침착해요. 제가 문제가 아니라고 저를 안심시켜 주거든요.

초급 내담자 진술 4

커플이 싸움의 패턴을 해결하고 갈등을 피하고자 치료에 참석한다.

파트너 1: [희망적으로] 우리가 싸우게 되면, 저는 정말 허탈해져요. 저는 대개 시간과 공간을 떨어뜨리고 있다가 돌아가는데, 그럼 기분이 좀 더 나아지고, 그렇게 되면 그걸 이야기할 필요가 없어지는 것 같아요.

초급 내담자 진술 5

커플이 관계에서의 정서적 거리감에 대한 걱정을 다루려고 치료에 참석한다.

파트너 1: **[혼란스러워하며]** 저는 파트너에게 이제 더 어떻게 할지 확신할 수 없어요. 그는 단지 멀게만 느껴져요. 파트너가 우리 관계에 대해 신경 쓰지 않는 것처럼 보일 때 어떻게 해야 하나요?

▶ 다음 난이도 수준으로 옮겨가기 전에 난이도를 사정하고 조정하라(연습 지침에서 단계 3 참조).

연습 5에 대한 중급 수준의 내담자 진술

중급 내담자 진술 1

커플이 서로에 대한 소통 문제로 치료에 참석한다.

파트너 1: [슬프게] 그래서 우리는 지난 주말 시댁에 갔어요. 가기 전에 저는 그에게 바라는 것을 파트너에게 이해시키려고 했지만, 그는 거기 있는 내내 저를 무시하기만 했어요. 믿으실 수 있으세요?

중급 내담자 진술 2

가족 – 물질사용장애 처치를 위해 청소년과의 개인 회기가 의뢰되었다.

청소년: [수치스러워 하며] 그래서 저는 이번 주에 다시 대마초에 손을 댔어요. 그렇지만 제발 제발 엄마에게는 말하지 마세요! 엄마는 너무 화가 날 거고, 저는 엄마가 그러는 게 정말 싫어요.

중급 내담자 진술 3

커플 – 한 파트너가 다른 파트너와 지속되는 싸움에 대해 씨름하는 개인 회기

파트너 1: [혼란스러운 듯] 저는 정말 선생님의 조언이 필요해요. 제 파트너와 저는 이번 주말 크게 난리를 쳤어요. 그는 정말 비열한 말을 했어요. 지금 그는 모든 게 괜찮은 척 해요. 하지만 저는 여전히 상처받고 있어요. 제가 어떻게 해야 할까요?

중급 내담자 진술 4

가족 – 두 부모, 한 성인 딸, 두 청소년 아들이 딸의 법원에서의 무단결석 청문회 후에 처치에 참석한다.

부모 1: [지쳐서] 아세요, 저는 딸을 사랑하긴 하지만, 이젠 다했다고 생각해요. 그 아이를 더 어떻게 할지 도리가 없어요. 그 아이의 실수를 고치려고 제가 너무나 많은 시간을 허비해서 다른 아이들이 고통을 당하고 있어요. 한동안은 그 아이들에게 집중하고 싶을 뿐이에요.

중급 내담자 진술 5

커플이 관계에서 계속되는 싸움을 다루려고 치료를 시작했다.

파트너 1: [단호하게] 음, 이제 선생님은 제가 왜 그렇게 일을 많이 하는지 아실 거예요. 제가 만약 집에 가면, 파트너와 저는 그냥 싸움만 벌이게 되니, 저는 이게 더 나은 선택이라고 생각하는 거죠.

▶ 다음 난이도 수준으로 옮겨가기 전에 난이도를 사정하고 조정하라(연습 지침에서 단계 3 참조).

연습 5에 대한 고급 수준의 내담자 진술

고급 내담자 진술 1

커플 - 파트너 간 서로 존중하지 않는 관심사를 다루려고 파트너 1이 개인회기를 요청하였다.

파트너 1: [화가 나서] 제 파트너가 이번 주에 무엇을 했는지 선생님은 정말 짐작도 못하실 거예요. 그녀가 내내 저를 얼마나 깔아뭉갰는지에 대해 치료에서 말했잖아요, 맞죠? 음, 우리는 정말 큰 사업 성과 후에 있었던 축하 자리에 갔는데, 그녀가 침실에서의 제 결점에 대해 사람들 모두에게 말해버린 거예요. 어허! 저는 그녀가 그렇게 한 걸 믿을 수가 없어요. 너무 창피해요.

고급 내담자 진술 2

커플 – 커플 중 파트너 1이 개인 회기에 참석한다. 커플은 서로에 대한 파트너의 행동이 마음에 들지 않는다.

파트너 1: [건조하게] 제 파트너는 자기 도취자예요. 온라인으로 찾아보니, 그 사람은 기준에 딱 맞더라구요. 그러니 제가 어떻게 자기 도취자랑 살아요?

고급 내담자 진술 3

커플 – 커플 중 파트너 1이 개인 회기에 참석한다. 그는 친구들과 술 마시러 갔을 때의 최근 행동에 대해 신경을 쓰고 있다.

파트너 1: [걱정스러워하며] 제 파트너는 지난 주말에 출장을 가서, 저는 주말에 친구들 몇몇을 만났죠. 우리는 술을 마셨는데, 그들 중 한 사람과 좀 너무 멀리 갔어요. 정말로 죄책감을 느끼는데, 그에게 말할 수는 없어요. 하지만 그는 의심하는 사람처럼 이 주말에 대해 계속 질문을 해대요. 그가 캐묻지 않게 하려면 제가 어떻게 해야 할까요?

고급 내담자 진술 4

커플 – 두 파트너가 그들 간의 최근 싸움 때문에 요청해서 회기에 참석한다.

파트너 1: [치료자에게, 화가 나서] 저는 선생님이 그렇게만 말씀하신 것을 믿을 수 없어요. 네, 파트너와 저는 지난 주말 한바탕 난리를 쳤지만, 선생님은 그게 모두 제 잘못인 것처럼 말씀하시네요. 그건 제 잘못이 아니라구요!

고급 내담자 진술 5

커플 – 커플 중 파트너 1이 개인 회기에 참석한다. 그는 관계에서의 최근 갈등에 대한 파트너의 반응에 대해 신경을 쓰고 있다.

파트너 1: [화가 나서] 제 파트너는 이번 주말에 저를 정말 화나게 했어요. 하지만 저는 그것이 트라우마에 대한 반응이었다고 봐요. 저를 직접 비난하는 걸 들으니 힘들었어요. 다른 사람들이 했던 일에 대해 계속 비난받는다면, 제가 더 참을 수 있을지 확신이 안 서요. 하지도 않은 일로 어떤 사람을 비난하는 것은 비합리적인 것 아닌가요?

▶ 다음 난이도 수준으로 옮겨가기 전에 난이도를 사정하고 조정하라(연습 지침에서 단계 3 참조). 적절하다면, 훨씬 더 어려운 연습을 할 지침을 따르라(부록 A 참조).

치료자 반응 예시: 삼각관계 피하기

기억하라: 훈련생들은 예시 반응을 읽기 전에 그들 자신의 반응을 즉시 만들어 내도록 시도해야 한다. **만일 당신의 반응을 떠올리는 데 어려움이 있지 않다면 다음 반응 축어록을 읽지 말라!**

연습 5 초급 수준의 내담자 진술에 대한 예시 반응
초급 내담자 진술 1에 대한 예시 반응
아마도 당신은 이게 안 변할 거라고 걱정하시나 봅니다. (기준 1) 아드님과 더 나은 관계를 갖는 것이 당신에게 얼마나 중요한지 알 수 있어요. (기준 2) 과거에 아드님이 주도적으로 하게 했을 때 먹혔던 일들이 있을까요? (기준 3)
초급 내담자 진술 2에 대한 예시 반응
예, 그런 순간에 당신이 정말로 이해받고 싶었다는 것을 알 수 있어요. (기준 1) 그것은 당신의 커플 관계에서 작업할 중요한 목표입니다. (기준 2) 두 분이 서로에게서 이해받았다고 느낀 방식들은 어떤 것이었나요? (기준 3)
초급 내담자 진술 3에 대한 예시 반응
당신은 따님이 이야기하는 것을 중요하게 생각하시는 것 같아요. (기준 1) 따님과의 그 시간이 당신과 아드님과의 관계에 어떻게 도움이 되는지 궁금합니다. (기준 2) 당신과 아드님이 싸운 후 앞으로 나아가게 한 방식은 어떤 것이었나요? (기준 3)
초급 내담자 진술 4에 대한 예시 반응
그 상황을 처리하는 것뿐만 아니라 시간과 공간을 떨어뜨리는 것도 정말로 도움이 될 수 있습니다. (기준 1) 하지만, 저는 두 분의 관계가 이제껏 충분히 다루어져 왔는지가 궁금하네요. (기준 2) 사태가 늘 이렇게 돌아가는 것을 조정해서 두 분이 어떻게 사태를 개선할 수 있을까요? (기준 3)
초급 내담자 진술 5에 대한 예시 반응
당신은 정말로 파트너와의 연결을 갈망하고 계신 것 같습니다. (기준 1과 2) 과거에 서로가 잘 연결되는구나 하는 느낌을 준 것에는 어떤 게 있나요? (기준 3)

연습 5 중급 수준의 내담자 진술에 대한 예시 반응
중급 내담자 진술 1에 대한 예시 반응
지난 주말에 당신이 정말로 외롭고 약하다고 느끼셨을 것 같습니다. (기준 1) 당신은 정말로 관계에서 편안해지기를 바라고 계시네요. (기준 2) 당신과 남편이 마음이 통하는 데 필요한 대화는 어떤 것들이에요? (기준 3)
중급 내담자 진술 2에 대한 예시 반응
오, 힘든 주말이었던 것 같네, (기준 1) 너는 정말로 엄마를 실망시키고 싶지 않구나. (기준 2) 그런데 이걸 엄마에게 숨기는 것이 너와 엄마의 관계에 어떤 영향을 미칠 것 같니? (기준 3)
중급 내담자 진술 3에 대한 예시 반응
힘든 주말이었던 것 같군요, 그리고 당신은 여전히 상처를 받고 있구요. (기준 1) 당신과 파트너에게 가장 좋은 방법이 뭐라고 생각하세요? (기준 2) 이것을 해결하기 위해서요. (기준 3)
중급 내담자 진술 4에 대한 예시 반응
당신은 지치신 것 같고, 또 다른 아이들에 대해 걱정하시는 것 같아요. (기준 1) 그런데 저는 당신이 따님과의 관계를 놓치지 않고 다른 아이들과 잘 지내는 것을 어떻게 할 수 있는지가 궁금하네요. (기준 2와 3)
중급 내담자 진술 5에 대한 예시 반응
잘 지내지 못하는 것이 선생님을 분명히 힘들게 하고 있네요. (기준 1) 피하는 것이 당장에는 사태를 조금 더 쉽게 만들 수 있지요. 아마도 파트너와의 일을 처리하는 데는 시간이 걸리겠지요. (기준 2) 그런데, 두 분의 갈등은 줄이고, 서로 연결된 느낌을 늘리는 방식에는 어떤 것이 있을까요? (기준 3)

연습 5 고급 수준의 내담자 진술에 대한 예시 반응

고급 내담자 진술 1에 대한 예시 반응

너무 창피하셨을 것 같습니다. (기준 1) 이런 큰일이 터지면 커플에게는 참 힘든 일이 될 수 있을 거예요. (기준 2) 당신은 이걸 개선하는 다음의 적절한 단계는 무엇이 있을 것 같으세요? (기준 3)

고급 내담자 진술 2에 대한 예시 반응

당신이 노력하고 있고, 지금 경험하고 있는 것을 이해하려는 것이 정말로 중요하다고 말할 수 있어요. (기준 1) 관계에서 말이죠. (기준 2) 궁금한데요, 그가 자기 도취자인 것은 별도로 치고, 지금 두 분의 관계에서 가장 이루고 싶은 게 뭐예요? (기준 3)

고급 내담자 진술 3에 대한 예시 반응

당신은 정말로 나빴지만, 또한 그를 잃고 싶지 않기 때문에 정말로 걱정하고 있다는 것을 알겠습니다. (기준 1) 그런데 저는 약간 걱정이 되는데, 이 비밀이 단기적으로는 이로울 수 있겠지만, 장기적으로는 아닐 것 같아서요. 당신의 관계를 어떻게 생각하세요? (기준 2) 장기적으로 성공하는 데 필요한 것으로요. (기준 3)

고급 내담자 진술 4에 대한 예시 반응

오, 죄송합니다. 저는 그의 편을 들려는 것은 아니지만, 그게 어떻게 그런 식으로 발생했는지 알 수 있어요. (기준 1) 제 목표는 두 분이 누가 옳은지 그른지 판정하는 것보다는 사태를 해결하도록 돕는 것입니다. (기준 2) 이 사태를 극복하기 위해 당신이 어떻게 시작하실지에 대한 아이디어가 있으신가요? (기준 3)

고급 내담자 진술 5에 대한 예시 반응

당신이 하지 않은 일에 대해 비난받는 것은 힘든 일입니다. (기준 1) 그 비난이 당신 파트너가 상처를 받아서 생기는 것일지라도요. (기준 2) 당신들 두 분이 이 사태를 헤쳐 나아갈 방법이 무엇일까요? (기준 3)

연습 6 경계 강조하기

연습 6을 위한 준비

1. 제2장의 지침을 읽으라.
2. 미국심리학회 홈페이지 http://www.apa.org/pubs/books/deliberate-practice-systemic-family-therapy에서 의도적 실습 반작용 양식과 의도적 실습 일지 양식을 다운로드하라('임상가와 실천가 자원' 탭 참조: 또한 부록 A와 부록 B에서도 각각 얻을 수 있음).

연습 6을 위한 체계론적 상황

체계론적 치료자는 개인, 커플, 가족과 작업하고, 체계론적 관점으로부터 각 대상에 접근한다. **이 특수한 체계론적 기술을 위해, 여러분은 2명의 훈련생이 필요하다. 한 사람은 치료자이고, 한 사람은 내담자이다.** 우리는 각 내담자 지시 메시지 전에 몇 가지 사례 상황을 제공했다. 이 상황은 부가적인 배경 정보(예: '가족-아버지와 청소년 딸')가 따르는 관계 유형을 밑줄 친 텍스트의 형태로 먼저 진술한다. 내담자 역할을 하는 훈련생은 각 내담자 지시 메시지 앞에 있는 밑줄 친 텍스트를 소리 내어 읽도록 하라. 만약 특수한 지시 메시지로 설계된 내담자 역할을 하는 사람보다 더 많은 훈련생이 있다면, 한 명이나 그 이상의 훈

련생들은 그 특수한 지시 메시지의 역할극을 관찰할 수 있다. 내담자 역할을 하는 훈련생들이 내담자 진술을 읽을 사람과 관찰할 사람으로 역할을 바꿔 보면서 모든 사람이 연습에 참여할 기회를 가질 것을 권한다.

기술 설명

기술 난이도 수준: 중급

체계론적 가족치료 내에서, 가족의 역할, 규칙과 경계를 이해하는 것은 중요하다(Minuchin & Fishman, 1981). 가족은 때때로 그 구성원들에게 기대되는 명시적인, 혹은 가끔 암묵적인 역할과 규칙을 가지고 있다. 이 기대가 경계를 형성하는데, 경계는 사람들의 신체적, 심리적 움직임을 가족체계의 안팎으로 조절하고, 가족 구성원들이 서로에게 어떻게 관계 맺는지에 영향을 미친다. 가족의 규칙을 반영하고 이해하는 치료자의 능력은 종종 가족체계 안에 확립된 경계에 대한 필수적인 통찰을 제공한다. 따라서 경계를 이해하는 것은 치료자가 구성원들 간 더 건강하고 적응적인 상호작용을 가져오는 개입을 하도록 도와준다. 신체적이고 정서적인 경계의 목표는 그 경계들이 명확하고, 구조화되고, 유연해지게 하는 것이다. 경계가 너무 경직되거나 너무 애매할 때, 가족은 일어날 수 있는 이슈들에 적절히 적응할 수 없다. 치료자는 가족 구조와 상호작용 패턴을 변화시키려는 노력의 일환으로서 경계를 사정하거나 강조하는 것이 유용하다. 체계론적 가족치료자가 이것을 할 수 있는 다양한 방식이 있지만, **이 기술의 목표는 표현되는 경계 측면에서 가족 이슈를 반영하고, 커플이나 가족이 회기 안에서 그들에 대해 직접 말하도록 격려하는 것(예: 실연)에 집중된다.** 내담자가 서로 직접 소통하는 *실연enactment*이나 상황은 치료자가 커플이나 가족 안에서의 상호작용 패턴을 이해하고, 가족이 그들에게 유익하거나 유익하지 않은 경계를 이해하도록 돕는다(Minuchin & Fishman, 1981). 치료자가 내담자들 사이에서의 불확실성을 점검함으로써 실연을 통해 역동을 보되 통제 불능으로 확대되지 않도록 하는 것이 중요하다(Nichols & Fellenberg, 2000). 처음에는 실연이 주로 사정을 위한 것이겠지만, 시간이 흘러감에 따라, 치료자는 실연 안에서 가족 상호작용 패턴을 변화시킬 수 있게 된다.

연습 6을 위한 기술 기준

1. 내담자 진술에서 소통되는 경계를 반영하라.
2. 커플이나 가족이 서로에게 관심을 지니고, 경계 관련 이슈에 대해 직접 이야기하도록 하라(서로 주고받는 실연).

경계를 강조하는 치료자의 예시

예시 1

커플이 그들 관계에서 더 많은 친밀성을 바라면서 치료에 참석한다.

파트너 1 *[화가 나서]* 제 여동생이 알리지도 않고 와서, 가족이 하고 있는 모든 걸 방해해요. 그 애는 엉망이어서, 전 그 애를 돕기 위해 모든 걸 포기해야 해요. 파트너와 전 그게 정말 싫어요!

치료자 그래서 당신은 가족을 희생해서까지, 동생을 돕기 위해 모든 걸 포기해야 한다고 느끼시는 거네요. (기준 1) 이 상황 대신 뭘 원하는지에 대해 두 분이 이야기해 보시는 건 어떠세요? (기준 2)

예시 2

커플이 관계에서 계속되는 신뢰 이슈에 대해 작업하기를 원하면서 처치에 참석한다.

파트너 1 *[방어적으로]* 파트너는 제가 어떤 사람이 매력적이라고 말하면 제가 자기를 속이고 있다고 생각해요. 저는 바람을 피우는 게 아니에요! 누군가에 대해 말하면 그 사람은 꼭 질투를 해요.

치료자 두 분은 사람들과 상호작용하는 방식에 대해 다른 경계를 갖고 계신 것처럼 보이네요. (기준 1) 두 분이 이야기를 나누셔서 다른 사람과 상호작용하는 것에 대해 동의할 수 있는 것이 무엇인지 헤아려보시는 게 어때요? (기준 2)

예시 3

가족 – 집에서의 아들의 행동을 다스릴 수 없다고 걱정하여, 부모와 청소년 아들이 처치에 참석한다.

부모 *[짜증을 내며]* 아들은 10대이지만, 전 여전히 그 아이를 위해 모든 걸 해야만 해요. 저는 그 아이가 스스로 일어나 학교 갈 준비를 했으면 좋겠는데, 걔는 그걸 안 하려고 해요.

치료자 그래서 당신은 그의 알람시계가 되었다고 느끼시는데, 정말 그러고 싶지 않으신 거군요. (기준 1) 두 사람이 바로 이야기해서, 양쪽에 다 먹히는 방법을 찾으시는 게 어때요? (기준 2)

연습 6에 대한 지침

단계 1: 역할 연습과 피드백

- 내담자는 각 내담자 지시 메시지 앞에 있는 밑줄 친 텍스트를 소리 내어 읽는다.
- 내담자는 먼저 초급 내담자 진술을 말한다. 치료자는 기술 기준에 근거하여 반응을 **즉시 만들어** 낸다.
- 훈련자는(혹은, 가능하지 않다면, 내담자는) 기술 기준에 근거한 **짧은** 피드백을 제공한다.
- 그런 다음 내담자는 같은 문장을 반복하고, 치료자는 다시 반응을 즉시 만들어 낸다. 훈련자(혹은 내담자)는 다시 짧은 피드백을 제공한다.

단계 2: 반복

- **현재의 난이도 수준**(초급, 중급, 고급)**에서** 모든 진술에 대해 단계 1을 반복하라.

단계 3: 사정과 난이도 조정

- 치료자는 의도적 연습 반작용 양식(부록 A 참조)을 완성하고 더 쉽거나 더 어려운 연습을 만들지, 아니면 같은 난이도 수준을 반복할지 결정한다.

단계 4: 약 15분 동안 반복

- 최소한 15분 동안 단계 1에서 3을 반복하라.
- 그런 다음 훈련자는 치료자와 내담자 역할을 바꾼 다음 다시 시작하라.

⇨ 자, 이제 당신의 차례다. 지침에서 나온 단계 1과 단계 2를 따르라.

기억하라: 역할 연습의 목표는 훈련생이 (a) 기술 기준을 사용해서 (b) 훈련생에게 그럴듯하게 느껴지는 내담자 진술에 대한 반응을 즉시 만들어내는 연습을 하는 것이다. 각 내담자 진술에 대한 치료자 반응 예시들은 이 연습 뒷부분에 제공된다. 훈련생들은 예시 반응을 읽기 전에 자신의 반응을 즉시 만들어내도록 시도해야 한다.

연습 6에 대한 초급 수준의 내담자 진술

초급 내담자 진술 1

커플이 그들 관계에서 더 많은 친밀성을 바라면서 치료에 참석한다.

파트너 1: [화가 나서] 제 여동생이 알리지도 않고 와서 가족이 하고 있는 모든 걸 방해해요. 그 애는 엉망이어서, 전 그 애를 돕기 위해 모든 걸 포기해야 해요. 파트너와 전 그게 정말 싫어요!

초급 내담자 진술 2

커플이 더 많은 시간을 함께 보내고 싶어 하면서 그들이 떨어져 있는 것 같은 감정을 표현한다.

파트너 1: [치료자에게, 불만스럽게] 파트너와 저는 둘 다 1주일에 40시간 넘게 일해요. 그런데, 그는 집에 와서 컴퓨터 앞에 앉는데, 왜 저는 집에 와서 집안일을 해야 되죠?

초급 내담자 진술 3

커플이 관계에서 계속되는 신뢰 이슈에 대해 작업하기를 원하면서 처치에 참석한다.

파트너 1: [방어적으로] 파트너는 제가 어떤 사람이 매력적이라고 말하면 제가 자기를 속이고 있다고 생각해요. 저는 바람을 피우는 게 아니에요! 누군가에 대해 말하면 그 사람은 꼭 질투를 해요.

초급 내담자 진술 4

커플이 의사소통 부족과 재정적인 스트레스에 대한 걱정으로 처치에 참석한다.

파트너 1: [화가 나서] 그래서 제 파트너는 지난 주말 시내에 갔어요. 전 그 사람이 몇몇 친구와 점심 먹으러 간 줄 알았어요. 그랬는데, 그 사람이 새 트럭을 사서 돌아왔어요! 그가 제게 물어보지도 않고 그렇게 한 걸 믿을 수가 없어요!

초급 내담자 진술 5

가족 – 부모, 두 청소년 자녀, 한 아동이 가족체계 안에서 소통이 되지 않는 것에 대한 우려로 인해 처치를 시작했다.

청소년 1: [결연하게] 누구도 아빠를 건드릴 수 없어요. 만약 그랬다가는, 후회하게 될 거예요. 아빠는 자신이 왜 우리와 더 나은 관계를 가지 못하는지 궁금해 해요. 그건 아마도 우리가 아빠를 두려워하기 때문일 거예요.

▶ 다음 난이도 수준으로 옮겨가기 전에 난이도를 사정하고 조정하라(연습 지침에서 단계 3 참조).

연습 6에 대한 중급 수준의 내담자 진술

중급 내담자 진술 1

커플이 그들의 양육 기술을 개선하는 작업을 원해서 처치에 참석한다.

파트너 1: [**불만스럽게**] 저는 독박육아를 하고 있는 것 같아요. 그녀는 없는 것처럼 보이는데, 그녀를 끌어들이려고 하면, 아무 말도 안해요.

중급 내담자 진술 2

가족 – 어머니와 청소년 아들이 분노 관리 전략 때문에 처치에 참석한다.

청소년 아들: [**불만스럽게**] 제가 무슨 말을 하려고 하면 엄마는 매번 저를 진정시키려고 되풀이해서 제 팔을 잡아요. 엄마인 건 맞지만, 전 이제 16살이고, 코흘리개가 아니라구요!

중급 내담자 진술 3

커플이 그들 관계에서 계속되는 긴장을 다루기를 원하면서 처치에 참석한다.

파트너 1: [**지친 듯이**] 우리 관계는 정말 혼란스러워요. 좋은 저녁이 될지, 아니면 우리가 서로를 건드려 모든 게 가치가 있는가를 의심하는 저녁이 될지 모르겠어요.

중급 내담자 진술 4

커플이 관계에서의 친밀성 부족을 인지하고서 처치에 참석한다.

파트너 1: [**혼란스럽다는 듯이**] 파트너의 동생이 토요일에 잠깐 들렀어요. 저는 저녁 식사에 그녀를 초대하려는 제스츄어를 했는데, 파트너는 저녁 식사 내내 아무 말도 안했어요. 여동생이 가고 난 후, 제가 파트너한테 정말 화가 난 것 같다고 말했는데, 그녀는 제게 말하려 하지 않았어요.

중급 내담자 진술 5

커플이 그들 관계에서의 새로운 경계를 탐색하기 위하여 처치에 참석한다.

파트너 1: [**천천히**] 저는 약간 충격을 받았어요. 꽤 괜찮은 주말이었는데, 그는 정말로 제게 잘했거든요. 그런데 갑자기, 그가 제게 폴리아모리(polyamory)[4]라는 것을 원한다고 말했어요. 전 뭘 말하는지도 모르겠어요!

▶ 다음 난이도 수준으로 옮겨가기 전에 난이도를 사정하고 조정하라(연습 지침에서 단계 3 참조).

---

4) 역자 주: 폴리아모리는 '다자간 연애'를 의미하며, 비혼자 집단과 기혼자 집단에서 동시에 여러 명의 성애 대상을 가질 수 있는 경우를 칭한다(위키백과).

연습 6에 대한 고급 수준의 내담자 진술

고급 내담자 진술 1

가족 – 부모와 청소년이 청소년 보호관찰소에 의해 처치에 의뢰되었다.

청소년: [방어적으로] 왜 우리에게 그렇게 개인적인 질문을 하시는 거죠? 우린 방금 만났을 뿐인데, 우린 정말 선생님을 잘 몰라요.

고급 내담자 진술 2

커플이 그들 관계에서 정서적 친밀감이 줄어드는 것을 알아차리고 처치를 시작하였다.

파트너 1: [슬프게] 제 감정을 나눌 수가 없어요. 제가 그녀에게 정서적으로 필요한 것을 말하려 할 때 정말로 불편해져요. 제가 그녀에게 말하고 나서 화가 나면, 그녀는 제가 화를 낸 것처럼 굴어요.

고급 내담자 진술 3

커플이 확대가족 구성원들과 계속되는 갈등을 다루기 위해 처치에 참석한다.

파트너 1: [화가 나서] 저는 믿을 수가 없어요! 우리가 오래 기다려왔던 데이트를 할 준비가 다 되어 있었어요. 그런데, 우리가 출발하기 15분 전에, 그의 어머니가 전화를 걸어 냉장고를 아래층으로 옮겨달라고 부탁했어요. 그는 제가 어떻게 생각하는지 물어보지도 않았어요! 그는 그냥 출발하면서 우리 데이트를 위해 다시 돌아오겠다고 말했어요. 그런데, 두 시간이 지나도, 그는 오지 않았어요.

고급 내담자 진술 4

커플이 가족 긴장을 다루기 위해 회기에 참석한다. 파트너 1은 파트너 2가 지지하지 않는다고 느낀다.

파트너 1: [상처받아서] 글쎄요, 우리가 임신했다고 그의 어머니에게 말했는데, 어머니는 실망하시는 것을 숨기셨어야 했어요. 어머님은 정말로 그분의 딸이 첫 손주를 낳는 걸 원하신다는 생각이 들어요. 제 파트너에게는 그게 대수롭지 않은 것이겠지만, 저는 정말로 상처 받았어요.

고급 내담자 진술 5

커플이 해결되지 않는 갈등과 언쟁으로 인해 처치에 참석한다.

파트너 1: [방어적으로] 저는 이번 주에 파트너와 저 사이에 일어난 일에 대해 말할 필요가 있는지 정말 잘 모르겠어요. 항상 말다툼으로 끝나는데, 왜 더 악화시키는 거죠? 그냥 지나간 일로 넘기고 나아갔으면 좋겠어요.

▶ 다음 난이도 수준으로 옮겨가기 전에 난이도를 사정하고 조정하라(연습 지침에서 단계 3 참조). 적절하다면, 훨씬 더 어려운 연습을 할 지침을 따르라(부록 A 참조).

치료자 반응 예시: 경계 강조하기

기억하라: 훈련생들은 예시 반응을 읽기 전에 그들 자신의 반응을 즉시 만들어 내도록 시도해야 한다. **만일 당신의 반응을 떠올리는 데 어려움이 있지 않다면 다음 반응 축어록을 읽지 말라!**

연습 6 초급 수준의 내담자 진술에 대한 예시 반응
초급 내담자 진술 1에 대한 예시 반응
그래서 당신은 가족을 희생해서까지, 동생을 돕기 위해 모든 걸 포기해야 한다고 느끼시는 거네요. (기준 1) 이 상황 대신 뭘 원하는지에 대해 두 분이 이야기해 보시는 건 어떠세요? (기준 2)
초급 내담자 진술 2에 대한 예시 반응
집에서 당신들의 역할이 균형이 안 맞아서 당신은 마치 하녀처럼 느껴진다는 거네요. (기준 1) 집에서 이 이슈에 대해 어떻게 이야기 하고 계신지 알고 싶습니다. (기준 2)
초급 내담자 진술 3에 대한 예시 반응
두 분은 사람들과 상호작용하는 방식에 대해 다른 경계를 갖고 계신 것처럼 보이네요. (기준 1) 두 분이 이야기를 나누셔서 다른 사람과 상호작용하는 것에 대해 동의할 수 있는 것이 무엇인지 헤아려보시는 게 어때요? (기준 2)
초급 내담자 진술 4에 대한 예시 반응
당신의 마음속에는, 파트너들은 이런 종류의 큰 결정은 상의해야 한다고 보는 거죠. 그러나 어쨌든 당신의 파트너는 그걸 다르게 보네요. (기준 1) 관계에서 의사결정하는 방법에 대해 두 분이 이야기해보시지 그래요? (기준 2)
초급 내담자 진술 5에 대한 예시 반응
그래서 아빠에 대해 불문율이 있는데, 너희들 모두는 그게 아빠와의 관계에 영향을 미친다고 느끼는 거네. (기준 1) 어떻게 하면 좋을지 모두 이야기해 보는 게 어때? (기준 3)

연습 6 중급 수준의 내담자 진술에 대한 예시 반응

중급 내담자 진술 1에 대한 예시 반응

그래서 당신은 그녀가 육아에 덜 참여한다고 생각하시는 거네요. (기준 1) 당신의 육아 역할과 둘 다 알았으면 하는 것에 대해 그녀와 이야기하시는 게 어때요? (기준 2)

중급 내담자 진술 2에 대한 예시 반응

너는 엄마가 너의 주의를 끌려고 하면서 신체적으로 접촉하는 것이 불만이고, 그럴 필요가 없다고 느끼는구나. (기준 1) 엄마가 너의 주의를 끌려고 할 때, 어떻게 하면 더 좋은지를 바로 엄마에게 말하는 게 어때? (기준 2)

중급 내담자 진술 3에 대한 예시 반응

두 분이 롤러코스터를 타고 계시는데, 당신은 안정되고 싶고, 예측이 가능하기를 바라시는군요. (기준 1) 어떻게 그럴 수 있을지에 대해 두 사람이 이야기하시는 게 어때요? (기준 2)

중급 내담자 진술 4에 대한 예시 반응

그래서 당신은 저녁 내내 어디서 메시지를 놓쳤는지 궁금하셨나요? (기준 1) 두 분이 잠시 시간을 갖고, 예기치 않게 사람들이 올 때 어떻게 할지와 같이, 관계에서 규칙을 어떻게 소통할지 이야기하시는 게 어때요? (기준 2)

중급 내담자 진술 5에 대한 예시 반응

당신이 관계에서 이 새로운 접근에 대해 당황했을 것 같아요. (기준 1) 두 분이 폴리아모리에 대한 생각과 감정에 대해 말해 보시면 좋겠습니다. (기준 2)

연습 6 고급 수준의 내담자 진술에 대한 예시 반응
고급 내담자 진술 1에 대한 예시 반응
너는 여전히 나를 신뢰하지 않고, 네가 뭘 말하고 싶은지 확신하지 못한다는 게 이해가 가. (기준 1) 여기서 부모님과 너의 시간을 어떻게 쓰는 것이 가장 좋을지 이야기하는 게 어떨까? (기준 2)
고급 내담자 진술 2에 대한 예시 반응
저는 당신이 파트너를 압도하지 않기 위해 사고와 감정을 끊임없이 편집해야만 한다고 느끼는지 궁금해요. 하지만 당신은 어떤 지점에서 폭발한다는 것을 알고 계시지요. (기준 1) 저는 두 분이 일어나는 관계 이슈를 다루는 가장 좋은 방법을 논의하셨으면 해요. (기준 2)
고급 내담자 진술 3에 대한 예시 반응
당신은 그가 약속을 깨고 당신보다 어머니를 선택했다고 느끼시는군요. 그것 때문에, 당신은 그와 연결되어 있다는 느낌을 가질 기회를 놓쳤구요. (기준 1) 저는 당신이 살아가시면서 관계를 구축해온 가장 효과적인 방식을 듣고 싶어요. (기준 2)
고급 내담자 진술 4에 대한 예시 반응
그래서 당신은 시어머니가 가지고 계셨는지 알지도 못했던 규칙을 깨뜨렸던 거군요. 그리고 당신은 상처받았는데, 그는 무관심한 것처럼 보였구요. (기준 1) 두 분이 말씀하셔서 뜻을 같이하는 방법을 찾는 것이 어떠세요? (기준 2)
고급 내담자 진술 5에 대한 예시 반응
말해야 할 것과 말할 필요가 없는 것 사이의 경계를 어떻게 보는지에서 차이가 있는 것 같군요. (기준 1) 당신들 두 분이 말할 필요가 있는 것과 그럴 필요가 없는 것에 관해 이야기를 나누실 수 있을 것 같은데요? (기준 2)

연습 7 체계론적 질문: 관점 수용의 촉진

연습 7을 위한 준비

1. 제2장의 지침을 읽으라.
2. 미국심리학회 홈페이지 http://www.apa.org/pubs/books/deliberate-practice-systemic-family-therapy에서 의도적 실습 반작용 양식과 의도적 실습 일지 양식을 다운로드하라('임상가와 실천가 자원' 탭 참조: 또한 부록 A와 부록 B에서도 각각 얻을 수 있음).

연습 7을 위한 체계론적 상황

체계론적 치료자는 개인, 커플, 가족과 작업하고, 체계론적 관점으로부터 각 대상에 접근한다. **이 특수한 체계론적 기술을 위해, 여러분은 2명의 훈련생이 필요하다. 한 사람은 치료자이고, 한 사람은 내담자이다.** 우리는 각 내담자 지시 메시지 전에 몇 가지 사례 상황을 제공했다. 이 상황은 부가적인 배경 정보(예: '가족-아버지와 청소년 딸')가 따르는 관계 유형을 밑줄 친 텍스트의 형태로 먼저 진술한다. 내담자 역할을 하는 훈련생은 각 내담자 지시 메시지 앞에 있는 밑줄 친 텍스트를 소리 내어 읽도록 하라. 만약 특수한 지시 메시지로 설계된 내담자 역할을 하는 사람보다 더 많은 훈련생이 있다면, 한 명이나 그 이상의 훈

련생들은 그 특수한 지시 메시지의 역할극을 관찰할 수 있다. 내담자 역할을 하는 훈련생들이 내담자 진술을 읽을 사람과 관찰할 사람으로 역할을 바꿔 보면서 모든 사람이 연습에 참여할 기회를 가질 것을 권한다.

기술 설명

기술 난이도 수준: 중급

사려 깊은 질문은 내담자가 새로운 가능성을 고려하도록 하는 데 결정적으로 중요하다. 체계론적 질문의 한 가지 유형은 성찰적 질문이다(Tomm, 1988). *성찰적 질문reflexive question*은 내담자가 자신과 세계와 그들의 관계에 미치는 영향을 새로운 방식으로 생각하도록 한다. 많은 유형의 성찰적 질문이 있지만, 한 가지 중요한 유형은 *관점 수용 질문perspective-taking question*이다. 이 질문 기술은 내담자가 그들의 체계에서 다른 중요한 사람들의 관점을 취하도록 하는 것에 초점을 맞춘다. 처음에는 인지적 과정이지만, 관점 수용은 종종 공감과 이해를 하게 해서 관계적 변화를 촉진 시킨다. 내담자들은 흔히 스트레스를 받고, 잠재적으로 왔다 갔다 하는 마음 상태로 치료에 오기 때문에, 다른 사람에게 집중하는 관점을 촉진하는 것은 상당히 어려운 일일 수 있다. 관점 수용 질문은 도전적이거나 직면하지 않는 방식으로 이것을 하도록 하지만, 내담자 자신과 타인의 경험 간 깊은 이해를 추구한다. **전반적으로, 이 기술의 목표는 내담자가 특히 자신의 행동과 관련해서 다른 사람의 내적 경험에 대해 생각하도록 하는 것이다.** 비록 치료실 안에 있는 다른 내담자의 관점이 특히 중요할 수 있지만, 또한 치료실에 있지 않은 사람들(가장 절친한 친구처럼 가족체계의 외부에 있는 사람들을 포함해서)에 대해서도 질문할 수 있다. 관점 수용 질문은 정서(예: "당신이 그렇게 말할 때 당신의 파트너는 정서적으로 어떻게 될까요?"), 인지(예: "당신의 친구는 당신이 변화한 것에 대해 어떻게 생각할까요?"), 혹은 행동(예: "당신이 여기 있는 것에 대해 당신의 아버지는 어떻게 반응하실 것 같으세요?")을 강조할 수 있다. 관점 수용 질문은 현재에 초점을 맞추어 실시간으로 관점을 생각하게 하는 질문이다. 그 질문들은 단지 과거 경험(예: "네 보호관찰이 시작되었을 때, 엄마는 어떻게 생각하셨니?")에 대해 성찰하려는 의도가 아니다. 이 질문들은 내담자들이 충분히 고려하지 못했던 관점을 고려하고, 궁극적으로 관계에서 그들의 경험을 깊게 하도록 치료 내내 사용될 수 있다.

연습 7을 위한 기술 기준

1. 내담자의 이전 진술에 근거한 간단한 반영을 제공하라.
2. 내담자가 현재 순간이나 미래에 그들의 정서, 인지, 혹은 행동의 측면에서 다른 사람의 관점을 취하도록 초대하는 개방형 질문을 하라.
3. 이미 일어난 것에 대해서 질문하지 말아야 한다. (예: "당신이 그것을 경험했을 때, 당신의 파트너는 무엇을 느꼈고, 생각했고, 행동하였습니까?")

체계론적, 관점 수용 질문을 사용하는 치료자의 예시

예시 1

커플이 관계에서 친밀감을 향상하는 작업을 원하면서 처치에 참석한다.

파트너 1 *[감정을 보이면서]* 제 파트너는 항상 멍하니 있는 것 같아요. 때때로 저는 그에게서 어떤 반응을 끌어내려고 노력해요, 그래도 그가 아직도 뭔가에 관심이 있다는 걸 알기 위해서요!

치료자 당신은 그가 아직도 뭔가에 열정을 느낄 수 있다는 걸 아는 것이 중요하군요. (기준 1) 그가 이걸 듣고 있다면, 그는 어떻게 반응할 것 같으세요?(기준 2)

예시 2

커플이 소통 문제를 씨름하면서 갈등을 피하려고 처치에 참석한다.

파트너 1 *[걱정하면서]* 지난 몇 주간은 꽤 괜찮았어요, 하지만 우리는 정말로 어려운 주제에 대해서는 대화하지를 못했어요. 우리가 그것을 피하는 것 같아요.

치료자 그래서 좋았지만 아마도 두 분이 진짜 이슈들을 이야기하지 않았기 때문일 거라는 거죠. (기준 1) 이슈를 꺼내기 어려운 파트너의 감정은 무엇일까요? (기준 2)

예시 3

커플이 별거의 위기에 있고, 이 가능성에 대해 마음을 정하지 못한다.

파트너 1 *[의도적으로]* 저는 정말로 제 파트너를 잃고 싶지 않아요. 전 우리가 가졌던 것들을 기억하고, 정말로 그때로 돌아가고 싶어요. 어떻게 해야 할지는 모르지만, 그렇게 하고 싶어요.

치료자 당신은 정말 함께 있고 싶고 무엇이든지 하려고 하시는군요. (기준 1) 이 말을 들으면 파트너에게는 당장 어떤 일이 일어날 것 같으세요? (기준 2)

연습 7에 대한 지침

단계 1: 역할 연습과 피드백

- 내담자는 각 내담자 지시 메시지 앞에 있는 밑줄 친 텍스트를 소리 내어 읽는다.
- 내담자는 먼저 초급 내담자 진술을 말한다. 치료자는 기술 기준에 근거하여 반응을 **즉시 만들어 낸다.**
- 훈련자는(혹은, 가능하지 않다면, 내담자는) 기술 기준에 근거한 **짧은** 피드백을 제공한다.
- 그런 다음 내담자는 같은 문장을 반복하고, 치료자는 다시 반응을 즉시 만들어 낸다. 훈련자(혹은 내담자)는 다시 짧은 피드백을 제공한다.

단계 2: 반복

- **현재의 난이도 수준**(초급, 중급, 고급)**에서** 모든 진술에 대해 단계 1을 반복하라.

단계 3: 사정과 난이도 조정

- 치료자는 의도적 연습 반작용 양식(부록 A 참조)을 완성하고 더 쉽거나 더 어려운 연습을 만들지, 아니면 같은 난이도 수준을 반복할지 결정한다.

단계 4: 약 15분 동안 반복

- 최소한 15분 동안 단계 1에서 3을 반복하라.
- 그런 다음 훈련자는 치료자와 내담자 역할을 바꾼 다음 다시 시작하라.

⇨ 자, 이제 당신의 차례다. 지침에서 나온 단계 1과 단계 2를 따르라.

기억하라: 역할 연습의 목표는 훈련생이 (a) 기술 기준을 사용해서 (b) 훈련생에게 그럴듯하게 느껴지는 내담자 진술에 대한 반응을 즉시 만들어내는 연습을 하는 것이다. 각 내담자 진술에 대한 치료자 반응 예시들은 이 연습 뒷부분에 제공된다. 훈련생들은 예시 반응을 읽기 전에 자신의 반응을 즉시 만들어내도록 시도해야 한다.

연습 7에 대한 초급 수준의 내담자 진술

초급 내담자 진술 1

자녀가 부모와 거리를 두어서, 관계에 대해 걱정하는 관심사를 다루려고 부모와 자녀가 회기에 참석한다.

부모: [슬픈 표정으로] 저는 부모로서 제가 실수했다는 걸 알아요, 하지만 전 정말로 제 십대 자녀를 위해 함께 있고 싶었고, 특히 그 아이들이 나이 먹어가는 지금 그래요.

초급 내담자 진술 2

개인이 가족이 구성원들의 삶에서의 긍정적인 변화를 지지하지 않을 것이라고 우려한다.

[걱정스럽게] 저는 제가 이룬 변화들에 감사해요, 하지만 저는 그것들이 계속되지 않을까 봐 두려워요.

초급 내담자 진술 3

커플이 그들 관계에서 친밀감의 부족을 느끼고 있다.

파트너 1: [생각에 잠겨서] 우리는 둘 다 정말로 서로에 대해 배려를 하지만, 때때로 정말로 마음 통하기가 어려워요.

초급 내담자 진술 4

개인 내담자가 친한 친구와 우울한 감정을 나누는 것에 대한 질문에 반응한다.

[우울하게] 저는 제 우울감을 이야기함으로써 누군가에게 부담을 주고 싶지 않을 뿐이에요. 저는 그들을 밀어낼까 봐 걱정스러워요.

초급 내담자 진술 5

개인 내담자가 분노 관리를 다루는 기술 작업을 해오고 있다.

[희망적으로] 이번 주는 좋은 주였어요. 괜찮은 변화가 좀 있었고, 사람들에게 화를 내지 않았어요.

▶ 다음 난이도 수준으로 옮겨가기 전에 난이도를 사정하고 조정하라(연습 지침에서 단계 3 참조).

연습 7에 대한 중급 수준의 내담자 진술

중급 내담자 진술 1

커플이 서로 싸우는 주기에 갇혔다고 느끼고 있다.

파트너 1: [좌절감을 느끼는 듯이] 저는 늘 싸우는 게 지겨워요. 저는 직장에서 하루를 잘 보내고 집에 오는데, 제가 뭘 하든 상관없이, 우리는 늘 싸움으로 끝내게 돼요.

중급 내담자 진술 2

가족 – 아버지와 청소년 아들이 최근 청소년의 기분 변화를 걱정하고, 철회 행동에 주목한다.

아버지: [걱정스럽게] 그 아이는 늘 친구들을 데려오곤 했어요. 지금, 그 아이는 새로운 친구들이 생겼는데, 저는 그 아이를 보지 못해요.

중급 내담자 진술 3

커플이 그들 관계에 영향 미치는 대학원 스트레스를 알아차리고 처치를 시작한다.

파트너 1: [스트레스를 느끼며] 저는 파트너와 더 많은 시간을 보내고 싶지만, 대학원은 너무 힘들어요. 제가 충분히 공부하지 않으면, 모든 걸 잃을 수 있어요.

중급 내담자 진술 4

개인이 동성의 연애 파트너와 경험을 나누는 것에 대해 양가감정을 느끼고 있다.

[우울하게] 저는 가족이 이걸 안다면 저를 받아들일지를 모르겠어요. 그래서 저는 계속해서 가장을 해야 해요. 지치는 일이에요!

중급 내담자 진술 5

커플이 관계에서 외도를 무마하려는 시도 후에 처치에 돌아온다.

파트너 1: [화가 나서] 저는 정말 배신감을 느꼈어요! 파트너의 전화에 다른 남자로부터온 새 메시지가 있는 걸 보았어요. 제가 뭘 더 믿을지 모르겠어요!

▶ 다음 난이도 수준으로 옮겨가기 전에 난이도를 사정하고 조정하라(연습 지침에서 단계 3 참조).

연습 7에 대한 고급 수준의 내담자 진술

고급 내담자 진술 1

개인이 불안 관리에 대한 처치를 구한다.

[압도되어서] 저는 최근에 불안을 처리할 수가 없어요. 저는 매일 공황장애가 있는 것처럼 느껴져요.

고급 내담자 진술 2

커플이 관계에서 소통이 줄어드는 것 때문에 처치를 구하고 있다.

파트너 1: [혼란되어서] 우리는 가까웠는데, 파트너가 자기는 믿음의 위기를 겪고 있다고 말했어요. 그가 제 여동생에게는 말을 했지만, 제게는 아무 말도 안 했어요!

고급 내담자 진술 3

개인이 최근의 외상 경험이 자꾸만 불쑥불쑥 생각난다고 인지한다.

[슬프게] 제가 아무리 노력해도, 일어났던 일 생각을 멈출 수가 없어요. 걸어보려고도 하고, 자기 돌봄에 관한 어떤 걸 하려고도 하지만, 제 마음속에서 그걸 없앨 수가 없어요.

고급 내담자 진술 4

개인이 아버지의 상실로 상당한 슬픔을 경험하고 있다.

[슬프게] 저는 여전히 아버지가 너무 그리워요. 돌아가신 지 일 년이 됐지만, 여전히 매일 마음이 아파요.

고급 내담자 진술 5

부모와 청소년 딸이 그녀의 두 번째 정학 후 학교에 의해 처치에 의뢰되었다.

부모: [걱정하면서] 저는 제 딸 아이가 곤경에 처할 때마다 그 애를 구제할 수 없다는 걸 알아요. 하지만 그 아이는 자기 인생을 망치고 있어요! 이 모든 일이 그 아이의 기록으로 남아서 그 아이가 미래에 일을 얻지 못하게 하는 것이 너무 싫어요.

▶ 다음 난이도 수준으로 옮겨가기 전에 난이도를 사정하고 조정하라(연습 지침에서 단계 3 참조). 적절하다면, 훨씬 더 어려운 연습을 할 지침을 따르라(부록 A 참조).

치료자 반응 예시: 체계론적인, 관점 수용 질문

기억하라: 훈련생들은 예시 반응을 읽기 전에 그들 자신의 반응을 즉시 만들어 내도록 시도해야 한다. **만일 당신의 반응을 떠올리는 데 어려움이 있지 않다면 다음 반응 축어록을 읽지 말라!**

연습 7 초급 수준의 내담자 진술에 대한 예시 반응
초급 내담자 진술 1에 대한 예시 반응
당신이 아이를 위해 있어 준다는 것이 정말로 중요하네요. (기준 1) 아이가 그걸 들으면, 그에게 당장 무슨 일이 일어날까요? (기준 2)
초급 내담자 진술 2에 대한 예시 반응
변화가 계속되지 않는다고 생각하는 것은 늘 어려워요. (기준 1) 파트너가 이 말을 들으면 어떻게 반응할 것 같으세요? (기준 2)
초급 내담자 진술 3에 대한 예시 반응
마음이 통하는 것은 원할지라도 어려울 수 있어요. (기준 1) 파트너는 당신과 마음을 통하는 가장 효과적인 방법이 뭐라고 생각하나요? (기준 2)
초급 내담자 진술 4에 대한 예시 반응
네, 당신은 지금 많은 도움이 필요하니까 분명히 누구도 밀어내고 싶지 않군요. (기준 1) 만약 당신의 가장 좋은 친구가 여기에 있고, 당신이 그렇게 말하는 걸 들으면, 어떻게 반응할까요? (기준 2)
초급 내담자 진술 5에 대한 예시 반응
와, 훌륭한 주였던 것 같네요! (기준 1) 자녀들이 여기 있다면, 당신이 보여주는 어떤 차이가 그들에게 가장 큰 의미가 있었다고 말할까요? (기준 2)

연습 7 중급 수준의 내담자 진술에 대한 예시 반응
중급 내담자 진술 1에 대한 예시 반응
그것은 힘들고 실망스러운 거네요. (기준 1) 파트너는 그런 날들에 대해 어떻게 생각하는 것 같으세요? (기준 2)
중급 내담자 진술 2에 대한 예시 반응
당신은 정말로 아들을 보지 못하는 것처럼 들리네요. (기준 1) 만약 그가 당신이 그렇게 말하는 걸 들으면 어떻게 반응할까요? (기준 2)
중급 내담자 진술 3에 대한 예시 반응
정말 때때로 압도당하는 느낌일 수 있어요. (기준 1) 파트너가 지금 여기 있다면 뭐라고 할 것 같으세요? (기준 2)
중급 내담자 진술 4에 대한 예시 반응
자기 자신일 수 없다고 느끼는 건 너무 힘들어요. (기준 1) 당신의 가장 좋은 친구가 여기서 당신이 하는 말을 들으면 어떻게 반응할까요? (기준 2)
중급 내담자 진술 5에 대한 예시 반응
당신은 실의에 빠지고 불확실하게 느끼셔서 너무 힘든 거네요. (기준 1) 당신이 얼마나 상처받고 있는지를 들으면, 파트너는 어떻게 반응할 것 같으세요? (기준 2)

연습 7 고급 수준의 내담자 진술에 대한 예시 반응
고급 내담자 진술 1에 대한 예시 반응
그건 정말 힘들 것 같아요. (기준 1) 가족은 당신이 최근 겪고 있는 투쟁에 대해 어떻게 생각할까요? (기준 2)
고급 내담자 진술 2에 대한 예시 반응
파트너의 인생에서 중요한 부분을 차지하지 못한다는 것은 분명히 힘들 것 같습니다. (기준 1) 당신의 경험을 이야기하는 걸 그가 들으면, 파트너는 어떻게 할 것 같으세요? (기준 2)
고급 내담자 진술 3에 대한 예시 반응
그건 정말 힘들 것 같네요. (기준 1) 어머니가 이걸 들으면 어떻게 반응할 것 같으세요? (기준 2)
고급 내담자 진술 4에 대한 예시 반응
그는 정말로 당신에게 중요했고, 그래서 아직도 마음이 아프시다는 것이 이해가 갑니다. (기준 1) 만약 아버지가 지금 여기에 계셔서, 당신이 어떻게 느끼는지를 보신다면, 그분은 당신에게 뭐라고 말씀하실 것 같으세요? (기준 2)
고급 내담자 진술 5에 대한 예시 반응
당신이 사랑하는 누군가가 자신에게 상처를 입히는 것을 보는 것은 너무나 힘이 들어요. (기준 1) 따님이 여기에 있고 당신이 이렇게 말씀하시는 걸 들으면, 어떻게 반응할까요? (기준 2)

연습 8 희망 만들어내기

연습 8을 위한 준비

1. 제2장의 지침을 읽으라.
2. 미국심리학회 홈페이지http://www.apa.org/pubs/books/ deliberate-practice-systemic-family-therapy에서 의도적 실습 반작용 양식과 의도적 실습 일지 양식을 다운로드하라('임상가와 실천가 자원'탭 참조: 또한 부록 A와 부록 B에서도 각각 얻을 수 있음).

연습 8을 위한 체계론적 상황

체계론적 치료자는 개인, 커플, 가족과 작업하고, 체계론적 관점으로부터 각 대상에 접근한다. **이 특수한 체계론적 기술을 위해, 여러분은 3명의 훈련생이 필요하다. 한 사람은 치료자이고, 두 사람은 내담자이다.** 우리는 각 내담자 지시 메시지 전에 몇 가지 사례 상황을 제공했다. 이 상황은 부가적인 배경 정보(예: '가족-아버지와 청소년 딸')가 따르는 관계 유형을 밑줄 친 텍스트의 형태로 먼저 진술한다. 내담자 역할을 하는 훈련생은 각 내담자 지시 메시지 앞에 있는 밑줄 친 텍스트를 소리 내어 읽도록 하라. 만약 특수한 지시 메시지로 설계된 내담자 역할을 하는 사람보다 더 많은 훈련생이 있다면, 한 명이나 그 이상의 훈

련생들은 그 특수한 지시 메시지의 역할극을 관찰할 수 있다. 내담자 역할을 하는 훈련생들이 내담자 진술을 읽을 사람과 관찰할 사람으로 역할을 바꿔 보면서 모든 사람이 연습에 참여할 기회를 가질 것을 권한다.

기술 설명

기술 난이도 수준: 중급

희망을 만들어 내는to engender hope 치료자의 능력은 치료적 관계의 중요한 부분이다. 그러나 커플·가족치료자에게 변화를 촉진하는 것은 특히 아주 중요한 기술이다. 가족체계 안에서 개인이 관계적 스트레스를 경험할 때, 그들은 자신들에 대한 사고나 감정, 그리고 다른 사람들과의 연결이 어려워지기 쉽다. 그들은 사기가 떨어질 수도 있다. 희망은 신뢰, 기대나 일이 잘될 것에 대한 포부 같은 더 낙관적인 사고와 감정을 위한 기초를 제공하면서, 이러한 스트레스에 대한 해독제의 역할을 하게 된다(Carlson & Dermer, 2017). 희망은 변화에 대한 기대와 밀접하게 연관되는데, 치료적 공통요인으로 밝혀져 왔으며, 치료적 변화의 15%를 설명하는 것으로 추정된다(Lambert, 1992). 희망이 존재하지 않을 때, 커플, 가족체계 안에 있는 사람들은 절망감을 더 많이 느끼게 될 뿐 아니라, 그들 관계 안에서 상호작용을 개선할 수 있는 행동을 고려하기를 꺼린다. 따라서 희망 만들어내기는 개인, 커플과 가족에게 구체적인 목표를 설정하도록 동기를 부여하고, 결과적으로 관계 만족과 향상된 가족 상호작용을 달성하는 데 필요한 변화를 만들어내는 능력이 있다. **이 기술의 목표는 치료자가 내담자 체계 안에서 희망을 만들어내는 단계를 배우게 하는 것이다.**

희망을 만들어내기 위하여, 체계론적 치료자는 처치집단 내에서 현재의 느낌, 관점과 귀인들을 고려할 필요가 있다. 체계론적 치료자는 또한 가족들의 고통이나 절망을 덜어주는 문제 해결이나 향상된 상호작용이 가능하다는 것을 그려보게 하면서 가족 구성원들의 강점을 부각하는 방식으로 가족과 상호작용을 할 필요가 있다. 희망을 불러일으키려 할 때, 치료자는 가족 구성원들에게 비현실적이거나 그릇된 가능성(예: "그는 이제 곧 마약을 하지 않을 거예요."라든가 "여러분 같은 관계는 언제나 좋아질 거예요.")을 제시하지 않도록 하는 것이 중요하다. 그렇게 하는 대신에, 희망 만들어내기는 현실적으로 가족 구성원의 강점 구축에 초점을 두고, 그것을 현재의 실재에 연결함으로써 가장 잘 성취해낼 수 있다(예: "선생님께서 아드님에게 보여주는 배려와 관심이 이 과정을 극복해나가는 데 너무 중요합니다."라든가 "두 분 모두 커플로서 더 가까워지려는 아주 강한 바람을 보여주시네요. 그건 처치를 받는 과정에 좋은 출발이 될 겁니다."). 궁극적으로, 치료자는 신중한 성찰이나 타당화를 제공함으로써 희망을 불러일으킨 다음, 향상된 상호작용을 촉진하는 데 도움이 되는 내담자의 강점이나 속성에 대한 현실적인 평가를 제공한다. 이것이 이루어지면, 가족체계의 구성원들은 서로에 대한 더 긍정적인 상호작용을 시작할 뿐만 아니라 더 생산적이고 구체적인 목표를 개발하기 시작한다.

연습 8을 위한 기술 기준

1. 간단한 반영을 해주거나 내담자 진술에 기초한 구체적인 느낌을 타당화해서, 당면한 문제에 대한 그들의 관점을 이해하고 있음을 전달하라.
2. 당신이 들은 강점에 기초해서, 그들의 느낌이나 입장에 대한 대안적인 관점을 제공하라.
3. 당신이 제공한 관점이 그들의 목표나 전망과 어떻게 연결되는지를 내담자와 함께 확인하라.

희망 만들어내기 기술을 사용하는 치료자의 예시

예시 1

아버지와 청소년 아들이 그 청소년 아들의 약물 사용이 드러난 후에 처치에 참석한다.

청소년 [*화가 나서*] 아빠가 항상 저를 쫓아다니기 때문에, 제가 약을 하지 않는다는 것을 확인시켜 주려고 오늘 여기에 왔어요. 아빠는 제가 대마초를 안 피운다고 해도, 마음을 놓지 않아요.

아버지 *[의도적으로 고개를 끄덕이지만, 침묵을 지킨다]*

치료자 너는 대마초를 안 피울 수 있게 되었는데도, 아빠는 마음을 놓지 않아 스트레스를 받는구나. (기준 1) 이 말을 들으니, 두 분 모두 여러분의 삶에서 대마초를 끊으려고 정말로 심각하게 노력하고 있다는 것을 알겠어요. (기준 2) 아빠가 너를 확인하는 것이 네 인생에서 대마초를 몰아내려는 너의 목표와 어떻게 맞아떨어지는 거 같니? (기준 3)

예시 2

커플이 최근의 외도 사건 이후 처치를 받으려 한다.

파트너 1 *[절망적으로]* 이 관계에서 기쁨을 느끼기 시작할 때마다, 저는 그가 다시 신뢰를 저버릴까 봐 걱정되어서, 여러 번 반복해서 그에게 말하게 돼요. 언젠가 제가 미쳐버릴 것 같아요.

파트너 2 *[눈을 내리깔고]* 어떻게 해야 할지 모르겠어요.

치료자 관계에서 기쁨을 경험하기 시작할 때, 당신의 걱정과 두려움이 나타나서, 어떻게 해야 할지 모르겠군요. (기준 1) 파트너에게 당신이 어떻게 느끼는지 말하는 것을 두려워하시지 말라고 말씀드립니다. 많은 커플이 처치 과정을 시작해서 그들이 어떻게 느끼는지 나누고, 그리고 서로가 들어주는 방식으로 반응하는 방법을 배우게 됩니다. (기준 2) 저는 이런 게 당신과 파트너가 처치를 시작하고 싶은 지점이 아닐까 싶은데요? (기준 3)

예시 3

어머니와 12살 아들이 교실에서의 '주의를 끌려는' 행동으로 학교에서 전화를 받은 후에 처치를 받으려 한다.

어머니 *[걱정스럽게]* 저는 아들이 계속 치료를 받게 했어요. 하지만 이 아이는 계속해서 학교에서 문제 행동을 해요. 어떤 것도 변하지 않는다면, 이 아이가 학교에서 쫓겨날까 봐 걱정돼요. 그러면 어떻게 되는 거죠? 저는 아이가 자기 행동에 결과가 따른다는 것을 배웠으면 좋겠어요.

아들 *[부끄러워하며]* 제게 무슨 일이 닥쳤는지 잘 모르겠어요.

치료자 어머니, 당신은 아드님의 행동에 앞서서 처치를 받게 하려고 했군요. 그러나 그의 미래에 대한 걱정이 남아 있고요. 동시에, 아드님은 그의 행동을 이해하려고 노력하지만, 마음대로 잘 안 되는 것 같습니다. (기준 1) 두 사람 모두 목표에 도달하는 방식으로 행동하는 방법을 더 잘 알고 싶어 하시는 것 같아요. 이건 치료 과정의 중요한 부분이 되죠. (기준 2) 두 분 각자가 작업하고 싶은 행동 목표가 무엇인지 이야기하실 수 있습니까? (기준 3)

연습 8에 대한 지침

단계 1: 역할 연습과 피드백

- 내담자는 각 내담자 지시 메시지 앞에 있는 밑줄 친 텍스트를 소리 내어 읽는다.
- 내담자는 먼저 초급 내담자 진술을 말한다. 치료자는 기술 기준에 근거하여 반응을 **즉시 만들어 낸다.**
- 훈련자는(혹은, 가능하지 않다면, 내담자는) 기술 기준에 근거한 **짧은** 피드백을 제공한다.
- 그런 다음 내담자는 같은 문장을 반복하고, 치료자는 다시 반응을 즉시 만들어 낸다. 훈련자(혹은 내담자)는 다시 짧은 피드백을 제공한다.

단계 2: 반복

- **현재의 난이도 수준**(초급, 중급, 고급)**에서** 모든 진술에 대해 단계 1을 반복하라.

단계 3: 사정과 난이도 조정

- 치료자는 의도적 연습 반작용 양식(부록 A 참조)을 완성하고 더 쉽거나 더 어려운 연습을 만들지, 아니면 같은 난이도 수준을 반복할지 결정한다.

단계 4: 약 15분 동안 반복

- 최소한 15분 동안 단계 1에서 3을 반복하라.
- 그런 다음 훈련자는 치료자와 내담자 역할을 바꾼 다음 다시 시작하라.

⇨ 자, 이제 당신의 차례다. 지침에서 나온 단계 1과 단계 2를 따르라.

기억하라: 역할 연습의 목표는 훈련생이 (a) 기술 기준을 사용해서 (b) 훈련생에게 그럴듯하게 느껴지는 내담자 진술에 대한 반응을 즉시 만들어 내는 연습을 하는 것이다. 각 내담자 진술에 대한 치료자 반응 예시들은 이 연습 뒷부분에 제공된다. 훈련생들은 예시 반응을 읽기 전에 자신의 반응을 즉시 만들어내도록 시도해야 한다.

연습 8에 대한 초급 수준의 내담자 진술

초급 내담자 진술 1

커플이 화해를 하기 위해 지지를 구하고 있지만, 한 파트너가 치료에 참석하기를 주저한다.

파트너 1: [확신하지 못하면서] 파트너는 저를 저버렸어요. 저는 우리가 다시 함께할 수 있을지 모르겠어요. 제가 상담을 받자고 했지만, 그는 과거에 좋은 경험들이 별로 없어서, 그게 효과가 있을지 모르겠어요. 저한테는 과거에 치료가 확실히 도움이 됐어요.

파트너 2: [어깨를 으쓱하고, 시선을 돌린다]

초급 내담자 진술 2

어머니와 청소년 자녀가 청소년의 최근 폭음 행동으로 인해 처치를 구하고 있다.

청소년: [화를 내며] 그 맥주는 엄밀히 말하면 제 것이 아니었고, 어쨌든 이런 일이 항상 있었던 것도 아니에요. 저는 다른 사람처럼 실험해보면, 안되나요? 저는 교훈을 얻었어요.

어머니: [걱정하면서] 나는 그 이상이 될까 봐 걱정한다, 얘야.

초급 내담자 진술 3

부모가 아이들에게 집안 정리하라고 하는 것에 따르지 않자, 부모가 역할에 대한 지지를 추구하고 있다.

부모 1: [좌절감을 느끼며] 저는 완전 나가 떨어졌어요. 제가 하는 것이라곤 애들이 어질러 놓은 것을 치우지 않는다고 소리 지르는 거인데, 그래도 소용이 없어요. 소리 지르는 것이 한 가족으로서 함께 했던 좋은 시간을 다 사라지게 만드는 것 같아요.

부모 2: [비웃으며] 맞아요, 그건 도움이 되지 않는 것 같아요.

초급 내담자 진술 4

커플이 그들 관계에서 소통과 연결이 예전 같지 않다고 보고한다.

파트너 1: [슬프게] 진실은, 우리 관계가 한동안 안 좋았다는 거예요. 그는 일이 너무 많아요. 그가 일하지 않을 때는 "휴식이 필요해"라고 말해요. 우리가 뭔가를 알아내지 못하면, 우리 둘 다 휴식이 필요할 것 같아 걱정이에요.

파트너 2: [단호하게] 저는 때때로 휴식이 필요해요!

초급 내담자 진술 5

한 부모와 17세 청소년 자녀가 청소년의 우울에 대한 걱정으로 치료에 참석한다.

청소년: [반항적으로] 저는 이 치료라는 게 효과가 있을지 모르겠어요. 저는 치료에 오는 게 제 부모님이 저를 더 잘 이해하기 시작하는 것을 의미한다고 생각해요. 그들은 여전히 제가 안 좋은 것만 보는 거 같아요.

부모: [조용히] 우리는 너를 이해하려고 정말로 노력하고 있어. 힘들구나.

▶ 다음 난이도 수준으로 옮겨가기 전에 난이도를 사정하고 조정하라(연습 지침에서 단계 3 참조).

연습 8에 대한 중급 수준의 내담자 진술

중급 내담자 진술 1

위탁 부모가 그들의 어린 위탁 자녀가 떼쓰는 행동을 보이자 처치를 받으려 한다.

부모 1: **[자포자기하는 것 같이, 한숨을 쉬며]** 우리는 그 아이와 함께 처치에 와서, 전에 이 훈련을 받은 적이 있어요. 그 아이의 행동은 한동안 나아지다가, 또 예전과 같은 모습으로 돌아가는 걸 보게 돼요. 사태가 변화하고 있는지 모르겠지만, 어쨌든 우리는 여기 있네요.

부모 2: **[슬프게]** 우리는 치료를 받으려고 전심전력하고 있어요, 그런데 그 아이를 다룰 수 없을 거라는 생각에 슬퍼져요.

중급 내담자 진술 2

커플이 복잡한 트라우마의 역사로 인해 처치에 참석한다.

파트너 1: **[울면서]** 저는 관계에서 이렇게 일찍 커플치료를 받을 거라곤 생각도 못했어요. 여기에 앉아있으려니, 제 이전 파트너와 함께할 때 겪었던 모든 경고 사인이 생각나요. 두려워요. 저는 그런 일을 다시 겪을 수는 없어요.

파트너 2: **[조용히, 거리를 두고]** 저는 늘 그녀에게 말해요. 저는 그런 실패자가 아니라고요, 하지만 그녀는 제 말을 듣지 않아요. 그녀를 어떻게 도와줄지 모르겠어요.

중급 내담자 진술 3

커플 – 여성 파트너가 배우자에 대한 열정이 부족함을 표현한다.

파트너 1: **[울려고 하면서]** 저는 우리가 어쩌다가 예전에 느꼈던 그토록 많은 매력을 느끼지 못하는 이런 지점에 이르렀는지 모르겠어요. 저는 그와 함께 있고 싶어 한다는 것을 알아요, 하지만 그건 방해가 되는 다른 일들처럼 느껴져요.

파트너 2: **[슬프게]** 그녀가 저렇게 말하는 걸 듣는 것이 힘들어요. 저는 여전히 그녀와 함께 있고 싶거든요.

중급 내담자 진술 4

한 청소년이 부모에게 운동을 계속하고 싶지 않다고 말하는 것을 힘들어 한다.

청소년: **[걱정스럽게]** 음, 부모님께 운동이 더이상 제게 중요하지 않다고 말씀드리기가 힘들어요. 제 말은, 그러니까 그건 우리가 한 가족으로서 한 것이죠. 엄마는 배구를 코치해주면서, 항상 제 나이에 그녀가 했던 모든 좋은 운동을 이야기해요. 저는 지금 당장은 운동에 관심을 기울일 수 없어요.

어머니: **[무미건조하게]** 그렇다면, 너의 '플랜 B'가 무엇인지를 확실히 해야지. 아이들은 적극적인 활동이 필요해.

중급 내담자 진술 5

한쪽 부모와 청소년이 청소년의 약물 사용 이슈 때문에 보호관찰소에서 처치를 받고 있다.

부모: [비난하듯이] 그의 약물 검사 결과는 양성이었어요. 이번에는 대마초가 아니고, 암페타민[5]이요. 우리가 이 소식에 흥분되어야 하나요? 둘 다 그가 고등학교를 마치고 보호관찰을 받는 데 도움이 안 돼요.

청소년: [수치스러워하며] 제가 망쳐버렸어요.

▶ 다음 난이도 수준으로 옮겨가기 전에 난이도를 사정하고 조정하라(연습 지침에서 단계 3 참조).

5) 역자 주: 암페타민은 피로와 식욕을 낮추고 기민성을 증가시키는 중추신경계 각성제의 일종으로, 주로 주의력결핍과다행동장애(ADHD), 기면증, 비만증 등의 치료제로 쓰인다. 또한 일시적으로 반응속도, 근력의 향상을 보여 경기력 향상 약물로 남용되기도 했다.

연습 8에 대한 고급 수준의 내담자 진술

고급 내담자 진술 1

동성애 커플이 한 파트너의 불안 때문에 처치를 받으려 한다.

파트너 1: **[흐느끼면서]** 불안 때문에 외로움을 느껴요. 그녀는 늘 다른 방에 앉아있거나 내 주변에서 눈치를 보며 걸어요. 그건 도움이 되질 않아요.

파트너 2: **[거리를 두고]** 내가 돕고 싶지 않은 건 아니잖아요. 사실, 저는 그녀를 어떻게 도울지 모르겠어요. 저는 항상 그녀를 악화시키는 것처럼 느껴져요. 왜 제가 그녀를 그렇게 상처 주고 싶겠어요?

고급 내담자 진술 2

아버지와 청소년 딸이 어머니의 죽음 이후 처치에 참석한다.

아버지: **[슬퍼서, 조용히 말하며]** 전 말할 것이 별로 없어요. 친구나 관계에 대한 그녀의 선택이 의심스럽지만, 내버려 두어요. 걔 엄마가 항상 이 문제를 처리했어요. 그녀는 조언을 해주는 요령이 있었고, 딸에게 지시를 내려주고 지지를 해주는 일을 참 잘했어요.

딸: **[팔짱을 끼고, 눈동자를 굴리며]** 아빠가 잊으셨나 본데, 엄마는 가고 없어요. 저는 지금 아빠가 친구들에 대한 제 선택을 주목한다는 것에 충격을 받았어요.

고급 내담자 진술 3

커플이 갈등이 심해서 처치에 참석하는데, 한쪽 파트너가 관계를 떠나는 것에 대해 숙고하고 있다.

파트너 1: **[내키지 않는 듯이]** 그녀의 기분을 이야기하는 것이 힘들어요. 먹혀들어 가지 않아요. 일이 생겼을 때 해결책을 찾을 수 있으면 훨씬 더 쉬웠을 거예요. 그녀는 내가 그녀를 사랑한다는 것과 이것이 먹히기를 바란다는 걸 알고 있어요.

파트너 2: **[상처받은 듯이, 울면서]** 언젠가 내 감정이 인정받을지 모르겠어요. 결혼 기간 내내 그랬는데, 그 사람은 여전히 그걸 알아차리지 못해요. 이렇게 계속 갈 수는 없어요.

고급 내담자 진술 4

부모가 아들의 행동을 다루는 전략에 대해 도움을 구하고 있다.

어머니: **[처음에는 흥분되어서, 그리고는 걱정스럽게]** 육아서에서 아이에게 뭘 하기 전에 눈을 맞추라고 해서 그대로 시도했는데, 그게 효과적이었어요! 하지만 아이 아빠는 제가 제안한 걸 좋아하지 않는 것 같아요.

아버지: **[화가 나서, 배우자에게 끼어들며]** 그 애는 제가 하라는 걸 이미 하고 있어요, 그런데 우리가 왜 바꾸어야 하는 거죠?

고급 내담자 진술 5

한쪽 부모와 청소년 자녀가 그 자녀의 자해행동(몸에 상처 내기)에 대한 처치에 참여하고 있다.

청소년: **[목소리를 높이며]** 몸에 상처를 낸 것은 제가 그냥 한 거라고 계속 말씀드렸잖아요. 잘 모르겠지만 그게 제 기분을 더 낫게 할 거예요. 자살하려고 한 것은 아니고, 또 치료센터에 다시 돌아가고 싶었던 것도 아니에요. 치료센터는 전혀 도움이 안 되었어요.

부모: **[울면서]** 네가 확실히 안전하기 위해서 뭘 해야 할지 모르겠다. 난 그냥 이해가 안 돼.

▶ 다음 난이도 수준으로 옮겨가기 전에 난이도를 사정하고 조정하라(연습 지침에서 단계 3 참조). 적절하다면, 훨씬 더 어려운 연습을 할 지침을 따르라(부록 A 참조).

치료자 반응 예시: 희망 만들어내기

기억하라: 훈련생들은 예시 반응을 읽기 전에 그들 자신의 반응을 즉시 만들어내도록 시도해야 한다. **만일 당신의 반응을 떠올리는 데 어려움이 있지 않다면 다음 반응 축어록을 읽지 말라!**

연습 8 초급 수준의 내담자 진술에 대한 예시 반응
초급 내담자 진술 1에 대한 예시 반응
당신들의 관계에 무슨 일이 일어날지, 또 상담이 당신과 파트너가 고려할 수 있는 길이 될 수 있을지 모르겠다는 것으로 들리네요. (기준 1) 당신들 중 한 사람이 과거에 치료가 유익하다고 생각했고 당신에게는 도움이 되었지만, 다른 한 사람은 여전히 그게 어떻게 도움이 될지 혹은 도움이 될 수 있는지를 고려하고 있군요. (기준 2) 저는 그게 두 사람 모두에게 잘 맞는지를 알기 위해 당신들 각자가 치료에 대한 경험과 관심사의 일부를 서로 이야기하는 것이 어떨까 싶어요. (기준 3)
초급 내담자 진술 2에 대한 예시 반응
너는 엄마가 너를 통제하는 거라고 보기 원하는구나, 하지만 엄마는 음주가 네게 무엇을 의미하는지에 대해 아주 걱정하고 계셔. (기준 1) 들어보니, 어머님과 아드님 두 사람은 모두 다른 관점을 가지고 있다는 걸 알겠어요, 하지만 두 사람은 또한 모두 비슷한 걱정을 갖고 계셔요. (기준 2) 서로의 걱정에 대해 듣는 것이 문제를 해결해 나가는 데 어떻게 도움이 될까요? (기준 3)
초급 내담자 진술 3에 대한 예시 반응
아이들을 따라다니면서 치우라고 소리 지르는 것이 감정적으로 힘들고, 또 소리 질러도 나아지는 게 없다고 생각하시는 것 같군요. (기준 1) 좌절감을 느끼기도 하지만, 당신의 목표는 한 가족으로서 함께 좋은 시간을 보내는 것이네요. 그것은 정말 아이들이 집안일에 더 순종하게 되는 괜찮은 단계입니다. (기준 2) 자녀들과 더 좋은 시간을 원하는 것이 가족에 대해 그리는 변화와 어떻게 어울립니까? (기준 3)
초급 내담자 진술 4에 대한 예시 반응
한동안 두 분의 관계가 힘들어서 슬프신 것 같습니다. (기준 1) 동시에, 두 분은 휴식과 함께하거나 떨어져 있는 시간이 앞으로의 관계에서 어떻게 작용할지를 헤아리는 것이 중요하다고 보시는 것 같습니다. (기준 2) 두 분은 어떤 종류의 함께함과 떨어짐을 서로에게서 구하는지를 이야기하실 수 있으세요? (기준 3)

초급 내담자 진술 5에 대한 예시 반응

가족치료를 받고 노력했는데도, 너는 계속해서 이해받지 못한다고 느껴져서 좌절감을 느끼는 것 같구나. (기준 1) 당신들 두 분이 여기서 함께 작업하는 걸 보면 서로를 다르게 이해해 보려고 굉장히 노력한다는 생각이 들어요. 비록 시간이 좀 들고 힘들긴 하지만요. (기준 2) 저는 서로를 다르게 이해하려고 노력하는 것이 치료에 대한 당신들의 목표와 어떻게 어울리는지 궁금합니다. (기준 3)

연습 8 중급 수준의 내담자 진술에 대한 예시 반응

중급 내담자 진술 1에 대한 예시 반응

당신 가족에서의 변화에 대해 작업하는 과정이 때때로 힘들고, 실망스럽고, 심지어는 그런 사실이 위탁에도 영향을 미칠 수 있음을 걱정하시는 것처럼 들리네요. (기준 1) 동시에, 당신은 보고 싶은 행동과 더 나아지고 싶은 행동이 섞여 있는 걸 알고 계시는데, 이것은 위탁에 대해 계속해서 괜찮다고 느끼게 해요. (기준 2) 당신이 보고 싶은 더 나은 행동에 초점을 두는 것이 당신 가족이 앞으로 나아가려는 희망과 어떻게 맞아떨어질까요? (기준 3)

중급 내담자 진술 2에 대한 예시 반응

[파트너 1에게] 사태가 과거 관계를 상기시킬 때, 당신은 두려워지는군요. [파트너 2에게] 당신이 그녀를 안심시키려고 해도, 그녀가 당신 말을 듣고 있는지 확신할 수 없군요. (기준 1) 당신들 모두 이 과거 관계가 얼마나 힘들었는지 인정하고, 당신들의 방식으로 그걸 되풀이하지 않으려고 노력하시는 것 같습니다. (기준 2) 저는 서로의 걱정을 더 충분히 들을 수 있게 하는 첫 단계로서 두 분 각자가 무엇을 생각하는지가 궁금하네요. (기준 3)

중급 내담자 진술 3에 대한 예시 반응

두 분의 관계에서 보는 변화를 인정하는 것은 정말 힘들 거예요. (기준 1) 동시에, 두 분이 무엇을 보는지, 그리고 두 분이 어떻게 여전히 함께하고 싶은지에 대해 서로 이야기하는 것이 관계를 개선하고 다시 바람을 갖는 데 결정적입니다. (기준 2) 두 분이 다시 연결되고 싶은 방식에 대해 서로 이야기하실 수 있을까요? (기준 3)

중급 내담자 진술 4에 대한 예시 반응

관심사가 변하고 예전과 달라질 때, 가족 안에서 대화를 하는 게 정말로 힘들어질 수 있지. (기준 1) 이렇게 생각하니 나는 네가 좋아하지 않는 것에 관심이 가기보다는 네가 정말로 좋아하는 활동의 종류가 무엇인지 궁금해지는구나. 너는 운동 밖에서라도 참여할 좋은 활동을 갖는 것이 네 목표라고 말하는 것 같아서 말이야. (기준 2) 운동이 아니라면, 네가 초점을 맞추고 싶은 것이 무엇인지에 대해 대화를 시작하는 것이 어떠니? (기준 3)

중급 내담자 진술 5에 대한 예시 반응

선생님은 아드님이 보호관찰을 받으면서 학교를 끝내는 것에 새로운 장벽이 있을 거라고 심각하게 걱정하고 계시네요. (기준 1) 부모가 걱정하고 지켜보는 것은 청소년이 회복하도록 돕는 데 중요하고, 그는 마리화나를 사용하지 않는 것에 성공을 해왔지요. 그래서 선생님과 아드님 모두 이 목표에서 중요한 역할을 했어요. (기준 2) 저는 선생님의 걱정과 그가 마리화나를 사용하지 않는 것이 그가 계속해서 앞으로 나아가는 것에 어떻게 도움이 될지 궁금합니다. (기준 3)

연습 8 고급 수준의 내담자 진술에 대한 예시 반응

고급 내담자 진술 1에 대한 예시 반응

당신은 외로우신 것 같고, 또 사태를 악화시킬까 봐 어떻게 도와야 할지 확신하지 못하시는 것 같아요. (기준 1) 당신은 여러 방식으로 불안을 진정시키면서 서로 연결되고 싶은데, 아직 어떻게 할지를 모르는 것 같아요. (기준 2) 서로 연결되는 것이 한 커플로서 두 분의 불안 경험을 어떻게 도울 수 있을지 더 말해주세요. (기준 3)

고급 내담자 진술 2에 대한 예시 반응

두 분이 어머니를 얼마나 그리워하는지 그리고 가족을 이끄는 데 있어서 어머니가 수행했던 역할이 얼마나 중요했는지 알 수 있어요. (기준 1) 아버님, 당신은 잘 이끌어오셨지만, 그것이 주로 엄마의 역할이었기 때문에, 그렇게 이끄시는 데 확신이 없으신 것 같습니다. 동시에 따님은 그녀가 여기에 왔고 당장 어떤 지지가 필요하다는 것을 당신에게 상기시키는 것으로 보입니다. (기준 2) 만약 아버님이 조언하고 지지하는 역할을 시작한다면 어떻게 될지 함께 탐색해 보실 수 있을까요? (기준 3)

고급 내담자 진술 3에 대한 예시 반응

파트너가 필요로 하는 것을 줄 수 있는지에 대해 불확실하다는 것은 커플에게 힘들 수 있어요. (기준 1) 그런데 두 분 모두 이러한 상태를 더 낫게 만들려는 사랑과 헌신 같은 중요한 감정을 공유하고 계시네요. (기준 2) 두 분이 느끼는 각자의 감정이 결혼을 잘 유지하게 하는 목표에 얼마나 중요한지를 이야기해보지요. (기준 3)

고급 내담자 진술 4에 대한 예시 반응

어머님, 당신은 아들의 주의를 끄는 새로운 전략으로 성공을 거둔 것처럼 보이네요. 그리고 아버님, 당신에게 이것은 별 관심사가 아니었던 것 같습니다. (기준 1) 종종 부모들은 그들에게 이미 효과적이었던 걸로 시작할 때 아이들의 행동 변화를 정말 잘 일으킬 수 있어요. (기준 2) 아드님을 다루는 것에 대해 두 분이 동의할 수 있는 구체적인 행동이 있는지가 궁금하네요. (기준 3)

고급 내담자 진술 5에 대한 예시 반응

이건 감정적인 주제이고, 함께 이야기할 아주 중요한 거예요. (기준 1) 두 분의 방식으로, 모두 상처 내는 행동을 더 잘 이해하고 싶은 것 같아요. 그것은 안전하게 만드는 데 중요한 부분이 됩니다. (기준 2) 안전에 대한 두 분의 목표에 대해 서로 더 많이 이야기하실 수 있나요? (기준 3)

연습 9 다양성에 주의 기울이기

연습 9를 위한 준비

1. 제2장의 지침을 읽으라.
2. 미국심리학회 홈페이지http://www.apa.org/pubs/books/deliberate-practice-systemic-family-therapy에서 의도적 실습 반작용 양식과 의도적 실습 일지 양식을 다운로드하라('임상가와 실천가 자원'탭 참조: 또한 부록 A와 부록 B에서도 각각 얻을 수 있음).

연습 9를 위한 체계론적 상황

체계론적 치료자는 개인, 커플, 가족과 작업하고, 체계론적 관점으로부터 각 대상에 접근한다. **이 특수한 체계론적 기술을 위해, 여러분은 <u>3명의 훈련생</u>이 필요하다. 한 사람은 치료자이고, 두 사람은 내담자이다. 우리는 각 내담자 지시 메시지 전에 몇 가지 사례 상황을 제공했다.** 이 상황은 부가적인 배경 정보(예: <u>'가족–아버지와 청소년 딸'</u>)가 따르는 관계 유형을 밑줄 친 텍스트의 형태로 먼저 진술한다. 내담자 역할을 하는 훈련생은 각 내담자 지시 메시지 앞에 있는 밑줄 친 텍스트를 소리 내어 읽도록 하라. 만약 특수한 지시 메시지로 설계된 내담자 역할을 하는 사람보다 더 많은 훈련생이 있다면, 한 명이나 그 이상의 훈련생들은 그 특수한 지시 메시지의 역할극을 관찰할 수 있다. 내담자 역할을 하는 훈련생들이 내담자 진술을 읽을 사람과 관찰할 사람으로 역할을 바꿔 보면서 모든 사람이 연습에 참여할 기회를 가질 것을 권한다.

기술 설명

기술 난이도 수준: 고급

앞에 나온 기술 설명에서 살펴보았듯이, 치료동맹을 구축하는 것은 성공적 치료의 핵심 역량이며, 내담자에게 있어서 긍정적 변화를 의미 있게 예측하는 요인이다(Wampold & Imel, 2015). 특히 유대와 관련해(Bordin, 1979), 치료동맹과 깊이 연루되어있는 한 기술을 추가적으로 언급하자면, 그것은 바로 치료 관계에서 다양성과 공평성에 주의 기울이기attending to diversity and equity이다. **이 기술의 목표는 치료자가 내담자와 다양성에 관련된 대화를 의도적으로 갖게 하는 것이다.** 다양성과 공평성에 주의 기울이기는 치료자와 내담자 체계 간 공감적 연결을 구축하는 데 필수적이다. 그것은 두 가지 중요한 기능을 한다. (a) 각자의 독특한, 여러 정체성과 그 정체성에서의 경험을 인정하는 것과 (b) 긍정적인 변화를 촉진할 수 있는 문화 차이와 관계 내에서의 권력에 대한 중요한 담론을 끌어내는 것이다(Crenshaw, 1991; Mock, 2008; Sue & Sue, 2015). 내담자의 사회적 정체성과, 여러 정체성의 교차는 한 사람의 경험을 이해하는 데 유의미할 뿐만 아니라, 치료 과정에 더 적극적으로 참여하게 하는 치료적 대화와 상호작용을 촉진하는 중요한 잠재력을 제공한다.

때때로 내담자들은 그들의 사회적 정체성, 그들이 경험하는 불평등, 그리고 치료자에 대한 그들의 지각에 관해서도 이야기를 꺼낸다. 하지만, 치료자가 이러한 주제를 치료적 관계 안으로 가져오는 안전한 공간을 만들어내지 못하면, 종종 이러한 생각과 경험은 표면 아래에 머물러있다(PettyJohn et al., 2020). 따라서 다양성과 공평성에 주의 기울이기는 체계론적 치료자가 이론틀 안에서 훈련받는 것을 넘어서서 다양한 가족문화와 사회적 과정으로 나아가는 실질적인 기술이다. 이 연습은 실제로 치료자를 사람들의 정체성과 교차성에 대한 존중, 공감, 호기심을 단련하는 행동으로 움직이게 한다. 그것은 또한 내담자–치료자 간 전이–역전이(예: 우리가 내담자를 어떻게 볼 수 있는가와 그들이 우리를 어떻게 볼 수 있는가)를 이해하는 것을 포함한다. 나아가, 이 기술은 문화적 겸양 cultural humility을 촉진하는 성찰적 질문과 적극적 경청으로 대화를 시작하는 것을 포함한다(Owen, 2013; Owen et al., 2011). 다양성에 주의를 기울이는 대화를 시작함으로써, 내담자와 치료자는 그들 자신의 위상, 교차적 정체성, 그리고 특권을 인정할 수 있다. 궁극적으로, 이것은 치료 관계에서 각자가 어떻게 지각되는지, 그리고 그것이 전체적인 동맹에 어떻게 관련되는지에 대해 대화를 열어준다. 예를 들어, 이것은 치료자가 내담자에게 차별이나 억압과 관련한 그들의 경험이 무엇인지 묻는 것일 수 있다. 그것은 개입이 누군가의 경험이나 정체성과 어떻게 들어맞을지 더 알아보려고 경청하는 것을 포함한다. 그것은 또한 밖으로 표현되지 않는 치료자와 내담자 간 민족적·문화적 차이에 관한 대화를 촉진하는 것을 포함할 수 있다. 원래, 이 기술은 치료자가 편견을 가질 가능성에 대한 자기성찰을 할 기회와 고유한 체계 안에 있는 고유한 인간에 대한 호기심과 존중에 근거한 대화를 열 용기를 포함한다.

연습 9를 위한 기술 기준

1. 당신이 그들의 문제나 회기 내용을 듣고 있음을 나타내는 내담자/가족원에 대한 짧은 공감적 반응을 보여줘라.
2. 그것이 그들의 정체성과 고유한 경험에 관련되므로, 대화를 깊게 할 기회를 찾으면서, 문제/회기 내용에 대해 성찰하라.
3. 문제와 함께 하는 그들의 정체성과 고유한 경험에 대해 지속적인 공감과 호기심을 전달하는 질문을 하라.

다양성에 주의 기울이기 기술을 사용하는 치료자의 예시

예시 1

새 학교에서의 아들 행동에 대한 걱정 때문에 청소년 아들과 어머니가 치료에 참석한다.

아들 *[긴장되어서]* 제 부모님을 포함해서, 누구도 '라틴계'라고 말하는 것이 어떤 것인지 이해하지 못해요. 부모님은 제게 "적응하려고 노력하라"고 말씀하시지만, 아시다시피, 최신 뉴스는 조용히 하기가 힘들어요. 저는 수업시간에 매일 짜증이 나요.

어머니 *[눈을 내리깔고, 침묵하며 앉아있다]*

치료자 그래, 말해줘서 고마워. (기준 1) 네가 뉴스를 들을 때 조용히 있기가 힘들구나. (기준 2) '최신 뉴스'라고 말하는 것을 들으니, 뉴스의 어떤 부분들이 가장 말하고 싶게 만드는지 궁금하구나. 어떤 뉴스가 너를 말하고 싶게 만드는지를 내가 생각하지 못한다는 게 나한테는 중요하거든. (기준 3)

예시 2

남편과 아내가 미국에서의 적응에 어려움을 겪고 있다.

아내 *[솔직담백하게]* 사람들이 제가 히잡을 쓰고 있는 것을 동정의 눈빛으로 봐요. 이것(머리 쪽을 가리키며)이나 이슬람에 대한 믿음이 제 남편이 시켜서 그런 것이고 제 선택은 아닌 것처럼요.

남편 *[치료자에게, 걱정스럽게]* 당신도 역시나 우리를 이해하지 못하실까 봐 걱정돼요.

치료자 당신의 선택과 이것이 당신들에게 중요한 관심사임을 알려주셔서 감사합니다. (기준 1) 당신이 어떻게 옷을 입는가는 당신의 선택이라고 다른 사람들이 이해했으면 좋겠는데, 그 사람들이 그렇지 않은 것 같다고 느끼시는군요. (기준 2) 치료를 위해 당신과 남편을 알게 되면서, 당신이 저를 바라볼 때 제가 그런 가정을 할까 봐 걱정하시는지 궁금합니다. 이게 당신들에게 마음 쓰이나요? (기준 3)

예시 3

아버지와 청소년 아들이 아들의 우울증에 대한 걱정으로 이웃돕기 프로그램에서 치료를 받으려 한다.

아버지 *[걱정스럽게]* 저는 아이가 휴대폰을 가지고 가지 않으면 정신을 잃게 돼요! 어떤 애가 전화기를 잊어버려요? 만일 아이가 차에 치였는데 전화기가 없으면... 애는 어떻게 하죠? 이 지역에는 경찰도 없는데...

아들 *[무시하며, 눈을 마주치지 않고]* 아빠 정말 걱정이 많으세요. 저는 괜찮을 거예요.

치료자 아, 네, *[한숨을 쉰다]* 제가 느끼기에 당신은 아드님 걱정을 하시는군요. 또 내가 듣기에 너는 아빠가 걱정을 안 하셨으면 좋겠구나. (기준 1) 아버님, 당신에게 전화기는, 아이가 차에 치이면 연락할 방도를 갖거나 당신이 아이를 보호할 수 있기 원하는 방법인 것처럼 보이네요. (기준 2) 당신이 이것을 어떻게 해결할지에 대해 말씀하시도록 하기 전에, 이웃에서의 경험을 제게 이해시키고 싶은 것이 있으신가요? (기준 3)

연습 9에 대한 지침

단계 1: 역할 연습과 피드백

- 내담자는 각 내담자 지시 메시지 앞에 있는 밑줄 친 텍스트를 소리 내어 읽는다.
- 내담자는 먼저 초급 내담자 진술을 말한다. 치료자는 기술 기준에 근거하여 반응을 **즉시 만들어 낸다**.
- 훈련자는(혹은, 가능하지 않다면, 내담자는) 기술 기준에 근거한 **짧은** 피드백을 제공한다.
- 그런 다음 내담자는 같은 문장을 반복하고, 치료자는 다시 반응을 즉시 만들어 낸다. 훈련자(혹은 내담자)는 다시 짧은 피드백을 제공한다.

단계 2: 반복

- **현재의 난이도 수준**(초급, 중급, 고급)**에서** 모든 진술에 대해 단계 1을 반복하라.

단계 3: 사정과 난이도 조정

- 치료자는 의도적 연습 반작용 양식(부록 A 참조)을 완성하고 더 쉽거나 더 어려운 연습을 만들지, 아니면 같은 난이도 수준을 반복할지 결정한다.

단계 4: 약 15분 동안 반복

- 최소한 15분 동안 단계 1에서 3을 반복하라.
- 그런 다음 훈련자는 치료자와 내담자 역할을 바꾼 다음 다시 시작하라.

⇨ 자, 이제 당신의 차례다. 지침에서 나온 단계 1과 단계 2를 따르라.

기억하라: 역할 연습의 목표는 훈련생이 (a) 기술 기준을 사용해서 (b) 훈련생에게 그럴듯하게 느껴지는 내담자 진술에 대한 반응을 즉시 만들어내는 연습을 하는 것이다. 각 내담자 진술에 대한 치료자 반응 예시들은 이 연습 뒷부분에 제공된다. 훈련생들은 예시 반응을 읽기 전에 자신의 반응을 즉시 만들어내도록 시도해야 한다.

연습 9에 대한 초급 수준의 내담자 진술

초급 내담자 진술 1

동성애 커플이 최근 헤어지고 난 후 도움을 받고 싶어 한다.

파트너 1: [불안해하며] 파트너가 절 떠나서 선생님을 보러 온 거예요. 제 상태는 엉망진창이에요. 이성애자가 다수인 커뮤니티에서 제가 그 사람들을 잃고, 동성애자이면서 독신으로 지내는 일은 힘들어요. 당신이 그것에 대해 무엇을 알고 계시는지 궁금해요.

파트너 2: [사무적으로] 저도 역시 때때로 두려워져요. 그리고, 솔직히, 선생님이 우리를 이해할 수 있을지 궁금하기도 하고요.

초급 내담자 진술 2

아들의 무단결석 이후 보호관찰관이 배치되면서 아버지와 청소년 아들이 처치를 시작한다.

아버지: [목소리를 높이며] 제가 보호관찰을 받게 했지요, 정말 제가요. 얘는 엉망이에요. 하지만 전 보호관찰관이 우리를 이해하지 못한다고 생각해요, 아시겠어요? 그는 차에 푸른 깃발 스티커를 붙이고 우리 집에 운전해서 와요. 흑인 가족으로서, 저는 그가 어느 지점에 서 있는지 짐작할 수 있을 것 같아요. 제 아들에게 그게 무슨 의미인 거죠?

아들: [눈을 크게 뜨고, 아버지의 언급을 따라가지만 침묵한다]

초급 내담자 진술 3

백인이 우세한 근교 지역에 이사한 후에 두 인종으로 이루어진 커플이 관계의 어려움 문제로 처치에 참석한다.

파트너 1: [팔짱을 끼고, 짜증난다는 듯이] 그가 치료에 올 거라고 말해서 제가 이 약속을 했는데, 이 사람은 ... 아주 조용히... 여기 앉아있네요. 이 사람이 입을 열지 않으면, 저는 정신이 나갈지도 몰라요.

파트너 2: [단조롭게 말하며, 치료자에게만 눈을 맞추고] 저는 이게 우리에게 어떻게 도움이 될지 모르겠어요. 우리는 오래된 이웃을 떠나기 전까지는 괜찮았어요.

초급 내담자 진술 4

이성애 커플이 결혼 전 상담을 받으려 한다.

남성 파트너: [주장하는 듯이] 처음에는 차별을 많이 겪었지만, 부모님을 그것을 이겨내고, 제 가족은 이 도시에서 사업으로 성공했어요. 제겐 가족과 커뮤니티가 전부이기 때문에, 제 약혼녀가 칼데아Chaldean[6] 커뮤니티 밖에서 왔다는 것을 부모님이 받아들이신 다음 저는 안도했어요. 가족을 가질 때 우리는 모든 걸 갖게 되죠. 그녀가 그런 기회를 얻는다면 우리가 행복할 수 있어요.

여성 파트너: [조용히] 그의 가족이 저를 받아들이기까지 시간이 꽤 걸렸고, 그때가 우리 관계에서 힘든 시간이었어요. 제 가족들은 제가 집에서 멀리 떨어져서, 거기다가 그들의 기독교 교회에서 예배를 드린다는 걸 받아들이기 어려워해요. 그는 그런 소리를 들어보지 못했지요.

초급 내담자 진술 5

어린 자녀의 학교에서의 행동문제를 다루는 데 도움을 받기 위해 어머니와 아버지가 치료에 의뢰되었다.

아버지: [단호하게] 제 아이들은 문제를 일으키는 애들이 아니에요. 그 아이들 양육을 반성하는 건 좋은 게 아니고, 제 아들딸을 맡게 되는 미래 선생님들에게 나쁜 영향을 줄 거예요. 교육은 아주 중요해요.

어머니: [주장하는 듯이] 우리가 집으로 돌아가면 이런 일은 일어나지 않을 거예요. 이건 가족 이슈이고, 가족이 가족을 돌보죠. 중국에서는 이런 양육 프로그램이 없어요.

▶ 다음 난이도 수준으로 옮겨가기 전에 난이도를 사정하고 조정하라(연습 지침에서 단계 3 참조).

6) 역자 주: 칼데아는 주로 우르 근처의 바빌로니아 지방을 그리스식으로 표기한 것이다.

연습 9에 대한 중급 수준의 내담자 진술

중급 내담자 진술 1

친부, 계모, 청소년 아들이 있는 재혼가족이 보험이 없어서 그들이 사는 지역의 다른 쪽에 있는 공공 정신건강 기관에서 치료를 받고자 한다.

계모: **[치료자에게, 성심껏]** 제 남편은 별로 그럴 의사가 없는 걸 알지만 새로 얻은 아들 때문에 치료를 받으려고 하는 사람입니다. 그는 자부심이 있어요, 아시겠어요? 정신건강 문제에 대해서가 아니라, 그가 우리 동네로 가는 도중에 여기까지 운전하는데, 멋진 빌딩, 뒤에 있는 좋은 차들을 보기 때문이죠. 그런데 우리가 단지 보험이 없기 때문에 그렇게 힘들여야 하나 그리고 시내를 가로질러 내내 운전해야 하나 싶어요.

아버지: **[방어적으로]** 여러분들에게 제 가난을 증명하지 않아도 된다면 아들을 위해 도움 받고 싶어 여기 왔어요. 여러분들 모두는 정신건강 관리를 해주는 그런 좋은 건강보험을 가지고 계시겠지요.

중급 내담자 진술 2

커플이 자녀 돌봄을 위해 가정 밖에서 도움을 구하는 것에 대해 갈등을 겪고 있다.

파트너 1: **[화가 나고, 감정이 고조되어]** 우리 사이에 있는 아이들을 우리가 돌보아야지 이웃이나 친구들에게 떠넘길 수 없다고 주장하자 그는 제게 몹시 화를 냈어요. 우리가 이것을 관리할 수 없다는 사실이 어떻게 보일까요? 아이들은 가정에서 돌봄을 받아야 된다는 것, 이게 내 양육방식이에요!

파트너 2: **[무시하며, 치료자에게만 시선을 고정하고]** 글쎄요, 내 양육방식은 한 마을이 필요하다는 거예요. 아이들을 너무 그렇게 집안에서만 보호하지 않는다면, 아이들이 가정 밖에서 다른 사람들을 신뢰하는 걸 배울 거예요, 안 그런가요? 이게 사람들이 하려고 하는 거지요, 맞지요? 그게 이해할 만한 거지요, 그렇죠? 제 뜻은, 아이들이 소리 지르고 우는 것에 대해 사회적 기술을 가지게 하고 싶다는 거예요.

중급 내담자 진술 3

어머니와 아시아로부터 입양된 10세 딸이 딸의 우울과 불안으로 인해 처치에 참석한다.

어머니: **[자신 있게]** 그렇게 어린 나이에 우울증을 갖다니 이해하기가 힘들어요. 아이는 좋은 친구들과 학교에 잘 다니고 있고, 학교생활도 잘 해내고 있어요. 제가 아이를 데리러 가면, 아이 주변에 친구가 많은 것 같았어요! 얘야, 뭐가 잘못되었는지 말해줄 수 있어?

딸: **[소심하게]** 제 반 친구들이 이상해요. 그 아이들은 제가 이상하다고 생각해요. 그 아이들이 오늘 제 벤토 도시락을 놀리고 자기들 눈을 손가락으로 옆으로 찢었어요. 걔네들은 저한테 잘하지 않아요. 친구들이 아니에요.

중급 내담자 진술 4

커플이 일부일처제가 아닌 관계를 탐색하기 위해 치료를 받고자 한다.

파트너 1: [주저하면서] 저는 개방적인 관계가 아주 흔하지 않다는 걸 알고 있지만, 이건 시도해보고 싶은 거예요. 특히 우리는 둘 다 전에 서로에게 충실하지 않았었기 때문이죠. 우리는 선생님 상담소가 비전통적인 커플 관계를 인정해 주는 공간이라는 말을 들었어요... 이게 사실이기를 바래요...

파트너 2: [또한 주저하면서] 우리는 일을 함께 풀어가고 싶어요. 이건 어떤 사람에게도 말할 수 없는 거예요.

중급 내담자 진술 5

어머니와 딸이 처치에 참석한다. 그녀의 딸이 새로운 주에 있는 집으로 이사한 직후에 어머니가 처치를 시작했다. 딸은 그녀가 태어났던 미국 원주민 보호지역에서 아버지와 확대가족과 함께 살았다. 부모는 이혼했다.

어머니: [사무적으로] 그 아이는 여기 온 이후로 그 아이 자신이 아니에요. 저는 여기 남부에서 좋은 일자리를 얻었고 생계를 이어갈 수 있게 되었어요. 저는 그녀가 집, 그러니까 보호지역을 그리워한다고 말할 수 있지만, 정말로 모르겠어요. 만약 그 아이가 여기서 친구들을 사귀고 어울리려고 하지 않는다면 도대체 어떤 다른 방안이 있을까요?

딸: [감정의 동요 없이, 치료자에게 말하며] 할머니 근처에서 보호지역에 있는 내 예전 학교에 다녔을 때가 더 좋았어요. 여기서는 어느 것도 항의하는 사람이 없어요. 우리 땅에 파이프라인이 들어오는 걸 멈추게 했던 것 같은 거요. 여기서는 모두 축구를 하고 상표가 있는 옷을 입어요. 심지어는 오늘 여기조차도, 이 지역사회 그 어디에서도 저는 어울린다고 느끼지 않아요.

▶ 다음 난이도 수준으로 옮겨가기 전에 난이도를 사정하고 조정하라(연습 지침에서 단계 3 참조).

연습 9에 대한 고급 수준의 내담자 진술

고급 내담자 진술 1

서로 다른 인종의 동성애 커플은 이전 치료에서 안 좋은 경험을 한 후에 새로운 치료자와 처치를 시작한다.

파트너 1: **[예민해져서]** 파트너와 저는 치료를 받고 새롭게 시작하길 원해요. 지난번 치료자는 진지한 관계를 맺고 있는 게이 남성이었어요. 그는 우리와 비슷한 정체성을 공유하고 있었지만, 우리가 이해할 수 있는 것처럼 자기 경험을 너무 자주 노출하는 것 같은 느낌이 들었어요. 처음에는 좋았지만, 나중에는 적절치 않다는 생각이 들었어요.

파트너 2: **[고개를 끄덕이고, 동의하며]** 가끔은 불편했어요. 선생님은 다른 모습이길 바래요.

고급 내담자 진술 2

젊은 어머니가 5살 어린아이와 함께 이민자 주택 지원 및 정신건강 지원 프로그램의 접수 상담에 참석하고 있다.

어머니: **[걱정하면서, 빠르게 말하며]** 늦어서 미안해요. 오늘 아이와 함께 왔어요. 이 상담을 놓치면 어떤 일이 벌어졌을지 모르겠어요. 또 늦게까지 일해야 했는데, 하지 않으면 신고당할까 봐 걱정했어요. 신고하실 건가요? 저는 더 안정적인 주택에 들어가고 싶어요. 그런데 선생님이 저를 괜찮은 부모라고 말씀하셔야 되는데요. 만약 제가 괜찮은 부모가 아니라면 어떻게 되는 거죠?

자녀: **[앉아서, 어머니의 지갑을 가지고 논다]**

고급 내담자 진술 3

위탁모와 10대 딸이 몇 달 전 위탁 배치 후에 새로운 치료자와 함께 치료를 시작하고 있다.

어머니: **[공손하게 말하면서, 방을 둘러본다]** 전화하고 나서 빨리 약속을 잡아 다행이에요. 제 딸도 특히 선생님이 흑인이라서 정말 보고 싶어 했어요. 선생님은 좋은 사람 같아 보여요.

딸: **[어머니를 비웃으며]** 오래 걸렸네요. 저는 다른 치료자와는 말하고 싶지 않았어요.

고급 내담자 진술 4

미혼모와 4명의 아들 중 막내아들이 치료에 참석했다. 이 가족은 어머니의 원가족에서 시작해서 현재까지도 지속되는 가정 기반의 치료를 오래전부터 해왔다. 그들은 작은 농촌 지역에 살고 있다.

아들: **[도전하듯이]** 농담하시는 건가요? 통행금지 따위는 지키지 않을 거예요. 경기 끝나고 나갈 거예요.

어머니: **[졌다는 듯이, 치료자를 보고 나서 시선을 돌린다]** 좋은 생각이라도 있으세요? 이 모든 시간과 여기 모든 치료자가 아직 이 문제를 제대로 해결하지 못하고 있는 것 같네요. 막내 아이도, 나머지 애들과 똑같이 말을 듣지 않을 거예요.

고급 내담자 진술 5

라틴계 레즈비언 커플이 세 번째 회기에 참석했지만, 그들은 치료자와 함께하는 것에 대해 양가감정을 갖고 있다.

파트너 1: **[주저하며]** 좋아요, 제가 먼저 시작할게요. 저희는 몇 번의 회기를 진행해봤지만, 우리가 진전이 있는지 모르겠어요. 말하기 어렵지만, 이 과정을 다르게 생각해 봤어요, 제 말은, 선생님과 함께 하는 우리의 치료를요. 라틴 여성들로서 저와 제 약혼자에게 중요한 것들이 있지 않겠어요? 그러니까 제 말은 우리가 그 문제들을 다룰 수 있을까요?

파트너 2: **[들으면서, 파트너와 치료자에게 조용히 미소 짓는다]** 말 나온 김에 말씀드리지만, 저도 비슷한 생각이에요.

▶ 다음 난이도 수준으로 옮겨가기 전에 난이도를 사정하고 조정하라(연습 지침에서 단계 3 참조). 적절하다면, 훨씬 더 어려운 연습을 할 지침을 따르라(부록 A 참조).

치료자 반응 예시: 다양성에 주의 기울이기

기억하라: 훈련생들은 예시 반응을 읽기 전에 그들 자신의 반응을 즉시 만들어 내도록 시도해야 한다. **만일 당신의 반응을 떠올리는 데 어려움이 있지 않다면 다음 반응 축어록을 읽지 말라!**

연습 9 초급 수준의 내담자 진술에 대한 예시 반응
초급 내담자 진술 1에 대한 예시 반응
두 분에게는 힘든 시간이었을 텐데, 최근 이별 후에 저에게 두 분의 우려 사항을 알려주신 것에 감사드립니다. (기준 1) 두 분의 두려움은 커뮤니티에서 경험하는 퀴어 정체성과 관련이 있는 것 같은데, 이 문제는 제가 두 분의 관계에 어떻게 도움을 줄 수 있는지도 포함될 것 같습니다. (기준 2) 먼저 두 분 각자의 성별과 성 정체성에 대해 제가 이해하기를 바라는 점을 나누면서 시작할 수 있을까요? (기준 3)
초급 내담자 진술 2에 대한 예시 반응
음, [잠시 멈추고 깊은 한숨을 쉬며] 이건 정말 힘든 것 같아요. (기준 1) 그 푸른 깃발을 보면 자극을 받고 무력감이 느껴져 가족에게 최선이라고 생각하는 것을 말할 수 없다는 것이네요. 맞나요? (기준 2) 우리가 함께하는 작업을 통해 여러분의 가족이 편안하게 도움받는 방법에 관해 대화를 나눠보도록 하지요. (기준 3)
초급 내담자 진술 3에 대한 예시 반응
두 분 모두 서로 다른 방식으로 치료 과정과 어쩌면 최근 이사에 대해서도 좀 애매한 감정을 가지고 계신 것 같네요. (기준 1) 저에게는 우리가 서로를 알아가는 것이 중요합니다. 그렇게 되면 저는 두 분이 무엇을 필요로 하는지 이해할 수 있고, 두 분은 제가 도움을 줄 적합한 사람인지를 결정할 수 있겠지요. (기준 2) 이 지역으로 이사한 것이 두 분 각자에게 무엇을 의미하는지부터 이야기를 시작해 볼까요? (기준 3)
초급 내담자 진술 4에 대한 예시 반응
저는 두 분께서 차별의 전력과 각자의 가족문화에 적응하는 과정이 어떻게 두 분에게 영향을 미쳤는지로 이야기를 시작해 주신 것에 대해 감사드려요. (기준 1) 결혼을 준비하시면서 두 분 각자가 가족의 지속적인 통합을 더 탐구하고 싶은지 궁금하네요. (기준 2) 각자에게 가족 문화가 중요한 이유에 대해 조금 더 말씀해주실 수 있나요? (기준 3)
초급 내담자 진술 5에 대한 예시 반응
두 분은 아이들이 학교에서 힘들어하는 것을 보는 게 어렵고, 아이의 행동을 미리 관리하고 싶어 하시는군요. (기준 1) 동시에, 여기 공식 프로그램을 통해 이 문제를 다루는 것보다 가족과 함께 중국에 돌아가는 것을 더 확신하시는 것 같습니다. (기준 2) 중국에서 더 많은 가족 구성원들이 어떻게 양육을 지원하는지 좀 더 말씀해주실 수 있을까요? (기준 3)

연습 9 중급 수준의 내담자 진술에 대한 예시 반응

중급 내담자 진술 1에 대한 예시 반응

여러분 가족에게 필요하다고 생각하는 것들을 표현하기 위해 방문해주셔서 감사합니다. (기준 1) 이 공간이 여러분에게 가족들이 건강 관리를 받기 위해 애쓰셨던 방법들을 상기시켜 주는 곳일 수도 있고, 여러분이 사시는 근처에 위치하지 않아 친숙하게 느껴지지 않거나 심지어 안전하지 않다고 느끼실 수도 있네요. (기준 2) 이곳에서 여러분들이 치료를 더 편하게 받을 수 있는 몇 가지 사항을 제게 알려주시겠습니까? (기준 3)

중급 내담자 진술 2에 대한 예시 반응

두 분 모두 좌절감을 느끼셨고, 이 상황을 어떻게 처리해야 할지 막히신 것 같네요. (기준 1) 저는 여러 이유로 두 분 중 어느 쪽과도 아주 다를 수 있으므로, 자녀 양육에 대한 제 견해를 말씀드리지 않도록 조심하고 싶습니다. (기준 2) 두 분의 양육과 문화가 부모로서의 결정에 어떻게 역할을 하는지에 대해 두 분 모두 서로의 이야기를 듣는 것이 중요합니다. 제가 말씀드린 대로 함께 이야기를 시작할 수 있을까요? (기준 3)

중급 내담자 진술 3에 대한 예시 반응

어린 나이에 우울증이란 가끔 이해하기가 어렵죠. (기준 1) 따님은 또래 집단에서 편하지 않고, 우울증의 원인이 될 수도 있는 몇 가지 중요한 단서를 주고 있어요. (기준 2) 아시아계 미국인으로서의 정체성이 학교에서 따님이 맺는 관계에 영향 미칠 수 있는지에 대해 어떻게 생각하세요? (기준 3)

중급 내담자 진술 4에 대한 예시 반응

다른 사람들이 두 분의 관계를 어떻게 인식하는지 그리고 두 분의 목표가 무엇인지에 대해 솔직하고 개방적으로 말씀해주셔서 감사합니다. (기준 1) 우리의 치료 가치 중 하나는 다양한 관계를 인정해 주는 것이며, 제 관계 경험에 근거하여 두 분의 목표를 가정하지 않는 것이 제게는 중요합니다. (기준 2) 개방적인 관계가 두 분 각자에게 무슨 의미를 갖는지 제가 이해할 수 있도록 도와주시겠습니까? (기준 3)

중급 내담자 진술 5에 대한 예시 반응

[두 내담자 모두에게] 두 사람 모두 적응하기 힘들었고, **[딸에게]** 너는 원주민 가족과 지역사회를 많이 그리워하는구나. (기준 1) 네가 오늘 나와 함께 있는 것에 대해 확신이 서지 않는다고 말해주어서 고마워. 그건 너무 이해가 돼. (기준 2) 이 공간에서 두 사람이 더 편안하게 느낄 수 있게 하는 어떤 것을 우리가 함께 다루면서 이야기를 시작해도 괜찮을까요? (기준 3)

연습 9 고급 수준의 내담자 진술에 대한 예시 반응

고급 내담자 진술 1에 대한 예시 반응

이전 처치에 대한 경험을 나눠주셔서 감사합니다. (기준 1) 처음에는 사회적 정체성을 공개하는 것이 중요했지만, 이후 두 분 모두에게 불편한 자리로 이르게 된 것 같은데, 맞을까요? (기준 2) 그렇다면, 우리가 치료작업 관계를 만들 때, 제가 사회적 정체성을 이해하는 것이 두 분에게 얼마나 중요한지 각자 말씀해 주시겠어요? (기준 3)

고급 내담자 진술 2에 대한 예시 반응

이 자리에 참석하기 위해 노력을 많이 해주셔서 감사합니다. 따님은 언제든지 환영이에요. (기준 1) 어머니께서 여기에 오는 것이 안전하다고 느끼는 것이 제게 중요합니다. (기준 2) 어머니께서 이 프로그램을 위해 이곳에 올 수 있을까 하는 걱정이나 두려움을 제가 이해할 수 있도록 설명해 주실 수 있나요? 이렇게 시작해도 될까요? (기준 3)

고급 내담자 진술 3에 대한 예시 반응

위탁 보호 아동을 위한 치료는 중요한 개입이어서, 두 분 모두 여기 오신 것이 기쁩니다. (기준 1) 저에게 오시는 것이 두 분 자신과 두 분이 치료를 위해 선택한 사람 사이의 인종적 차이를 인정하는 것에 대해 추가로 중요한 토의를 할 기회를 만들었나 봅니다. (기준 2) 두 분 각자가 치료 과정에서 중요하게 생각하는 것이 무엇인지 이야기하는 것으로 시작할 수 있을까요? (기준 3)

고급 내담자 진술 4에 대한 예시 반응

어머님, 좌절감이 느껴지시나 봅니다. (기준 1) 저는 이 기관도 처음이고, 어머니와 함께 작업하는 것도 처음이지만, 어머님이 우리 기관의 다른 사람과 함께 하셨던 경험이 있으시고, 어머니께서 더 젊으실 적에 육아를 위한 목표나 심지어 어머니 당신의 지원이 항상 성공하지 못했다고 느끼시는 것을 알게 됐습니다. (기준 2) 아드님의 통금 시간에 대해 작업하기 이전에, 제가 이 집에 온 것이 어떤지, 그리고 제가 여기 있는 것이 어머니에게 무엇을 가져올 수 있다고 보시는지로 시작할까요? (기준 3)

고급 내담자 진술 5에 대한 예시 반응

어느 정도 진전이 있었는지 그리고 지금까지의 경험이 라틴계 여성들로서 이 과정에서 생각하셨던 것과 어떻게 일치하였는지에 대해 솔직하게 말씀해주셔서 감사합니다. (기준 1) 통상 치료를 받으려고 할 때, 사람들은 종종 그들처럼 보이거나, 같은 언어를 쓰는 유사점이 있거나, 혹은 그들의 문화적 경험과 더 밀접하게 관련이 있다고 믿는 치료자를 편안해하는 것 같습니다. (기준 2) 라틴계 여성들로서 두 분에게 중요한 것은 무엇인지, 그리고 제가 두 분 모두와 계속 작업하기에 적합하다고 느끼시는지 얘기를 더 나누고 싶으신가요? (기준 3)

연습 10 치료동맹 구축하기: 치료목표 설정하기

연습 10을 위한 준비

1. 제2장의 지침을 읽으라.
2. 미국심리학회 홈페이지 https://www.apa.org/pubs/books/deliberate-practice-systemic-family-therapy에서 의도적 연습 반작용 양식과 실습 일지 양식을 다운로드하라('임상가와 실천가 자원' 탭 참조: 또한 부록 A와 부록 B에서도 각각 얻을 수 있음).

연습 10을 위한 체계론적 상황

체계론적 치료자는 개인, 커플, 가족과 작업하고, 체계론적 관점으로부터 각 대상에 접근한다. **이 특수한 체계론적 기술을 위해, 여러분은 4명의 훈련생이 필요하다. 한 사람은 치료자이고, 세 사람은 내담자이다.** 우리는 각 내담자 지시 메시지 전에 몇 가지 사례 상황을 제공했다. 이 상황은 부가적인 배경 정보(예: '가족-아버지와 청소년 딸')가 따르는 관계 유형을 밑줄 친 텍스트의 형태로 먼저 진술한다. 내담자 역할을 하는 훈련생은 각 내담자 지시 메시지 앞에 있는 밑줄 친 텍스트를 소리 내어 읽도록 하라. 만약 특수한 지시 메시지로 설계된 내담자 역할을 하는 사람보다 더 많은 훈련생이 있다면, 한 명이나 그 이상의 훈련생들은 그 특수한 지시 메시지의 역할극을 관찰할 수 있다. 내담자 역할을 하는 훈련생들이 내담자 진술을 읽을 사람과 관찰할 사람으로 역할을 바꿔 보면서 모든 사람이 연습에 참여할 기회를 가질 것을 권한다.

기술 설명

기술 난이도 수준: 고급

보딘Bordin(1979)의 치료동맹에 대한 범이론적 개념화는 과제, 목표, 그리고 유대라는 세 가지 구분되는 차원을 포함한다. **이번 연습은 결정적으로 중요한 초기 치료요인인 동맹alliance의 목표에 초점을 맞추고 있다.** 이 체계에서, 치료자는 치료실 안에 한 체계의 구성원이 여럿 있을 때 분명한 치료목표를 설정하는 방법에 대해 배울 것이다. 한 체계와 작업할 때, 치료가 계속되는 동안 작업에 대한 최상의 목표에 대해서 치료 시작부터 불일치가 있을 수 있고, 심지어 갈등이 있을 가능성이 있다. 치료목표에 대한 갈등이 없을 때조차, 목표가 종종 모호하거나 잘 정의되어 있지 않을 수 있다. 치료목표에 있어 겉으로 드러나거나 안에 숨어있는 불일치는 치료동맹의 실패나 파열로 이어질 수 있다. 체계에 대한 치료가 성공하기 위해서는 치료목표에 대해 체계 구성원 간의 전반적인 합의가 있어야 한다. 그렇지 않으면, 체계 구성원들이 서로를 방해하고 처치의 효과성을 저해할 수 있기 때문이다.

동맹의 목표 구성요소는 치료 성과가 어떤 것이면 좋은가에 대한 치료자와 내담자 간 합의로 이루어진다. 가족치료자가 한 체계(커플이나 가족)와 작업할 때, 치료자가 모든 체계 구성원을 치료목표에 대해 같은 생각을 가지도록 하는 것이 중요하다. 목표에 동의하는 데 있어서, 구성원들이 현실을 인식하고, 치료작업에 있어 명확하게 상호적 목적으로 설정하는 것이 중요하다. 각 내담자가 치료에서 달성하고자 하는 바가 무엇인지의 측면에서 목표를 긍정적인 방식으로 진술해야 한다(Patterson et al., 2018). 긍정적인 목표 예시로는 "나는 매일 더 긍정적인 진술을 함으로써 아내와의 의사소통을 개선하고 싶다"와 "나는 술을 안 마시고, 아이들과 저녁 시간을 더 많이 보내고 싶다" 등이 있다. 치료자가 시간을 들여 체계의 각 구성원은 어떤 처치 목표를 원하는지를 아는 것이 중요하다. 목표를 탐색할 때, 해결지향적 질문을 하는 것이 유용하다(Patterson et al., 2018). 이 질문은 문제가 사라지고 체계가 문제없이 기능할 치료 종결 단계에 이를 때 체계/문제가 어떨 것인지에 대한 그림을 그려낸다. 일부 치료자는 기적질문(de Shazer, 1988)과 같은 기법을 사용할 수 있는데, 이것은 내담자에게 만약 기적이 일어나고 그들의 문제가 사라진다면 그들의 관계나 가족에서 무슨 일이 일어날 것인지에 관해 묻는 것이다. 목표를 설정할 때 또 다른 중요한 전략은 척도질문을 포함 시키는 것이다. 이러한 유형의 질문은 내담자가 그들의 목표의 중요성에 우선순위를 매기는 데 도움을 준다. 예를 들어, 치료자는 "1부터 10까지의 척도로 당신 또는 당신의 가족이 언급한 각 목표가 전반적인 중요성이 어떠한지를 점수 매겨보세요"라고 요청할 수 있다.

내담자들이 치료에서 더 바라는 목표를 공유하면, 치료자는 그들이 들은 것을 요약하고 모든 내담자의 견해를 포함하는 치료를 위한 광범위한 목표(들)를 제안한다. 최종적으로 합의된 목표는 체계의 모든 구성원에게 받아들여지는 것이 가장 좋다. 이것은 항상 쉬운 일은 아니며, 특히 목표가 상충할 때는 더욱 그렇다. 예를 들어, 치료에 참여하는 가족에서 사춘기 자녀는 통금시간이 없기를 원하고 부모들은 오후 9시 통금을 원할 때, 이 치료에 관여된 사람들의 목표는 크게 다를 수 있다. 이 상황에서, 치료자는 모두가 동의할 수 있는 목표를 찾기 위해 노력할 것이다. 예컨대, 치료자는 "우리는 가족 구성원 모두가 원하는 바에 맞추는 허용 가능한 통금시간을 합의하기 위해 치료에서 작업하고 있습니다"라고 말할 수 있다. 체계의 모든 구성원이 목표에 동의하고 공통의 성과를 향해 작업하는 책임을 느끼는 것이 중요하다. 체계와 함께 작업할 때, 목표의 우선순위를 정하는 것이 필요하다. 종종 한 체계에서 작업해야 할 항목이 많아서, 목표 설정 단계의 초기에 우선순위를 정해야 한다. 안전 또는 위해의 문제는 항상 최우선이다. 또한, 구체적이고 측정 가능한 목표를 설정하는 것도 유용하다. 내담자는 그들의 목표가 달성될 수 있고, 그들이 진전되고 있는지 그리고 언제 그 목표를 달성하는지를 안다고 느껴야 한다. 어떤 변화는 통금시간에 대한 합의와 같이 쉽게 정량화할 수 있지만, 다른 것들은 더 어려울 수 있다(예: 가족 모두가 항상 가정생활에 대해 좋게 느낀다). 또한, 내담자 각자가 목표를 달성하기 위해 헌신하고, 목표를 달성할 수 있는 주도성과 능력을 지니고 있다고 느끼는 것이 중요하다. 때때로 내담자는 목표를 달성하기까지 너무 많은 장벽이 있다고 느낄 수 있고, 이는 그들을 낙담하게 할 수 있다. 치료자는 각 내담자의 목표에 대한 헌신과 목표를 달성하고자 작업하는 능력과 주도성에 관해 확인한다. 마지막으로, 치료자는 치료가 진행되거나 체계에 대한 새로운 지식이 생겨남에 따라 내담자와 함께 목표를 조정하고 변경해야 한다.

연습 10을 위한 기술 기준

1. 치료자는 제시된 문제나 맥락에 대해 간략하고 공감적인 요약이나 반영을 제공한다.
2. 치료자는 제안된 방법(예: 기적질문)을 사용하여 체계의 각 구성원에게 목표를 요청한다.
3. 치료자는 체계의 각 구성원에게서 나온 목표를 요약한다.
4. 치료자는 목표를 제안하되, 체계 구성원이 동의하거나 이의를 제기할 수 있도록 가능성을 열어 둔다.

치료목표를 설정하는 치료자의 예시

예시 1

제시된 문제: 지속적인 다툼으로 갈등이 많은 커플이 치료에 참석한다.

치료자 *[기준 1과 2를 사용하여 이 내담자들에게 목표를 요청한다]* 지금까지 들은 바로는 두 분 관계에서 많은 다툼이 있었군요. (기준 1) 두 분이 각자 치료에서 얻고자 하는 것이 무엇인지, 그리고 작업을 마쳤다는 것을 우리가 함께 어떻게 알 수 있을지에 대해 가능한 한 구체적으로 말씀해주실 수 있나요? (기준 2)

파트너 1 *[조용히]* 저는 욕을 그만했으면 해요. 우리가 싸울 때 그가 저를 욕하면 저는 너무 실패감을 느낍니다. 모든 걸 악화시키죠. 제게는, 우리가 지저분하게 싸우지 않고 말다툼이 적어진다면 끝났다고 여겨질 것 같습니다.

파트너 2 *[약간 생기 있게]* 그녀가 무슨 말을 하는지 알겠지만, 그녀가 싸움 중간에 방을 나가는 것이 저를 미치도록 화나게 만듭니다. 말다툼을 해결하지 못하기 때문에 제 머리를 쥐어뜯고 싶어져요. 저는 우리의 의견 불일치를 끝내고, 그것들 대부분을 해결하고 싶습니다.

치료자 *[기준 3과 4를 사용하여 목표에 반응한다]* 두 분 다 치료에서 비슷한 걸 원하는 것 같습니다. 두 분 모두 다른 방식으로 논의하고 싶고, 의견 불일치가 더 적었으면 하고 바라시는 것 같습니다. (기준 3) 서로의 의견 불일치 해결방식을 향상하는 걸 우리가 함께 작업하는 주요 목표로 하는 건 어떨까요? (기준 4)

예시 2

제시된 문제: 청소년 아들이 대마초를 피운 것이 발각된 후, 부모가 화가 나 아들이 당장 그만두기를 원해서 함께 치료에 참석한다.

치료자 *[기준 1과 2를 사용하여 이 내담자들에게 목표를 요청한다]* 제가 지금까지 들은 바로는 여러분 가족 안에서 대마초 사용이 스트레스의 주된 원인이라는 것입니다. (기준 1) 우리가 함께 작업하는 것에 대해 모두가 동의할 수 있는 것을 찾고 싶어요. 만약 기적이 일어나서 치료가 끝났다면, 여러분의 삶에서 무엇이 일어나고 있을지 상상해보세요. 우리가 치료를 마쳤다는 걸 어떻게 알 수 있을지 가능한 한 구체적으로 설명해 주세요. (기준 2)

아들 *[비난하며]* 저는 늘 부모님이 저에게 소리치지 않는 곳에서 마리화나를 피우곤 했어요. 제 친구들 모두 마리화나를 피우고 있어요. 제 경우에 부모님은 항상 금지하고, 만일 제가 다시 피우는 게 발각되면 제 엑스박스Xbox[7]를 빼앗겠다고 잔소리해

7) 역자 주: 미국의 마이크로소프트사에서 발매 중인 비디오게임 콘솔의 시리즈이자 브랜드이다.

요. 저는 그냥 마리화나를 피우고 싶을 뿐이에요. 저는 마약 중독자나 그런 게 아니에요.

부모 1 *[다소 방어적으로]* 저는 아들이 마리화나 피우기를 그만두기 바래요. 요즘 시대에 비현실적일 수도 있지만, 그게 제가 바라는 바예요. 이제는 마리화나 흡연이 우리 주에서 21세 이상인 사람들에게 합법인데, 아들에게는 여전히 불법이죠. 우리는 아들이 마리화나를 그만 피우게 하고자 여기 왔습니다만, 싸움 때문에 우리 집안이 너무 불행해져서 그것도 멈추게 할 필요가 있어요.

부모 2 *[불안해하며]* 저는 아들이 마리화나 피우다 체포되는 것을 원하지 않아요. 그건 정말 끔찍할 거예요. 솔직히 저도 십 대 때 대마초 피워봤지만, 제 아들 일이 되니까 다르게 느껴요. 그건 불법이고, 아들이 체포되면 그 기록이 평생 남을 거예요. 저는 아들이 마리화나를 피워 습관이 되는 것을 막기 위해 함께 작업하고 싶습니다.

치료자 *[기준 3과 4를 사용하여 목표에 반응한다]* 여러분 모두 말씀하시는 걸 들으니, 여러분 모두가 치료에서 약간씩 다른 것을 원하고 있는 것 같네요. *[아들에게]* 너는 부모님 간섭을 받지 않고 마리화나를 피울 수 있기를 바라는 것 같고, *[부모에게]* 부모님께서는 아들이 마리화나 피우는 것을 그만두기를 원하시고, 아들이 얽힐 수 있는 모든 법적 문제에 대해 우려하시는 것 같습니다. 두 분은 또한 가족 내의 싸움이 지겹다고 하셨죠. (기준 3) *[모두에게]* 우리의 큰 목표는 가족 내의 끊임없는 언쟁을 줄이는 것입니다. 두 번째 목표는 여러분 세 분이 [아들의] 마리화나 사용에 대한 합의에 이르는 것입니다. (기준 4)

예시 3

<u>제시된 문제: 한 커플이 치료에 참석한다. 최근 한 파트너가 외도를 했고, 다른 파트너는 상처를 받고 화가 나 있다.</u>

치료자 *[기준 1과 2를 사용하여 이 내담자들에게 목표를 요청한다]* 지금까지 들은 바로는 외도가 밝혀진 이후 두 분의 관계에서 많은 아픔이 있었군요. (기준 1) 여러분과 같은 상황에 있는 커플들은 종종 치료에서 얻고 싶은 것이 매우 다릅니다. 커플 치료 과정에서 구체적으로 얻고 싶은 것이 무엇인지 두 분 각자가 제게 말씀해주시기 바랍니다. (기준 2)

파트너 1 *[낙담하여]* 제가 겪은 일로 인해 완전히 망가졌어요. 제 세상이 끝난 것 같아요. 이 관계를 어떻게든 회복하는 방법이 있는지 알아보려고 왔어요.

파트너 2 *[절박하게]* 저는 우리의 관계를 구제하고 싶어서 여기에 왔어요. 저는 큰 실수를 했고 그것을 바로잡고 싶어요.

치료자 *[기준 3과 4를 사용하여 목표에 반응한다]* 두 분 모두 관계가 회복되고 치유될 수 있는지 알고 싶어 하시는군요. (기준 3) 두 분이 모두 같은 입장에 계신 것은 아닌 듯하지만, 지금 당장 관계가 어떤 상태인지, 그리고 그것이 미래에도 유지될 수 있는지 평가하고 싶다는 말씀을 두 분 다 하고 계시네요. (기준 4)

연습 10에 대한 지침

단계 1: 역할 연습과 피드백

- 내담자는 각 내담자 지시 메시지 앞에 있는 밑줄 친 텍스트를 소리 내어 읽는다.
- 치료자는 기술 기준에 따라 제시된 문제나 맥락에 반응한다.
- 내담자는 먼저 초급 내담자 진술을 말한다. 치료자는 기술 기준에 근거하여 반응을 **즉시 만들어** 낸다.
- 훈련자는(혹은, 가능하지 않다면, 내담자는) 기술 기준에 근거한 **짧은** 피드백을 제공한다.
- 그런 다음 내담자는 같은 문장을 반복하고, 치료자는 다시 반응을 즉시 만들어 낸다. 훈련자(혹은 내담자)는 다시 짧은 피드백을 제공한다.

단계 2: 반복

- **현재의 난이도 수준**(초급, 중급, 고급)**에서** 모든 진술에 대해 단계 1을 반복하라.

단계 3: 사정과 난이도 조정

- 치료자는 의도적 연습 반작용 양식(부록 A 참조)을 완성하고 더 쉽거나 더 어려운 연습을 만들지, 아니면 같은 난이도 수준을 반복할지 결정한다.

단계 4: 약 15분 동안 반복

- 최소한 15분 동안 단계 1에서 3을 반복하라.
- 그런 다음 훈련자는 치료자와 내담자 역할을 바꾼 다음 다시 시작하라.

⇨ 자, 이제 당신의 차례다. 지침에서 나온 단계 1과 단계 2를 따르라.

기억하라: 역할 연습의 목표는 훈련생이 (a) 기술 기준을 사용해서 (b) 훈련생에게 그럴듯하게 느껴지는 내담자 진술에 대한 반응을 즉시 만들어내는 연습을 하는 것이다. 각 내담자 진술에 대한 치료자 반응 예시들은 이 연습 뒷부분에 제공된다. 훈련생들은 예시 반응을 읽기 전에 자신의 반응을 즉시 만들어내도록 시도해야 한다.

연습 10에 대한 초급 수준의 내담자 진술

초급 내담자 진술 1

제시된 문제: 우울감을 많이 겪고 불안감에 압도된다고 보고하는 여자 청소년이 치료에 참석한다.

치료자: [기준 1과 2를 사용하여 목표를 요청한다]

내담자: [단호하게] 저는 그냥 기분이 나아지고 싶어요, 특히 친구들과 밖에 나갈 때 그렇게 불안감을 느끼고 싶지 않아요.

치료자: [기준 3과 4를 사용하여 목표에 반응한다]

초급 내담자 진술 2

제시된 문제: 42년차 노커플이 최근 죽음, 유언장, 그리고 은퇴자 주택으로의 이사 등 노년 문제에 대한 말다툼으로 치료에 참석한다. 그들은 유일한 아들과 소원해진 관계를 보고한다.

치료자: [기준 1과 2를 사용하여 목표를 요청한다]

파트너 1: [직설적으로] 그건 저에게 쉬워요, 우리는 내내 싸우지는 않을 거예요. 우리는 결정을 내릴 거고, 실버타운으로 이사할 거예요, 그리고 아들을 다시 볼 거예요.

파트너 2: [차분하게] 제 생각은 조금 달라요. 우리가 목표를 달성한다면, 우리는 여전히 집에서 살 거예요. 전 그게 가능하다고 생각해요. 실버타운에서 제 인생을 끝내고 싶지 않아요.

치료자: [기준 3과 4를 사용하여 목표에 반응한다]

초급 내담자 진술 3

제시된 문제: 한 가족이 말다툼과 싸움을 호소하며 치료에 참석한다. 그 가족은 이성애 부부와 10세, 12세의 두 자녀로 이루어져 있다. 12세 아이만 회기에 참석한다.

치료자: [기준 1과 2를 사용하여 이 가족에게서 목표를 요청한다]

아버지: [지쳐서] 우리 집에는 말다툼이 많은 것 같아요. 저는 항상 좀 덜 격렬했으면 좋겠어요.

어머니: [좌절하며] 말다툼에 대해서 확실히 동의해요. 그뿐만 아니라, 집이 혼란스럽기도 해요. 방들은 항상 어지럽혀 있고, 제가 쫓아다니며 치워야 하니까 화가 나요.

12세 자녀: [조용하게] 저도 우리가 덜 싸웠으면 하고 생각해요.

치료자: [기준 3과 4를 사용하여 목표에 반응한다]

초급 내담자 진술 4

제시된 문제: 한 싱글맘이 두 청소년 자녀와 함께 치료에 참석한다. 그녀는 힘들어서 자녀들로부터 더 많은 도움을 받고 싶다고 말한다.

치료자: [기준 1과 2를 사용하여 목표를 요청한다]

어머니: [눈물을 흘리며] 모든 걸 혼자 하는 것 같아요. 도움이 필요해요. 이제 더는 저 혼자 다 할 수 없어요. 저는 두 가지 일을 하고 있는데, 애들을 돌봐가며 이 두 가지 일을 하는 거예요. 저는 그저 아이들이 저를 조금 더 도와주길 원해요.

청소년 1: [걱정하며] 저는 정말로 집안일을 더 많이 돕고 싶지만, 저도 마찬가지로 스트레스를 받고 있어요.

청소년 2: [놀라며] 사태가 그렇게 심각한 줄 몰랐어요. 저는 정말 더 많이 도울 생각이 있어요.

치료자: [기준 3과 4를 사용하여 목표에 반응한다]

초급 내담자 진술 5

제시된 문제: 동성애 커플이 서로 의사소통에 어려움이 있다는 불평을 하며 치료에 참석한다. 그들은 2년 동안 함께 살아왔으며 결혼을 약속한 사이이다.

치료자: [기준 1과 2를 사용하여 내담자에게 목표를 요청한다]

파트너 1: [단호하게] 저는 그가 더 잘 알아차렸으면 좋겠고, 제가 무슨 말을 하려는지 이해하려고 노력하는 시간을 가졌으면 좋겠어요. TV가 켜진 채로 소통하는 커플이 되고 싶진 않아요.

파트너 2: [생각에 잠긴 듯이] 5년 후에는, 우리가 모든 것에 대해 그토록 많이 안 다퉜으면 해요. 우리가 의사소통하는 걸 보면 때때로 서로가 진정으로 듣는 것 같지 않고, 싸움을 시작하는 데만 너무 급급한 것 같아요.

치료자: [기준 3과 4를 사용하여 목표에 반응한다]

▶ 다음 난이도 수준으로 옮겨가기 전에 난이도를 사정하고 조정하라(연습 지침에서 단계 3 참조).

연습 10에 대한 중급 수준의 내담자 진술

중급 내담자 진술 1

제시된 문제: 한 중년 남성이 치료에 참석한다. 그는 삶에 외로움을 느끼고, 가족과 관계가 소원하며, 친밀한 관계를 맺는 데 어려움을 겪고 있다. 현재는 자살 생각이 없지만, 그의 초기 면접 자료에서는 과거에 모든 것을 끝낼 생각을 했었다는 언급이 있다. 그는 지난 2년 동안 12명의 치료자에게서 치료를 받았다.

치료자: [기준 1과 2를 사용하여 목표를 요청한다]

내담자: [확신이 없다는 듯이] 정확히 무엇을 다루고 싶은지 잘 모르겠습니다. 정말 많은 다양한 이슈들이 있어요. 최근의 치료자들과는 어디에도 도달하지 못한 것 같아요. 항상 그렇게 고립되어 있고 싶지는 않아요.

치료자: [기준 3과 4를 사용하여 목표에 반응한다]

중급 내담자 진술 2

제시된 문제: 이성애 커플이 서로의 성욕 차이에 대해 불평하면서 치료에 참석한다.

치료자: [기준 1과 2를 사용하여 목표를 요청한다]

남성 파트너: [짜증을 내며] 저는 그냥 성관계를 더 많이 했으면 해요. 전 항상 뭔가 하고 싶은데, 그녀는 절대 그럴 기분이 아니네요. 너무 좌절감을 느껴요.

여성 파트너: [방어적으로] 저는 단지 그가 바라는 것과 같은 욕망 수준이 아닐 뿐이에요. 저는 너무 스트레스를 받고 있는데도 그는 항상 뭔가를 하고 싶어 하는 것 같아요. 그리고 연결되는 느낌도 전희도 전혀 없어요. 전 그저 기계적인 경험이 되지 않길 바랄 뿐이에요.

치료자: [기준 3과 4를 사용하여 목표에 반응한다]

중급 내담자 진술 3

제시된 문제: 계부모 가족이 치료에 참석한다. 아버지가 예약하면서, 먼저 그와 계모가 9세와 11세의 아이들 때문에 도움을 원한다고 했는데, 이유는 두 자녀가 계모를 계속 무시하고 말을 듣지 않기 때문이다. 이 회기에는 11세 자녀만 참석한다.

치료자: [기준 1과 2를 사용하여 목표를 요청한다]

11세 자녀: [스트레스받은 듯이] 제가 왜 여기에 있어야 하는지 모르겠어요. 해야 할 숙제가 너무 많은데요. [잠시 후, 생각에 잠겨] 만약 하나의 목표를 말해야 한다면, 아빠와 더 많은 시간을 보내고 싶어요. 우리는 이제 더 함께 하는 것 같지 않아요.

아버지: [걱정스럽고 좌절된 듯이] 모두가 행복해지려고 노력해 왔어요. 두 아이가 새엄마를 대하는 태도가 가장 걱정됩니다. 아이들은 새엄마의 말을 무시하고 뭐든지 적대적인 것 같아요.

계모: [슬퍼하며] 말 그대로 신데렐라에 나오는 악한 계모인 것처럼 느껴져요. 이제 더 악한 계모가 아니게 되면 정말 행복할 것 같아요.

치료자: [기준 3과 4를 사용하여 목표에 반응한다]

중급 내담자 진술 4

제시된 문제: 이성애 커플이 직장 문제로 치료에 참석한다. 아내는 최근 다른 주에서 새로운 직장 제안을 받아 이사 가고 싶어 한다. 그러나 남편은 부모님과 가까이 있고 싶어 하며, 그곳에서 직업을 바꾸고 싶지 않다.

치료자: [기준 1과 2를 사용하여 목표를 요청한다]

남편: [단호히] 아내는 우리가 지금 플로리다로 옮겨야 한다고 황당하게 생각해요. 저는 플로리다가 싫고, 이게 아이들에게 무슨 의미를 지닐지 걱정돼요. 부모님을 다시 볼 수 있을까요? 저는 이 이사에 대한 논쟁을 그만두고 싶어요. 저는 전혀 관심이 없어요.

아내: [믿기지 않는다는 듯이] 이건 제게 훌륭한 경력이 될 기회에요. 이 직장에서는 일 년에 60,000불을 더 벌게 될 거고, 우리는 해변에 더 가까이 살게 될 거예요. 남편이 왜 그렇게 이사에 대해 부정적인지 모르겠어요. 플로리다는 비행기로 그리 멀지 않아요.

치료자: [기준 3과 4를 사용하여 목표에 반응한다]

중급 내담자 진술 5

제시된 문제: 한 이성애 커플이 주의력결핍/과잉행동장애가 있어 학교에서 문제를 일으키는 10세 아들과 함께 치료에 참석한다.

치료자: [기준 1과 2를 사용하여 목표를 요청한다]

아들: [진심인 듯이] 선생님들과 문제를 겪는 것을 멈추고 싶어요. 그러면 엄마와 아빠가 기쁘실 거예요.

어머니: [불안한 듯이] 아들이 정말 걱정돼요. 그 아이는 학교에서 계속 말썽을 일으키고, 제 말도 듣지 않아요. 이게 아이의 미래를 어떻게 만들지 걱정돼요.

아버지: [확신 없이] 모든 사실을 다 알진 못하지만, 오늘 밤 전 아내를 지지하고 아내와 같은 목표를 가지고 있어요.

치료자: [기준 3과 4를 사용하여 목표에 반응한다]

▶ 다음 난이도 수준으로 옮겨가기 전에 난이도를 사정하고 조정하라(연습 지침에서 단계 3 참조).

연습 10에 대한 고급 수준의 내담자 진술

고급 내담자 진술 1

제시된 문제: 50대 초반의 여성 내담자가 최근 이혼하고 적응에 문제가 있다고 보고한다.

치료자: [기준 1과 2를 사용하여 목표를 요청한다]

내담자: [압도된 듯이] 이혼은 갑자기 일어났고, 전혀 예상하지 못했어요. 우리는 함께 노년을 보내게 될 거라고 생각했어요. 그런데 어느 날 그가 집에 와서 끝내자고 말했어요. 전 모든 자신감을 잃었고, 이제 다시 데이트하기엔 너무 늙은 것 같아요. 다시 일상으로 돌아가고 싶지만, 그 모습이 어떨지 전혀 상상이 안 돼요.

치료자: [기준 3과 4를 사용하여 목표에 반응한다]

고급 내담자 진술 2

제시된 문제: 30대 후반의 이성애 커플이 치료에 참석한다. 여성 파트너는 아기를 갖고 싶어 한다. 남성 파트너는 이 생각에 반대한다고 말한다.

치료자: [기준 1과 2를 사용하여 목표를 요청한다]

여성 파트너: [속상해하며] 평생 아기를 갖고 싶었는데, 지금 그가 이건 불가능하다고 말해요. 저는 속았고 배신당했다고 느껴져요. 치료가 끝나면, 제게는 두 가지 선택지만 있을 거예요. 하나는 아기를 갖기 위해 작업하는 것이고, 다른 하나는 이혼을 하는 것이죠.

남성 파트너: [조용하게] 저는 그녀가 이혼을 언급할 때 두려움을 느껴요. 그건 제가 원하는 마지막 것이에요. 저는 그렇다고 아기를 원하지는 않기에, 막막해요.

치료자: [기준 3과 4를 사용하여 목표에 반응한다]

고급 내담자 진술 3

제시된 문제: 한 레즈비언 커플이 치료에 참석한다. 그들은 긴장되어 있고 감정적이었는데, 그 이유는 한 파트너가 최근 다른 파트너가 지난 2년 동안 외도를 했다는 사실을 알게 되었기 때문이다.

치료자: [기준 1과 2를 사용하여 목표를 요청한다]

파트너 1: [화가 나서] 그녀가 저와 제 가족에게 한 일에 대해 너무 상처를 받았어요. 그녀는 어떻게 그렇게 오랫동안 외도를 할 수 있었는지 모르겠어요. 전 이 관계를 구제할 방법이 있는지 알아보기 위해 상담받고 싶어요.

파트너 2: [진지하게] 제가 그녀를 사랑한다는 것을 그녀가 알길 바라요. 제가 한 일에 대해선 미안하지만, 그녀는 제가 결혼하고 싶은 사람이에요. 이 치료가 제가 망가뜨린 우리 관계를 복구하는 데 도움이 되길 바라고 있어요.

치료자: [기준 3과 4를 사용하여 목표에 반응한다]

고급 내담자 진술 4

제시된 문제: 부모와 청소년 아들이 치료에 참석하여 차 사용과 관련된 대립을 보고하는데, 이 문제로 인해 많은 회기에서 고성이 오가게 되었다.

치료자: [기준 1과 2를 사용하여 목표를 요청한다]

아들: [짜증난다는 듯이] 저는 자유를 원하기 때문에 화가 많이 나요. 부모님은 차를 사용하지 못하게 하시는데, 우리는 시골에 살기 때문에 여자친구를 볼 수 없어요. 제가 차를 사용하도록 부모님을 설득하기 위해 여기에 있는 거예요.

어머니: [단호하게] 아들의 퉁명스러운 얼굴과 무례함에 질려버렸어요. 그게 끝나지 않는다면, 걔는 차를 사용하지 못할 거예요.

아버지: [직설적으로] 애 엄마는 이 문제로 매일 화가 나 있어요. 아들은 엄마에게 예의 바르게 말하지 않아요. 저는 가운데에 끼어있는 것처럼 느껴져요. 아이에게 더 많은 자유를 주는 것을 지지하지만, 아들이 부모에게 더 많은 존중을 보여야 해요.

치료자: [기준 3과 4를 사용하여 목표에 반응한다]

고급 내담자 진술 5

제시된 문제: 한 이성애 커플이 치료에 참석한다. 남편이 먼저 치료를 시작하게 됐는데, 그 이유는 아내의 주량에 대해 한동안 우려를 해왔고, 특히 최근에 그녀가 술을 마시고 운전하는 것을 보았기 때문이다.

치료자: [기준 1과 2를 사용하여 목표를 요청한다]

남편: [불안해하며] 아내가 음주운전을 했다는 것에 너무나 놀랐어요. 이건 반드시 멈춰져야 해요. 그녀의 음주가 통제 불능 상태에 이르렀기 때문에 여기 왔어요. 너무 멀리 와버렸어요. 그녀가 술 마시는 것을 멈출 수 있게 도와주실 수 있나요?

아내: [방어적으로] 남편은 지나치게 반응하고 있어요. 저는 단지 몇 잔만 마셨고, 운전하는 것이 괜찮았어요. 이 문제에 대한 서로의 의사소통을 개선하는 작업을 하고 싶어요.

치료자: [기준 3과 4를 사용하여 목표에 반응한다]

▶ 다음 난이도 수준으로 옮겨가기 전에 난이도를 사정하고 조정하라(연습 지침에서 단계 3 참조). 적절하다면, 훨씬 더 어려운 연습을 할 지침을 따르라(부록 A 참조).

치료자 반응 예시: 치료목표 설정하기

기억하라: 훈련생들은 예시 반응을 읽기 전에 그들 자신의 반응을 즉시 만들어 내도록 시도해야 한다. **만일 당신의 반응을 떠올리는 데 어려움이 있지 않다면 다음 반응 축어록을 읽지 말라!**

연습 10 초급 수준의 내담자 진술에 대한 예시 반응

초급 내담자 진술 1에 대한 예시 반응

치료자 목표 요청: 지금까지 너를 알게 돼서 좋았어. 너는 많은 경우 어찌할 바를 모르겠다고 느끼는 것 같아. (기준 1) 매주 치료를 받으면서 뭘 얻고 싶은지에 대해 구체적으로 생각해보았는지 궁금해. (기준 2)

치료자 목표 요약: 너의 불안이 사회생활에 방해가 되고 있어서(기준 3), 네가 친구들과 어울리는 것을 막는 불안을 느끼지 않도록 도와주는 치료를 원한다는 거로 들리네. (기준 4)

초급 내담자 진술 2에 대한 예시 반응

치료자 목표 요청: 은퇴자 주택으로의 이전 가능성이 두 분 관계에 스트레스를 주는 것 같습니다. (기준 1) 두 분 모두 치료가 다 끝났는데 효과가 있었고, 모든 문제가 사라졌다고 상상해 주셨으면 합니다. 모든 문제가 해결된 두 분의 삶은 어떤 모습일까요? 가능한 구체적으로 말씀해보세요. (기준 2)

치료자 목표 요약: 두 분은 각자 약간 다른 목표를 가지고 계신 것 같네요. **[파트너 1에게]** 선생님은 싸우고 싶지 않고, 그러면서도 은퇴자 주택으로 이사 가는 계획을 세우고 싶어 하시는 것 같네요. **[파트너 2에게]** 선생님은 아직 은퇴자 주택으로 이사할 준비가 되지 않았다고 말씀하시는 것 같아요. (기준 3) **[두 사람 모두에게]** 우리의 치료목표를 은퇴 계획에 맞추고, 미래를 위한 합의를 만들기 위해 작업하면 어떨까요? 합의를 만들지 못할지라도, 이것에 대해 서로가 논의하는 방식을 개선하면 말다툼을 줄이고 서로가 더 연결감을 느끼도록 도와줄 겁니다. (기준 4)

초급 내담자 진술 3에 대한 예시 반응

치료자 목표 요청: 여러분들은 지금 한동안 서로 말다툼하고 싸우면서 지치신 것으로 들리네요. (기준 1) 치료 시간을 함께하며 얻고 싶은 것이 무엇인지 각자 말씀해주시겠어요? (기준 2)

치료자 목표 요약: 여러분 모두의 말을 들으면서, 공통점과 차이점을 들었습니다. 여러분은 서로와의 관계에서 말다툼을 줄이고 싶어 하시는 것 같아요. (기준 3) 저는 말다툼을 줄이는 것뿐만 아니라 서로와의 긍정적인 의사소통과 상호작용을 늘리는 것에 치료 초점을 맞추자고 제안하고 싶습니다. (기준 4)

초급 내담자 진술 4에 대한 예시 반응

치료자 목표 요청: 저는 여러분(가족)을 이제 막 만났지만, 여러분이 많은 것에 압도되는 게 분명하네요. (기준 1) 여러분의 상황에 치료가 어떻게 도움이 될지 각자 말씀해주시겠어요? 여러분의 구체적인 치료목표가 무엇인가요? (기준 2)

치료자 목표 요약: 여러분의 가족에 지금 많은 스트레스가 있다고 모두가 말씀하시는 거로 들리네요. (기준 3) 우리가 즉시 작업할 수 있는 두 가지는, 첫째, 특별히 어머님의 스트레스를 줄이는 것, 그리고 둘째, 여러분 모두가 서로를 더 지원해서 여러분 세 사람 사이에서 부담을 더 나누도록 돕는 것입니다. (기준 4)

초급 내담자 진술 5에 대한 예시 반응

치료자 목표 요청: 두 분 다 서로의 의사소통에서 어려움을 겪고 있다고 말씀하시는 것 같네요. (기준 1) 만약 두 분이 5년 후의 미래에 자신을 놓고 관계에서 모든 것이 잘 풀리고 있다고 가정한다면, 그때 두 분의 의사소통은 어떻게 되어 있을까요? (기준 2)

치료자 목표 요약: 두 분 다 말씀하시는 걸 들어보니 관계에서 어떤 연결감을 잃고 계신다는 것이네요. 두 분 다 비슷한 걸 원하시는 것 같아요. (기준 3) 서로 더 자세히 듣고 주의를 기울이는 방법과 두 분이 서로에게 더 연결되는 방법에 대해 치료목표를 정하는 것이 어떠신지요? (기준 4)

연습 10 중급 수준의 내담자 진술에 대한 예시 반응

중급 내담자 진술 1에 대한 예시 반응

치료자 목표 요청: 선생님은 한동안 힘드셨고 상황이 나아지도록 여러 시도를 하느라고 지치신 것 같습니다. (기준 1) 치료목표가 무엇일지 그리고 이 목표가 이전의 치료 경험과 어떻게 다를지 말씀해주실 수 있으세요? (기준 2)

치료자 목표 요약: 선생님이 많은 다른 치료자들을 만나셨다는 것을 알고 있어서, 이번 경험은 선생님에게 다르기를 희망합니다. (기준 3) 선생님께서 말씀하시는 하나의 주요 목표는 고립되길 원치 않으며, 주변 사람들과 더 연결되길 원한다는 것이죠. (기준 4)

중급 내담자 진술 2에 대한 예시 반응

치료자 목표 요청: 이러한 관계의 어려움을 이야기하러 치료자를 보는 게 항상 쉬운 것은 아닙니다. (기준 1) 두 분이 치료로부터 얻고 싶은 것이 무엇인지 각자 말씀해주실 수 있으세요? (기준 2)

치료자 목표 요약: 두 분 모두 다른 목표를 가지고 있고, 때로 그 목표들이 상반되는 것 같아요. 두 분 모두 친밀한 관계에서 완전히 행복하지 않다고 말씀하시는 듯합니다. (기준 3) 저는 두 분의 친밀한 관계를 증진하는 목표를 세우고, 두 분 모두에게 더 나은 경험이 되는 길을 찾자고 제안합니다. (기준 4)

중급 내담자 진술 3에 대한 예시 반응

치료자 목표 요청: 오늘 여러분의 문제에 관해 이야기하러 모두 모인 것에 감사합니다. 계부모 가족은 종종 가족에게 힘이 들지요. (기준 1) 여러분의 치료목표가 무엇인지 각자 말씀해주실 수 있나요? **[11세 자녀에게]** 네가 먼저 해볼래? (기준 2)

치료자 목표 요약: 모두 이야기해주신 것에 감사드립니다. **[부모에게]** 다른 자녀도 오늘 여기에 와서 함께 나눌 수 있었으면 좋았을 텐데요. 여러분 모두가 혼합 가족이 공통되게 겪는 몇 가지 어려움을 말씀해주셨습니다. (기준 3) 우리가 함께할 작업의 주요 목표는 여러분이 겪고 있는 모든 손실과 변화를 존중하면서 새로운 가족을 어떻게 이룰지와 관련되지요. 그렇게 해서, 여러분 각자가 자신의 필요를 충족시킬 수 있을 거예요. (기준 4)

중급 내담자 진술 4에 대한 예시 반응

치료자 목표 요청: 두 분이 커플로서 해결하고자 하는 문제가 상당히 난감한 것 같습니다. (기준 1) 각자 치료와 관계에 대한 목표를 설명하는 것으로 시작했으면 합니다. (기준 2)

치료자 목표 요약: 두 분 모두 말씀하시는 걸 잘 들었는데요, 두 분이 미래에 대해 각기 다른 전망을 하고 계신 것 같네요. **[남편에게]** 선생님은 플로리다로 이사 가길 원치 않으시고, 만약 그렇게 된다면 부모님을 자주 볼 수 없다거나 자녀들에게 혼란을 가져올 손실이 있을 거라고 걱정하고 계신 것 같네요. **[아내에게]** 이것이 부인과 가족에게 개인적으로, 그리고 직업상 성장할 훌륭한 기회라고 말씀하시는 거로 들립니다. (기준 3) 두 분의 입장이 서로 완전히 대립 되기는 하지만, 치료목표는 두 분이 함께 작업하여 플로리다로 이사하는 것에 관한 해결책을 찾는 것이라고 제안합니다. 두 분이 각자 말씀하시는 것을 진정으로 들을 수 있게 하는 대화 상황을 만드는 것이 중요할 거예요. (기준 4)

중급 내담자 진술 5에 대한 예시 반응

치료자 목표 요청: 학교에서 문제를 일으키는 것은 큰 스트레스가 될 수 있습니다. (기준 1) 우리가 함께할 작업에 대한 목표를 각자 설명해 주시겠어요? **[11세 아들에게]** 네가 먼저 해 볼래? (기준 2)

치료자 목표 요약: 여러분 모두가 학교에서의 어려움에 대해 걱정하시고, 이것이 끝나길 바라고 계신 거로 들립니다. (기준 3) 우리가 함께 작업하는 것의 목표가 여러분 모두 학교에서 아드님의 행동문제가 없을 때 치료가 성공하는 거라고 동의하시는 것처럼 들립니다. (기준 4)

연습 10 고급 수준의 내담자 진술에 대한 예시 반응

고급 내담자 진술 1에 대한 예시 반응

치료자 목표 요청: 당신의 이혼이 갑작스러웠고 매우 힘든 일이었던 것 같습니다. (기준 1) 치료에 대한 당신의 목표는 무엇인가요? 현실적이고, 구체적이며, 측정이 가능하고, 달성 가능한 목표들로 말씀해주세요. (기준 2)

치료자 목표 요약: 당신은 인생에서 매우 고통스럽고 갑작스러운 변화를 겪었습니다. (기준 3) 당신은 자신감 되찾기, 결혼의 상실 애도하기, 다시 데이트하기, 그리고 이혼 받아들이기 등 여러 목표를 말씀하시는 거로 들었습니다. (기준 4) 이 목표들이 맞는 것인지요?

고급 내담자 진술 2에 대한 예시 반응

치료자 목표 요청: 두 분이 가족의 미래와 관련된 몇 가지 문제들로 고민하고 계신 것 같습니다. (기준 1) 커플치료에서 얻고 싶은 것이 구체적으로 무엇인가요? (기준 2)

치료자 목표 요약: 두 분이 큰 인생 결정과 관련해서 매우 다른 치료목표를 갖고 계신 듯합니다. (기준 3) 제가 들은 한 가지는 두 분 모두 서로를 돌보고, 이 관계를 이어가고 싶어 한다는 것입니다. 우리가 함께 작업하는 첫 목표는 각자가 상대방이 말하는 것을 듣는 것에 집중해서, 아이를 갖는 문제에 관해 대화하는 것에 초점을 맞추자고 제안하고 싶습니다. 두 분이 모두 듣고 만족스러우면, 그다음에 무엇을 할지 결정할 수 있습니다. (기준 4) 이 제안이 여러분 각자에게 어떻게 들리시나요?

고급 내담자 진술 3에 대한 예시 반응

치료자 목표 요청: 오늘 와주셔서 감사합니다. 두 분은 힘든 경험을 하고 계시네요. **[파트너 1에게]** 이 경험은 특히 당신에게 상처를 주었겠네요. (기준 1) 우리가 함께 작업할 치료목표를 각자 말씀해주시겠어요? (기준 2)

치료자 목표 요약: 두 분 모두 말씀하시는 걸 들으니 이것이 극도로 상처를 주는 사건이었다는 것이 분명하네요. 저는 또한 두 분 모두 관계가 어떻게든 회복되고 수리될 수 있기를 희망하고 계신다는 것도 들었습니다. (기준 3) 이것은 지금 당장 우리가 모두 동의할 수 있는 큰 목표로 보이네요. 제가 제안할 또 다른 목표는 외도 상대에 대한 경계를 설정해서 이제 더 여러분의 관계에 방해가 되지 않도록 확신시키는 것입니다. (기준 4)

고급 내담자 진술 4에 대한 예시 반응

치료자 목표 요청: 여러분 가족 내에서 자동차 사용을 둘러싼 대립 상황이 있고, 많은 다툼이 있었던 것 같아요. (기준 1) 여러분 모두 치료에서의 목표를 말씀해 주시겠어요? **[청소년 아들에게]** 네가 먼저 말해볼래? (기준 2)

치료자 목표 요약: 여러분 모두 치료에 참여하여 이 문제를 해결하려고 와주셔서 기쁩니다. 여러분이 교착 상태에 있는 것처럼 보이네요. 또한, 저는 여러분께서 말씀하시는 데서 희망을 봅니다. **[아들에게]** 네가 나이가 들면서 더 많은 자유를 원하고 여자친구와 시간을 보내고 싶어 하는 것이 이해가 돼. **[부모에게]** 또 저는 두 분이 아드님이 더 존경심을 갖고 화를 덜 내길 바라는 것도 이해가 됩니다. (기준 3) 우리가 함께 작업할 최소한 두 가지 목표가 있는 것 같아요. 우선, 아드님이 엄마와 아빠에게 더 존경심을 갖도록 도와주는 것, 그리고 엄마와 아빠가 그것이 어떤 모습일지에 대해 구체적으로 제공하는 것입니다. 두 번째 목표는 자동차 사용과 그 사용 조건에 대해 협의를 하는 것입니다. (기준 4) 이 두 목표가 여러분 각자에게 어떻게 들리시나요?

고급 내담자 진술 5에 대한 예시 반응

치료자 목표 요청: 두 분의 관계에서 알코올이 중요한 주제가 된 것 같네요. (기준 1) 커플치료에서 두 분의 목표를 각자 말씀해 주시겠어요? (기준 2)

치료자 목표 요약: 두 분 모두 함께 오셔서 치료목표를 공유해 주셔서 감사합니다. **[남편에게]** 남편 분은 아내의 음주 행위에 대해 매우 걱정하고 있고, 차 사고와 같은 나쁜 일이 일어날까 봐 우려하시는 것 같아요. **[아내에게]** 부인은 자신에게 음주 문제가 없다고 생각하며 의사소통에 대해 작업하고 싶으신 것 같습니다. (기준 3) 두 분이 이렇게 입장 차이가 클 때는 치료목표를 정하기가 종종 어려워요. 제가 제안하고 싶은 것은 두 가지 목표를 세우는 것입니다. 첫째, 알코올 사용과 이것이 문제가 되었을 때 어떻게 할 것인가 그리고, 둘째, 알코올과 다른 문제들에 대한 두 분 관계 속에서의 의사소통입니다. (기준 4) 이 목표들이 각자에게 어떻게 들리시나요?

연습 11 상호작용 주기 추적하기

연습 11을 위한 준비

1. 제2장의 지침을 읽으라.
2. 미국심리학회 홈페이지 http://www.apa.org/pubs/books/deliberate-practice-systemic-family-therapy에서 의도적 실습 반작용 양식과 의도적 실습 일지 양식을 다운로드하라('임상가와 실천가 자원' 탭 참조: 또한 부록 A와 부록 B에서도 각각 얻을 수 있음).

연습 11을 위한 체계론적 상황

체계론적 치료자는 개인, 커플, 가족과 작업하고, 체계론적 관점으로부터 각 대상에 접근한다. **이 특수한 체계론적 기술을 위해, 여러분은 3명의 훈련생이 필요하다. 한 사람은 치료자이고, 두 사람은 내담자이다.** 우리는 각 내담자 지시 메시지 전에 몇 가지 사례 상황을 제공했다. 이 상황은 부가적인 배경 정보(예: '가족-아버지와 청소년 딸')가 따르는 관계 유형을 밑줄 친 텍스트의 형태로 먼저 진술한다. 내담자 역할을 하는 훈련생은 각 내담자 지시 메시지 앞에 있는 밑줄 친 텍스트를 소리 내어 읽도록 하라. 만약 특수한 지시 메시지로 설계된 내담자 역할을 하는 사람보다 더 많은 훈련생이 있다면, 한 명이나 그 이상의 훈

련생들은 그 특수한 지시 메시지의 역할극을 관찰할 수 있다. 내담자 역할을 하는 훈련생들이 내담자 진술을 읽을 사람과 관찰할 사람으로 역할을 바꿔 보면서 모든 사람이 연습에 참여할 기회를 가질 것을 권한다.

기술 설명

기술 난이도 수준: 고급

사건들이 어떻게 발생하는지 이해할 때, 많은 사람은 선형적 인과성(A가 B를 유발한다)에 기초한 이해를 채택한다. 선형적 인과성은 대인관계를 이해할 때 그 사용이 제한된다. 물론, 한 파트너의 행동이 다른 파트너의 행동을 유발하는 경우도 있다. 그러나 더 자주, 관계는 순환적 인과성(A와 B가 상호적으로 영향을 미친다)에 기반을 두고 있다. 이 개념은 상호작용의 패턴과 주기를 훨씬 더 풍부하고 정확하게 이해시키며, 체계론적으로 지향된 치료에서 결정적인 기술이다(예: Hargrave & Pfitzer, 2011; Johnson & Salvetti, 2019). 그림 E11.1에 제시된 순환적 인과성의 주기는 종종 어떤 형태로든 체계론적 치료 내에서 논의된다.

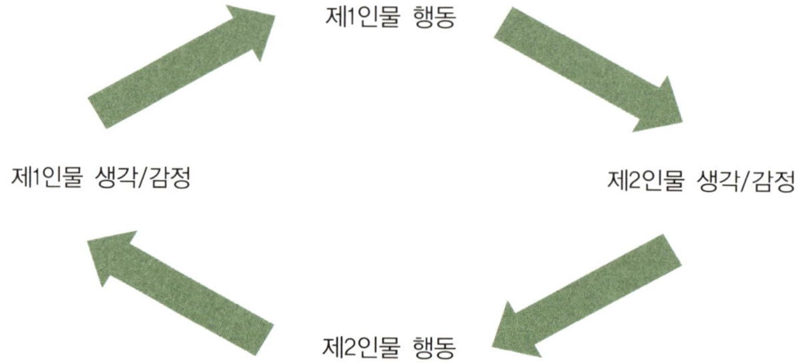

[그림 E11.1] 순환적 인과성의 주기

어디서 시작하든, 주기를 더 잘 이해하기 위해 다이어그램을 시계 돌아가는 방향으로 따르라. 그래서 만약 제1인물이 언급하거나 어떤 행동을 수행하면, 그다음 단계는 제2인물이 생각과/또는 감정 측면에서 어떻게 반응하는지를 탐색하는 것이다. 그 후에, 여러분은 어떻게 그러한 생각과/또는 감정이 제2인물의 반응 행동으로 이어지고, 그것이 다시 제1인물의 생각과/또는 감정에 영향을 주며, 제1인물의 반응 행동으로 이어지는지를 본다. 예를 들기 위해, 추적-철회 상호작용 패턴을 생각해보자. 파트너 1이 그들의 커플 관계에서의 어떤 이슈에 관한 대화를 시작한다. 파트너 2는 이 이슈에 대해 약간 방어적이고 압도당한 기분이 들어, 잠깐 그것들을 설명하려다 철회한다. 파트너 1에게는 파트너 2가 그 이슈를 이야기하고 싶지 않은 것처럼 보여서, 자신이 무시당하고 소홀히 다뤄진다고 느낀다. 이렇게 느끼는 파트너 1은 파트너 2에게 철회에 대한 자신의 감정을 표현하고, 그렇게 주기적 패턴이 계속된다. 다이어그램에서 어디서 시작하는지는 실제로 중요하지 않은데, 그 이유는 각 사람이 상대방에게 상호 영향을 주기 때문이다. **이 기술의 목표는 부정적 상호작용 주기를 이해하도록 연습하고 나아가 그것을 풀어내는 것이다.** 이런 방식으로 상호작용 주기를 추적하는 것은 내담자들이 자신의 경험에 대해 체계론적으로 생각하도록 만들 뿐만 아니라, 내적 경험이 자신의 행동과 타인의 행동에 어떻게 기여하는지 탐색하도록 도와준다. 이런 방식으로, 이 기술은 내담자들이 자신의 내적 경험과 외적 행동 사이의 관계를 더 충분히 이해할 수 있도록 강화할 수 있다. 이러한 주기는 긍정적이거나 부정적일 수 있고, 치료 과정 전반에 걸쳐 탐색하는 것이 유용하지만, 그것을 변화시키기 위해서 부정적인 주기를 식별하고 탐색하는 치료 초기 단계 동안에 특히 가치가 있다.

이 기술에 대한 마지막 설명은 다음과 같다. 즉 이것은 체계론적 기술이기 때문에 치료실에서 한 명 이상의 내담자가 있을 때 더 유용하고, 그 순간에 그들이 서로에 대해 경험하는 것과 관련된다. 이것은 제1인물의 행동으로부터 제2인물의 생각과 감정까지의 주기를 추적할 때 특히 그렇다. 가능하긴 하지만, 제1인물에게 제2인물이 어떤 생각과 감정을 느꼈을지 묻는 것은 때때로 그다지 유용하지 않고(예: "당신이 그렇게 했을 때, 당신의 파트너는 어떻게 느꼈나요?"), 제2인물이 경험한 바를 묻는 것이 훨씬 더 유용하다(예: "당신의 파트너가 그렇게 했을 때, 당신은 어떠셨나요?").

따라서 각 지시 메시지는 제1인물과 제2인물이 있는 2인 치료의 맥락에서 한 내담자(제1인물)가 시작할 것이다. 또한, 때때로 한 사람이 그 주기의 한 가지 이상의 측면을 언급할 것이다. 그런 경우, 여러분은 그 주기의 어떤 시계 돌아가는 반대 방향이 탐색하기에 가장 유용할지를 선택한다.

연습 11을 위한 기술 기준

1. 언어적으로 진술되지 않는 암묵적 기술: 주기의 어떤 요소가 내담자의 지시에서 강조되고 있는지를 확인하라. (예: 제1인물의 행동, 제1인물의 생각 또는 감정, 제2인물의 행동, 그리고/또는 제2인물의 생각 또는 감정).
2. 지금까지 표현된 주기의 요소를 요약하는 간략한 반영을 제공하라.
3. 주기의 알려지지 않은 요소인, 상대방에 대한 더 많은 정보를 끌어내는 개방형 질문을 하라.

상호작용 주기를 추적하는 치료자의 예시

예시 1

가족 – 어머니와 청소년 아들. 부모는 가족 내에서 갈등을 일으키는 청소년 아들의 행동으로 어려움을 겪고 있다.

아들 *[짜증을 내며]* 제가 왜 여기 있는지조차 모르겠어요. 엄마가 여기 있어야 한다고는 하지만요.

어머니 *[좌절하며]* 이렇게 말하는 건 싫지만, 제 아들은 정말 기분 상하게 하는 말을 잘해요. 정말 못된 말들을 해요.

치료자 *[주기의 요소를 확인하라: 아들의 행동. (기준 1)]* 아드님은 정말로 어떻게 하면 당신을 화나게 하는지 알고 있네요. (기준 2) 그가 그런 말을 할 때, 어떤 생각과 감정이 드나요? (기준 3)

예시 2

커플이 집에서 격해지는 다툼으로 인해 처치를 구하고 있다.

파트너 1 *[슬퍼하며]* 지난주에 정말 격렬한 말다툼이 있었는데, 저는 더 참을 수 없어서 나와 버렸어요.

파트너 2 *[혼란스러워하며]* 맞아, 그리고 당신은 5시간 동안 돌아오지 않았어. 난 당신이 어디 있는지 전혀 몰랐어.

치료자 *[주기의 요소를 확인하라: 파트너 1과 2의 행동과 파트너 1의 행동. (기준 1)]* 그래서, 두 분은 정말로 심하게 다투었고 당신은 나가기로 결정했군요... (기준 2)

선택 1 *[파트너 2에게]* 파트너가 떠났을 때 당신은 어떤 생각과 감정이 드셨어요? (기준 3)

선택 2 잠시 그 순간으로 돌아가 봅시다. *[파트너 1에게]* 5시간 동안 나가 있기로 결정하기 전에 마음속으로 어떻게 하시려고 했나요? (기준 3)

예시 3

커플이 그들의 관계에서 일어나는 일을 이해하기 위해 서로의 원가족에 대해 논의한다.

파트너 1 *[차분하게]* 저는 제 부모님이 갈등을 일으키는 것을 본 적이 없어요. 문제 될 건 별로 없었죠.

파트너 2 *[좌절하며]* 당신 가족은 모든 걸 피했을 뿐이야. 우리 가족은 갈등을 두려워하지 않았기 때문에 항상 대화를 나눴어요. 그래서 저는 제가 뭔가 말을 꺼냈는데, 이 사람이 반응하지 않으면 정말 거부당한 기분이 들어요.

치료자 *[주기의 요소를 확인하라: 내담자 1의 행동, 내담자 2의 행동, 그리고 내담자 2의 생각/감정. (기준 1)]*
[내담자 2에게] 그래서 당신은 어떤 이슈를 제기하는데, 파트

너가 반응하는 것 같지 않으면 거부당한 감정이 드는 것이네요... (기준 2)

선택 1 *[내담자 2에게]* 이렇게 느낄 때 당신은 파트너에게 어떻게 반응하나요? (기준 3)

선택 2 *[내담자 1에게]* 파트너가 당신에게 이슈를 제기할 때 당신은 어떠신가요? (기준 3)

연습 11에 대한 지침

단계 1: 역할 연습과 피드백

- 내담자는 각 내담자 지시 메시지 앞에 있는 밑줄 친 텍스트를 소리 내어 읽는다.
- 내담자는 먼저 초급 내담자 진술을 말한다. 치료자는 기술 기준에 근거하여 반응을 **즉시 만들어 낸다.**
- 훈련자는(혹은, 가능하지 않다면, 내담자는) 기술 기준에 근거한 **짧은** 피드백을 제공한다.
- 그런 다음 내담자는 같은 문장을 반복하고, 치료자는 다시 반응을 즉시 만들어 낸다. 훈련자(혹은 내담자)는 다시 짧은 피드백을 제공한다.

단계 2: 반복

- **현재의 난이도 수준**(초급, 중급, 고급)**에서** 모든 진술에 대해 단계 1을 반복하라.

단계 3: 사정과 난이도 조정

- 치료자는 의도적 연습 반작용 양식(부록 A 참조)을 완성하고 더 쉽거나 더 어려운 연습을 만들지, 아니면 같은 난이도 수준을 반복할지 결정한다.

단계 4: 약 15분 동안 반복

- 최소한 15분 동안 단계 1에서 3을 반복하라.
- 그런 다음 훈련자는 치료자와 내담자 역할을 바꾼 다음 다시 시작하라.

⇨ 자, 이제 당신의 차례다. 지침에서 나온 단계 1과 단계 2를 따르라.

기억하라: 역할 연습의 목표는 훈련생이 (a) 기술 기준을 사용해서 (b) 훈련생에게 그럴듯하게 느껴지는 내담자 진술에 대한 반응을 즉시 만들어내는 연습을 하는 것이다. 각 내담자 진술에 대한 치료자 반응 예시들은 이 연습 뒷부분에 제공된다. 훈련생들은 예시 반응을 읽기 전에 자신의 반응을 즉시 만들어 내도록 시도해야 한다.

연습 11에 대한 초급 수준의 내담자 진술

초급 내담자 진술 1

커플이 치료자에게 관계에서 외로움과 고립을 경험하고 있음을 알린다.

파트너 1: [비난하듯이] 당신은 직장에서 집으로 오자마자 바로 서재로 가잖아.

파트너 2: [방어적으로] 그곳은 휴식을 취하는 곳이야. 나는 직장에서의 모든 스트레스를 집으로 가져오고 싶지 않아서 거기에 가는 거야.

파트너 1: 그럴 수도 있겠지, 하지만 당신이 나랑 같이 있고 싶지 않은 것같이 보여.

초급 내담자 진술 2

가족 – 어머니와 청소년 아들. 부모는 가족 간의 갈등을 일으키는 청소년 아들의 행동으로 인해 어려움을 겪고 있다.

아들: [짜증을 내며] 제가 왜 여기 있는지조차 모르겠어요. 엄마가 여기 있어야 한다고는 하지만요.

어머니: [슬퍼하며] 이렇게 말하는 건 싫지만, 제 아들은 정말 기분 상하게 하는 말을 잘해요. 정말 못된 말들을 해요.

초급 내담자 진술 3

커플은 관계 내 의사소통을 향상 시키고, 말다툼을 효과적으로 해결하고 싶어 한다.

파트너 1: [혼란스러워하며] 우리는 이야기하는 거의 모든 것에서, 마치 경쟁이나 논쟁하듯이 하는 것 같아요.

파트너 2: [방어적으로] 그게 뭐가 문제가 되죠? 제가 생각하기엔, 그런 생각을 한다면, 그녀는 그걸 뒷받침할 수 있어야 해요.

파트너 1: [치료자에게] 하지만 그는 제 관점을 결코 인정하는 것 같지 않아요. 그저 이기고 싶어만 해요.

초급 내담자 진술 4

10대 아들을 둔 부모가 아들이 심각한 정신 질환 증상을 보일지도 모른다는 우려로 처치에 참석한다.

부모 1: [불안해하며] 제 아버지는 제가 19살 때 조현병을 앓기 시작했어요.

부모 2: [직설적으로] 그리고 이제 우리 아들이 그 나이가 되었는데, 제 파트너는 아들에게 무슨 일이 일어날지에 대한 걱정이 끊이질 않아요.

초급 내담자 진술 5

커플은 파트너 1의 불안으로 인해 친밀감에 대한 우려가 계속된다고 보고, 이를 다루길 희망한다.

파트너 1: [낙담하며] 제 불안이 우리가 연결되는 방식을 방해하고 있는데, 그건 저도 어쩌질 못하겠어요.

파트너 2: [이해한다는 듯이] 힘들지만, 당신이 어쩔 수 없다는 걸 알아.

파트너 1: [압도되어] 그건 정말 너무 그래.

다음 난이도 수준으로 옮겨가기 전에 난이도를 사정하고 조정하라(연습 지침에서 단계 3 참조).

연습 11에 대한 중급 수준의 내담자 진술

중급 내담자 진술 1

커플이 그들의 관계에서 일어나는 일을 이해하기 위해 서로의 원가족에 대해 논의한다.

파트너 1: [**담담하게**] 저는 제 부모님이 갈등을 일으키는 것을 본 적이 없어요. 문제될 건 별로 없었죠.

파트너 2: [**비난하듯이**] 당신 가족은 모든 걸 피했을 뿐이야. 우리 가족은 갈등을 두려워하지 않았기 때문에 항상 대화를 나눴어요. 그래서 저는 제가 뭔가 말을 꺼냈는데, 이 사람이 반응하지 않으면 정말 거부당한 기분이 들어요.

중급 내담자 진술 2

한 개인이 현재의 관계에서 공동의존에 대한 걱정을 꺼낸다.

[**걱정하며**] 파트너가 음주를 줄이려고 노력하는 중인데, 제가 어떻게 도와줄 수 있을까요? 그는 말을 꺼내는 것에 죄책감을 느끼는 것 같고, 제게 부담을 주고 싶어 하지 않는 것 같아요.

중급 내담자 진술 3

커플은 최근에 가족을 합치면서 관계 스트레스를 경험하고 있다.

파트너 1: [**진심으로**] 시간이 걸릴 거라는 걸 알고 있지만, 우리 가족들을 하나로 합치는 건 정말 힘드네요.

파트너 2: [**고민하며**] 맞아, 벌써 1년이 되었고, 당신 딸은 여전히 내게 매우 반항적이야. 마치 날 원하지 않는 것 같은데, 그게 우리가 잘해 나아갈 수 있을지 걱정하게 만드네.

중급 내담자 진술 4

커플이 집에서 격해지는 다툼으로 인해 처치를 구하고 있다.

파트너 1: [**담담하게**] 지난주에 정말 격렬한 말다툼이 있었는데, 저는 더 이상 참을 수 없어서 나와버렸어요.

파트너 2: [**당황해하며**] 맞아, 그리고 당신은 5시간 동안 돌아오지 않았어. 난 당신이 어디 있는지 전혀 몰랐어.

중급 내담자 진술 5

부모가 강박장애를 가진 것으로 생각되는 딸을 지지하는 방법에 대해 조언을 구하고 있다.

부모 1: [**걱정하며**] 우리 딸이 최근에 강박장애를 앓고 있습니다. 온라인상으로 찾아보니 이게 꼼꼼함이라고 불릴 수도 있다고 하더군요. 그 아이는 나쁜 생각이 들면, 무릎을 꿇고 10분간 기도해야만 한다고 느끼나 봐요.

부모 2: [**약간 짜증을 내며**] 우리도 이해하려고 노력하기는 하지만, 정말 답답한 노릇이에요.

▶ 다음 난이도 수준으로 옮겨가기 전에 난이도를 사정하고 조정하라(연습 지침에서 단계 3 참조).

연습11에 대한 고급 수준의 내담자 진술

고급 내담자 진술 1

커플이 관계에서 언어적으로 상처 주는 다툼의 경험을 지속하고 있다.

파트너 1: [좌절하며] 이번 주는 정말 힘들었어요. 잘 풀려고 최선을 다하려는 목표를 가지고 있었지만, 그가 상처를 주는 말을 했어요.

파트너 2: [놀라워하며] 정말? 나는 내가 무슨 말을 했는지 기억도 안 나. 하지만 당신이 화가 나서 나에게 정말 못된 말을 했다고 기억해. 그 후로 우린 그냥 각자의 길을 갔어.

고급 내담자 진술 2

커플은 치료자에게 그들 관계에서 성적 친밀감 문제로 계속해서 힘들다고 말한다.

파트너 1: [좌절하며] 지난주에 그녀를 위해 멋진 저녁을 준비했는데, 그녀는 온통 딴 생각을 하고 있었어요.

파트너 2: [약간 방어적으로] 좋은 시도였지만, 난 당신이 그저 성관계를 가지려는 의도로 그랬다는 생각을 멈출 수 없었어. 그래서 그날 밤에 당신에게 좀 차가워진 거야.

고급 내담자 진술 3

한 개인은 치료를 받고 있는 관계 내 건강한 경계에 대해 의문을 가지고 있다.

[방어적으로] 제 파트너가 우울하고 쓸모없다고 느낀다는 걸 알아요, 하지만 저도 자존감이 낮아요! 저 역시 요구사항이 있지만, 제 것은 항상 뒤로 밀리는 것 같아요.

고급 내담자 진술 4

커플이 관계에서 거짓을 말하는 행동이 반복된 이후 화해를 시도하고 있다.

파트너 1: [당혹해하며] 신뢰를 주려고 정말 노력했어요. 정말이에요. 하지만 이제 더 제가 해낼 수 있을지 모르겠어요.

파트너 2: [낙담하며] 알아요, 제 파트너의 말이 맞아요. 제가 아주 여러 번 실수했기 때문에 우리가 예전처럼 돌아갈 수 있을지 확신이 없어요. 제가 정말 망쳐 놓았어요.

고급 내담자 진술 5

커플이 함께 좋은 시간을 보낼 수 있는 능력을 증진하기 위해 처치를 구하고 있다.

파트너 1: [담담하게] 제 파트너는 행동하는 사람이에요.

파트너 2: [방어적으로] 그게 나쁜 거라도 돼?

파트너 1: [슬퍼하며] 항상 그런 건 아니지. 하지만 당신이 필요할 때가 있는데, 당신은 다른 일에 너무 바빠서 날 알아차리지 못하는 것 같아.

▶ 다음 난이도 수준으로 옮겨가기 전에 난이도를 사정하고 조정하라(연습 지침에서 단계 3 참조). 적절하다면, 훨씬 더 어려운 연습을 할 지침을 따르라(부록 A 참조).

치료자 반응 예시: 상호작용 주기 추적하기

기억하라: 훈련생들은 예시 반응을 읽기 전에 그들 자신의 반응을 즉시 만들어 내도록 시도해야 한다. **만일 당신의 반응을 떠올리는 데 어려움이 있지 않다면 다음 반응 축어록을 읽지 말라!**

연습 11 초급 수준의 내담자 진술에 대한 예시 반응

초급 내담자 진술 1에 대한 예시 반응

[주기의 요소를 확인하라: 파트너 2의 행동. (기준 1)]

그래서 [파트너 2]가 집에 도착하면 당신 [파트너 1]을 피하는 것 같네요. (기준 2) 이런 일이 일어날 때, 당신은 마음이 어떤가요? [파트너 1]? (기준 3)

초급 내담자 진술 2에 대한 예시 반응

[주기의 요소를 확인하라: 아들의 행동. (기준 1)]

[어머니에게] 아드님은 정말 어머니를 화나게 하는 법을 알고 있다는 거지요. (기준 2) 아드님이 그런 말을 할 때, 어떤 생각이나 감정이 드나요? (기준 3)

초급 내담자 진술 3에 대한 예시 반응

[주기의 요소를 확인하라: 파트너 2의 행동. (기준 1)]

그래서 함께 대화하게 되면 가끔은 승패가 나뉘는 경쟁처럼 느껴지나 봐요. (기준 2) 당신 [파트너 1] 은 파트너가 당신의 관점을 인정해 주지 않을 때, 어떤 감정이 드나요? (기준 3)

초급 내담자 진술 4에 대한 예시 반응

[주기의 요소를 확인하라: 부모 1의 생각과 감정. (기준 1)]

[부모 1]이 아드님에게 더 많은 것을 원하지만, 부모님 모두 그에 대해 걱정을 하고 있는 것 같아요. (기준 2) **[부모 2에게]** 당신은 이렇게 느낄 때, 배우자께서 아드님에게 반응하는 것을 어떻게 관찰하나요? (기준 3)

초급 내담자 진술 5에 대한 예시 반응

[주기의 요소를 확인하라: 파트너 1의 생각/감정. (기준 1)]

[파트너 1에게] 때때로 불안이 당신을 정말 무력하게 만들 수 있어요. (기준 2) 당신이 이렇게 힘들 때, 당신 자신은 무얼 하고 계시나요? (기준 3)

연습 11 중급 수준의 내담자 진술에 대한 예시 반응

중급 내담자 진술 1에 대한 예시 반응

[주기의 요소를 확인하라: 파트너 1의 행동, 파트너 2의 행동, 파트너 2의 생각/감정. (기준 1)]

[파트너 2에게] 그래서 당신은 이슈를 제기하는데, 당신의 파트너가 반응하지 않는 것처럼 느껴져 거부당하는 기분이 드는 거네요. (기준 2)

선택 1: **[파트너 2에게]** 이런 식으로 느낄 때, 당신은 보통 파트너에게 어떻게 반응하나요? (기준 3)

선택 2: **[파트너 1에게]** 파트너가 이슈를 다루려 하지 않을 때, 당신에게는 무슨 일이 일어나나요? (기준 3)

중급 내담자 진술 2에 대한 예시 반응

[주기의 요소를 확인하라: 파트너 생각과 감정, 파트너 행동, 그리고 내담자 생각/감정. (기준 1)]

당신의 파트너는 실제로 음주를 줄이려고 하지만, 스스로 하지 않으면 죄책감을 느끼는 것 같네요. 하지만 그럴 때 당신은 어떤 방식으로든 도와주고 싶은 마음이 있고요. (기준 2) 당신이 도와주고 싶어 하지만 그가 당신에게 부담을 주고 싶어 하지 않는다는 것을 알게 될 때, 당신은 어떻게 하나요? (기준 3)

중급 내담자 진술 3에 대한 예시 반응

[주기의 요소를 확인한다: 파트너 1의 생각/감정, 딸의 행동, 그리고 파트너 2의 생각/감정. (기준 1)]

[파트너 2에게] 가족을 합치는 일은 정말 도전적일 수 있어요. 당신은 의붓딸로부터 적대감을 느끼고 있고, 두 분의 커플 관계가 계속될 수 있을지 걱정하는 것 같아요. (기준 2) **[파트너 1에게]** 이렇게 느낄 때, 파트너에게 어떻게 반응하시나요? (기준 3)

중급 내담자 진술 4에 대한 예시 반응

[주기의 요소를 확인한다: 파트너 1과 2의 행동 그리고 파트너 1 행동. (기준 1)]

그래서 두 분은 정말로 심하게 다투었고, 결국 당신은 자리를 뜨기로 결정했네요. (기준 2)

선택 1: **[파트너 2에게]** [파트너 1]이 떠났을 때 당신에게 어떤 느낌이 들었나요? 당신의 생각과 감정을 말해주세요. (기준 3)

선택 2: 그 순간으로 돌아가서 생각해봅시다. [파트너 1에게] 5시간 동안 떠나 있기로 결정하기 전에 속마음이 어떠셨어요? (기준 3)

중급 내담자 진술 5에 대한 예시 반응

[주기의 요소를 확인한다: 딸의 생각과 감정, 딸의 행동, 부모 1의 생각과 감정. (기준 1)]

그래서 두 분의 따님은 기도로 불안을 다루려고 하고, 그것이 두 분 모두를 정말로 힘들게 하는 것 같네요. (기준 2) 이렇게 느낄 때, 따님에게 그리고 따님의 걱정에 어떻게 반응하시나요? (기준 3)

연습 11 고급 수준의 내담자 진술에 대한 예시 반응

고급 내담자 진술 1에 대한 예시 반응

[주기의 요소를 확인하라: 파트너 2의 행동과 파트너 1의 행동. (기준 1)]

두 분 모두 때때로 상처를 주는 말을 하시는 것 같아요. (기준 2) 제가 더 잘 이해하기 위해 조금 뒤로 돌아가 보고 싶습니다. 상대방에게 상처를 주는 말을 들었을 때, 두 분은 각자 마음이 어떠신지요? (기준 3)

고급 내담자 진술 2에 대한 예시 반응

[주기의 요소를 확인하라: 파트너 1의 행동, 파트너 2의 생각과 감정, 그리고 파트너 2의 행동. (기준 1)]

[파트너 1]은 멋진 것을 하려고 했지만, **[파트너 2에게]** 당신은 그의 동기가 신경 쓰였군요. **[파트너 2에게]** 그러면 당신은 자신이 두 분 사이에 감정적인 벽을 쌓은 걸 알아차리셨네요. (기준 2) [파트너 2]가 이렇게 행동하면, 당신[파트너 1]은 어떠신가요? (기준 3)

고급 내담자 진술 3에 대한 예시 반응

[주기의 요소를 확인하라: 파트너 2의 생각/감정과 파트너 1의 행동. (기준 1)]

지금 당장은 모든 게 정말 심각하게 느껴질 거예요. 파트너가 기분이 가라앉아 있을 때, 당신의 필요는 뒤로 미루고 있다는 것처럼 들려요. (기준 2) 이렇게 할 때, 당신 마음속에서는 결국 어떤 느낌이 드나요? (기준 3)

고급 내담자 진술 4에 대한 예시 반응

[주기의 요소를 확인하라: 파트너 2의 행동, 파트너 1의 생각/감정, 그리고 파트너 2의 생각/감정. (기준 1)]

[파트너 2에게] [파트너 1]로부터 비난받는 것 같고, 그래서 당신은 자신에 대해 정말로 낙담하기 시작하는 것 같아요. (기준 2) **[파트너 2에게]** 이렇게 느낄 때, 당신은 보통 [파트너 1]에게 어떻게 반응하시나요? (기준 3)

고급 내담자 진술 5에 대한 예시 반응

[주기의 요소를 확인하라: 파트너 2의 행동과 파트너 1의 생각 및 감정. (기준 1)]

[파트너 1에게] 당신이 파트너가 필요할 때가 있는데, 그가 정말 바쁘다는 것을 말씀하시는 것 같아요. (기준 2) 당신에게 그가 필요할 때, 그에게 어떻게 알리시나요? (기준 3)

연습 12 상호작용의 구조화: 실연 주도하기

연습 12를 위한 준비

1. 제2장의 지침을 읽으라.
2. 미국심리학회 홈페이지 http://www.apa.org/pubs/books/deliberate-practice-systemic-family-therapy에서 의도적 실습 반작용 양식과 의도적 실습 일지 양식을 다운로드하라('임상가와 실천가 자원'탭 참조: 또한 부록 A와 부록 B에서도 각각 얻을 수 있음).

연습 12를 위한 체계론적 상황

체계론적 치료자는 개인, 커플, 가족과 작업하고, 체계론적 관점으로부터 각 대상에 접근한다. **이 특수한 체계론적 기술을 위해, 여러분은 <u>2명의 훈련생</u>이 필요하다. 한 사람은 치료자이고, 한 사람은 내담자이다.** 우리는 각 내담자 지시 메시지 전에 몇 가지 사례 상황을 제공했다. 이 상황은 부가적인 배경 정보(예: <u>'가족-아버지와 청소년 딸'</u>)가 따르는 관계 유형을 밑줄 친 텍스트의 형태로 먼저 진술한다. 내담자 역할을 하는 훈련생은 각 내담자 지시 메시지 앞에 있는 밑줄 친 텍스트를 소리 내어 읽도록 하라. 만약 특수한 지시 메시지로 설계된 내담자 역할을 하는 사람보다 더 많은 훈련생이 있다면, 한 명이나 그 이상의 훈련생들은 그 특수한 지시 메시지의 역할극을 관찰할 수 있다. 내담자 역할을 하는 훈련생들이 내담자 진술을 읽을 사람과 관찰할 사람으로 역할을 바꿔 보면서 모든 사람이 연습에 참여할 기회를 가질 것을 권한다.

기술 설명

기술 난이도 수준: 고급

체계론적 치료는 흔히 한 명의 내담자와 한 명의 치료자만 있는 것보다 더 많은 사람이 치료실에 있는 상황을 포함한다. 따라서 처치를 위해 커플이나 가족체계 구성원 사이의 상호작용 구조화와 같은 기술을 가지는 것이 상당히 중요하다. **이 연습의 목표는 치료자가 내담자 체계와 실연을 해볼 수 있게 하는 것이다.** *상호작용 구조화*interactional structuring는 치료자가 회기에 있는 가족 구성원들 간 상호작용의 흐름을 촉진하는 기술을 가리킨다(Seedall & Butler, 2006). 상호작용 구조화에서의 핵심 역량은 치료자가 지금 여기에서 실연하게 하는 능력이다. *실연*enactment은 치료자가 회기의 구조를 의도적으로 줄여가는 과정을 가리킨다. 이것은 내담자 체계 내에서 불확실성과 반응성이 관리될 수 있을 때 처치에서 가능해진다(만약 관리가 어렵다면, 치료자는 먼저 이것들을 감소시키기 위해 작업할 필요가 있다). 실연에서, 치료자는 이제 더 그들 자신을 통해 회기 상호작용을 걸러내지 않는다. 오히려, 그들은 물러서고, 내담자들 간 직.접적인 상호작용을 촉진한다(즉, 치료자는 가족이 관심사를 둘러싸고 함께 상호작용하는 것을 지켜보는 관찰자가 된다; Butler & Gardner, 2003). 내담자의 상호작용 패턴과 관련해서 실연은 세 가지 주요 기능이 있다. 즉 보여주기demonstrating, 확장하기amplifying, 그리고 변경하기altering이다. *실연을 보여주기*는 내담자 체계가 평소에 상호작용하는 모습을 포함하여, 치료자가 상호작용 패턴을 관찰하고 가족 또는 커플 체계의 기능을 사정할 기회를 제공한다(Minuchin & Fishman, 1981). 실연의 두 번째 기능은 치료 회기에서 나타나는 특정한 역동을 *확장하는* 것이다(Tilley & Palmer, 2013). 종종, 관계에 관련되는 취약한 감정(예: "내가 손을 내미는데, 그가 그 자리에 없을까 봐 두려워")이나 긍정적인 생각(예: "내가 드러나는 문제를 가지고 있을지라도 내가 그를 신경 쓰고 있다는 것을 그가 알기를 정말로 원해")이 치료자에게 직접 표현된다. 그러므로 실연을 확장하는 것은 치료자에게 그런 생각을 표현하게 해 그것을 다른 내담자에게 향하도록 하는 것이다. 마지막으로, 치료자는 실연을 상호작용 패턴을 *변경하고* 변화를 촉진하기 위한 기제로 사용할 수 있다(Butler & Gardner, 2003; Minuchin & Fishman, 1981; Tilley & Palmer, 2013). 이러한 유형의 실연에서, 치료자는 커플이나 가족들에게 그들의 상호작용에서 새롭고 더 긍정적인 경험을 갖도록 돕는 상호작용을 통해 지금까지와는 다르게 행동하도록 코칭한다. 이러한 종류의 성공적인 실연을 촉진하는 과정은 많은 잠재적인 개입 지점들과 이 책의 범위를 넘어서는 도전들이 있는 복잡한 것일 수 있다. 이 특별한 기술은 다양한 유형의 실연을 시작하는 것에 초점을 둔다. 이 기술의 일부로서, 여러분은 한 가지 특정한 유형의 실연을 실습하는 데 초점 맞출 수도 있고, 세 가지 유형 사이를 번갈아 가면서 연습할 수 있다. 전반적으로, 이 기술은 내담자들이 대개 서로와 가졌던 것과는 다르고 잠재적으로 더 많이 치유하는 경험을 제공하는 방식으로 내담자들이 서로 직접 상호작용하도록 장려한다.

연습 12를 위한 기술 기준

1. 내담자 1이 말한 내용의 기저에 깔린 의미나 감정을 반영하거나 타당화하라.
2. 내담자 1에게 내담자 2와 직접 대화하기를 바란다고 알려주라.
3. 실연을 시작하는 방법으로 다음 중 하나를 선택하라.
   - 보여주기: 내담자 1과 내담자 2가 언급된 일반적인 문제에 관해 대화를 나누도록 권해라.
   - 확장하기: 내담자 1에게 취약점이나 긍정적인 생각을 내담자 2에게 직접 표현하도록 권해라.
   - 변경하기: 내담자 1에게 그들이 평소 패턴을 변화시킬 수 있는 기저에 있는 취약점이나 정서를 내담자 2에게 표현하게 하는 어떤 것을 말하도록 권해라.

실연을 주도하는 치료자의 예시

예시 1

<u>커플이 서로에게 거리감을 느끼면서 몇 년을 지낸 후 별거 위기에 처해 있다.</u>

파트너 *[생각에 잠긴 듯이]* 제 파트너를 잃고 싶지 않아요. 그는 나에게 전부이니까요.

치료자 파트너가 당신에게 얼마나 중요한지 정말 느낄 수 있어요. (기준 1)

선택 1 **보여주기:** 파트너에게 다가가서(기준 2) 집에서 이런 종류의 대화를 어떻게 나눌지 보여주시겠어요? 서로에 대해 어떻게 느끼는지 이야기해 보세요. (기준 3)

선택 2 **확장하기:** 제 생각엔 그가 당신에게 직접 들어야 할 것 같네요. 파트너에게 가서 말해줄 수 있나요? (기준 2) 그가 얼마나 의미가 있고, 당신은 그를 잃고 싶지 않다고 말이죠. (기준 3)

선택 3 **변경하기:** 저는 당신이 파트너에게 직접 말해 주길 원해요. (기준 2) 그렇게 하실 때, 당신이 그를 붙잡기 위해 기꺼이 하고 싶은 것을 강조하세요. (기준 3)

예시 2

<u>커플이 처치에 참석한다. 한 파트너가 정서적 지지를 위해 다른 파트너에게 의존하는 것이 어렵다고 밝힌다.</u>

파트너 *[확신 없이]* 저는 과거에는 파트너에게 손을 내밀었지만, 이제 더 그러지 못할 것 같아요.

치료자 당신은 여전히 손을 내밀고 싶지만, 어떻게 될지 두려워하는 것 같아요. (기준 1)

선택 1 **보여주기:** 파트너에게 다가서서(기준 2), 당신들 두 분 중 한 사람이나 두 분 모두 서로에게 다가간 그런 순간들에 관해 이야기해 보세요. (기준 3)

선택 2 확장하기: 파트너에게 직접 가서 (기준 2), 당신이 다가가기가 두렵다는 것을 그녀에게 알려주세요. (기준 2)

선택 3 변경하기: 그녀에게 가서, (기준 2) 그녀와 연결된다는 측면에서 당신이 어떤 것을 기꺼이 하겠다고 알려주실지 궁금하네요. (기준 3)

예시 3

<u>가족 – 부모와 청소년 아들이 철회와 거리를 두는 행동에 대한 관심사로 처치에 참석한다.</u>

부모 *[짜증을 내며]* 저는 정말 아들에게 좋은 부모가 되고 싶지만, 그는 항상 거리를 두는 것 같아요.

치료자 좋은 부모가 되고자 하는 당신의 소망은 정말 중요하다고 생각해요. (기준 1)

선택 1 보여주기: 그에게 가셔서 (기준 2), 두 분의 관계를 그와 조금 더 논의해 보세요. (기준 3)

선택 2 확장하기: 그에게 가셔서, 그에게 직접 알게 해주세요. (기준 2) 좋은 부모가 되고자 하는 당신의 소망이 그에 대한 당신의 걱정과 어떻게 관련되는지 알려주세요. (기준 3)

선택 3 변경하기: 그에게 가셔서 직접 말씀해보세요. (기준 2) 그에게 말할 때, 그와의 거리보다는 연결을 원하는 당신의 바람이 어느 정도인지에 초점을 맞춰보세요. (기준 3)

연습 12에 대한 지침

단계 1: 역할 연습과 피드백

- 내담자는 각 내담자 지시 메시지 앞에 있는 밑줄 친 텍스트를 소리 내어 읽는다.
- 내담자는 먼저 초급 내담자 진술을 말한다. 치료자는 기술 기준에 근거하여 반응을 **즉시 만들어 낸다.**
- 훈련자는(혹은, 가능하지 않다면, 내담자는) 기술 기준에 근거한 **짧은** 피드백을 제공한다.
- 그런 다음 내담자는 같은 문장을 반복하고, 치료자는 다시 반응을 즉시 만들어 낸다. 훈련자(혹은 내담자)는 다시 짧은 피드백을 제공한다.

단계 2: 반복

- **현재의 난이도 수준**(초급, 중급, 고급)**에서** 모든 진술에 대해 단계 1을 반복하라.

단계 3: 사정과 난이도 조정

- 치료자는 의도적 연습 반작용 양식(부록 A 참조)을 완성하고 더 쉽거나 더 어려운 연습을 만들지, 아니면 같은 난이도 수준을 반복할지 결정한다.

단계 4: 약 15분 동안 반복

- 최소한 15분 동안 단계 1에서 3을 반복하라.
- 그런 다음 훈련자는 치료자와 내담자 역할을 바꾼 다음 다시 시작하라.

⇨ 자, 이제 당신의 차례다. 지침에서 나온 단계 1과 단계 2를 따르라.

기억하라: 역할 연습의 목표는 훈련생이 (a) 기술 기준을 사용해서 (b) 훈련생에게 그럴듯하게 느껴지는 내담자 진술에 대한 반응을 즉시 만들어내는 연습을 하는 것이다. 각 내담자 진술에 대한 치료자 반응 예시들은 이 연습 뒷부분에 제공된다. 훈련생들은 예시 반응을 읽기 전에 자신의 반응을 즉시 만들어내도록 시도해야 한다.

연습 12에 대한 초급 수준의 내담자 진술

초급 내담자 진술 1

가족 – 부모가 아들에게 그들의 관계에 대해 작업하는 데 참여하도록 요청한 후에 부모와 청소년 아들이 처치에 참석한다.

부모: [걱정하며] 아들이 곧 대학에 갈 텐데, 제가 아들에게 알아야 할 모든 것을 가르쳤는지 계속 궁금해요.

초급 내담자 진술 2

한 파트너가 관계가 잘 돌아가도록 상대 파트너보다 더 많은 노력을 하고 있는 것 같다고 느끼면서 커플이 처치에 참석한다.

파트너: [단호하게] 지난 6개월 동안 저는 정말 열심히 노력 해왔어요. 제가 하는 노력을 파트너가 다 알아챈 것 같지는 않지만, 저는 노력하고 있어요.

초급 내담자 진술 3

가족 – 부모 중 한 사람과 청소년 딸이 방과 후 프로그램에서 문제 행동으로 인해 검진을 받기 위해 의뢰되었다.

부모: [불안해하며] 제 딸이 정말 걱정돼요. 그 아이는 참 좋은 아이지만, 그 아이가 이렇게 계속 말썽을 일으키면, 그것이 딸의 미래에 정말 영향을 미칠 것 같아요.

초급 내담자 진술 4

커플이 그들의 관계에서 만족도가 감소하고 외로움을 경험하고 있다.

파트너: [슬퍼하며] 제가 가장 필요로 할 때 파트너가 반응하지 않아요. 저는 계속 손을 내밀지만, 그 사람은 거기 없어요.

초급 내담자 진술 5

커플이 한 파트너의 우울증으로 인해 개인치료 대신 관계치료를 받고자 한다.

파트너: [확신 없어 하며] 제 파트너는 정말 가라앉고 우울해 보여요. 지지하려고 하지만, 뭐가 도움이 될지 확신이 없어요.

▶ 다음 난이도 수준으로 옮겨가기 전에 난이도를 사정하고 조정하라(연습 지침에서 단계 3 참조).

연습 12에 대한 중급 수준의 내담자 진술

중급 내담자 진술 1

가족 – 어머니와 세 자녀가 가정 내 중대한 갈등을 확인한 소아과 의사의 추천으로 처치에 참석한다.

어머니: [방어적으로] 때때로 제 파트너와 아이들이 저를 상대로 단합하는 것처럼 느껴져요. 제가 완벽하지 않다는 건 알지만, 그렇게까지 저에게 한 팀으로 덤벼드니 정말 힘들어요.

중급 내담자 진술 2

커플이 혼외관계에서의 회복과 관계에서의 신뢰 이슈 확인을 위해 처치를 지속하고 있다.

파트너: [단호하게] 저는 상처받는 것이 너무 두려워요. 제가 벽을 너무 높게 쌓아 올려서, 그 사람이 넘어올 수 없게 한 것 같아요. 그 사람이 시도조차 하지 않을 때면, 저는 그 사람이 신경 쓰지 않을까 봐 걱정돼요.

중급 내담자 진술 3

가족 – 부모가 부모 역할에 대한 자신감이 감소하여 부모와 어린 자녀가 처치에 참석한다.

부모: [낙담하며] 저는 아들에게는 제가 부모님으로부터 받은 것보다 더 많이 해줄 것이라고 다짐하면서 자랐어요. 하지만 종종 제가 그분들보다 나은 것 같지 않다는 생각이 들어요.

중급 내담자 진술 4

커플 – 한 파트너는 불안해서 도움을 받고자 하는데, 다른 파트너는 어떻게 도움을 받을 수 있을지 확신이 서지 않는다.

내담자: [불안해하며] 제 불안은 정말 무력하게 만들어요. 가끔은 집 밖으로 나갈 수조차 없어요. 제 파트너가 그 모든 책임을 떠맡아야 하는 게 힘든 걸 알아요. 하지만 저는 그냥 아무것도 할 수 없어요.

중급 내담자 진술 5

한 파트너가 다른 파트너를 밀어내는 것처럼 느껴져, 커플이 치료자와의 첫 회기에 참석한다.

파트너: [지친 말투로] 지난 18개월 동안 파트너를 상담받게 하려고 노력해 왔어요. 이제 파트너가 마침내 동의했지만, 제가 이제 더 무엇을 원하는지 잘 모르겠어요. 전 그냥 지쳤어요... 정말로 지쳤어요.

▶ 다음 난이도 수준으로 옮겨가기 전에 난이도를 사정하고 조정하라(연습 지침에서 단계 3 참조).

연습 12에 대한 고급 수준의 내담자 진술

고급 내담자 진술 1

한 파트너가 관계를 끝내겠다고 위협한 후 커플이 처치를 받기로 합의했다.

파트너: **[슬퍼하며]** 제가 그 사람을 잃었는지 정말 걱정돼요. 근래 몇 년 동안 제가 너무 이기적이었어요. 그 사람이 수차례 경고했지만, 저는 듣지 않았죠. 결국 제가 너무 멀리 가버린 것 같아요. 이제 무엇을 해야 할지 모르겠어요. 제가 어떻게 해야 할까요?

고급 내담자 진술 2

커플이 관계에서의 상당한 불신으로 인해 처치를 구하고 있다.

파트너: **[의심스러워하며]** 미안하지만, 지금 당장은 그 사람이 선생님께 했다는 말을 믿기가 정말 어렵네요. 그 사람은 제게는 그 내용에 가까운 말을 분명하게 한 적이 없어요. 만약 그 사람이 정말 그렇게 느꼈다면, 왜 그냥 제게 말하지 않은 거죠?

고급 내담자 진술 3

가족 – 부모와 12세의 딸이 부모님 말로는 '반항적'이라는 딸의 행동 때문에 처치에 참석한다.

부모: **[약간 짜증내며]** 우린 딸에게 모든 것을 주려고 한 것 같아요. 아마도 우리가 잘못한 거겠죠. 너무 많은 것을 주어서 그 아이가 정말로 감사할 줄 모르는 것 같아요.

고급 내담자 진술 4

커플이 큰 다툼 뒤에 화해를 시도하고 있다.

파트너: **[확신하지 못하며]** 그 사람을 보면서 그 사람이 제게 얼마나 소중한지 말할 수가 없어요. 요즘 너무 갈등이 많아서, 그 사람이 어떻게 반응할지 정말 모르겠어요.

고급 내담자 진술 5

커플이 별거 과정에 있지만, 그것을 진행하는 것에 대해 확신이 서지 않는 상태이다.

파트너: **[횡설수설하며]** 저는 아직도 제 파트너를 사랑하는 것 같아요. 우리는 정말 멋진 시간을 보내왔어요. 애스펀Aspen[8]에서의 한 때가 생각나요. 거긴 샌드위치 가게였는데, 웨이트리스가 제 파트너에게 겨자를 쏟았었죠. 너무 웃겼어요!

▶ 다음 난이도 수준으로 옮겨가기 전에 난이도를 사정하고 조정하라(연습 지침에서 단계 3 참조). 적절하다면, 훨씬 더 어려운 연습을 할 지침을 따르라(부록 A 참조).

8) 역자 주: 미국 콜로라도 주의 문화 휴양 도시. 여름에는 세계적으로 유명한 클래식 음악캠프가 열리며, 겨울에는 스포츠를 중심으로 다양한 부유층들이 모이는 미국의 부자 도시다. 하이킹이나 낚시, 산책 등을 즐기는 사람도 많다.

치료자 반응 예시: 실연을 주도하기

기억하라: 훈련생들은 예시 반응을 읽기 전에 그들 자신의 반응을 즉시 만들어 내도록 시도해야 한다. **만일 당신의 반응을 떠올리는 데 어려움이 있지 않다면 다음 반응 축어록을 읽지 말라!**

연습 12 초급 수준의 내담자 진술에 대한 예시 반응

초급 내담자 진술 1에 대한 예시 반응

자녀가 성장하는 것을 지켜보는 것은 어려울 수 있어요. (기준 1)

선택 1 보여주기: 아드님에게 다가가셔서 대화를 해보세요. (기준 2) 아들이 대학을 가려고 집을 떠나는 것에 대해 편안해질 수 있을 거예요. (기준 3)

선택 2 확장하기: 아드님에게 다가가셔서 알려주세요. (기준 2) 당신이 충분히 가르쳤는지 걱정하고 계시다는 것을. (기준 3)

선택 3 변경하기: 아드님에게 다가가셔서 알려주세요. (기준 2) 아드님이 떠날 때 당신이 아드님에게 가장 알려주고 싶은 것을. (기준 3)

초급 내담자 진술 2에 대한 예시 반응

당신은 파트너가 당신의 변화를 보기를 정말 원하시네요. (기준 1) 제 생각엔 그것에 대해 파트너가 당신에게서 직접 듣는 것이 유익할 것 같네요...

선택 1 보여주기: 파트너에게 말씀해보세요. (기준 2) 당신의 노력에 대해서 당신이 얼마나 편안할지를. (기준 3)

선택 2 확장하기: 파트너에게 다가가셔서 알려주세요. (기준 2) 당신의 노력과 당신이 정말로 이를 원한다는 것에 대해서 더 많이. (기준 3)

선택 3 변경하기: 파트너에게 다가가셔서 알려주세요. (기준 2) 당신의 바람을 더 알아주고 인정해 달라는 것에 관해 더 많이. (기준 3)

초급 내담자 진술 3에 대한 예시 반응

당신은 정말로 따님을 염려하시네요. (기준 1)

선택 1 보여주기: 따님에게 다가가셔서 이야기하셨으면 해요. (기준 2) 당신의 걱정과 그녀의 반응에 대해서요. (기준 3)

선택 2 확장하기: 따님에게 다가가셔서 알려주셨으면 해요. (기준 2) 당신이 따님에게서 보는 것을요. (기준 3)

선택 3 변경하기: 따님에게 다가가셔서 알려주셨으면 해요. (기준 2) 따님의 선함과 미래에 대한 잠재력에 대해서요. 그다음 그녀의 현재 이슈들이 그것들에 어떤 영향을 미칠 수 있을지 알려주세요. (기준 3)

초급 내담자 진술 4에 대한 예시 반응

그런 바람은 정말 중요하죠... (기준 1)

선택 1 보여주기: 그에게 다가가시고, 저에게 보여주세요. (기준2) 이런 대화가 집에서 대개 어떻게 진행되는지. (기준 3)

선택 2 확장하기: 그가 당신에게서 직접 들어야 한다고 생각해요. (기준 2) 당신이 그에게 얼마나 손을 내밀고 있는지 알려주세요. (기준 3)

선택 3 변경하기: 파트너에게 다가가셔서 알려주세요. (기준 2) 당신이 그를 얼마나 필요로 하는지 그리고 그가 거기 있어 주는 것이 무엇을 의미하는지. (기준 3)

초급 내담자 진술 5에 대한 예시 반응

당신은 도우려고 하지만, 어떻게 해야 할지 잘 모른다는 말씀이군요... (기준 1)

선택 1 보여주기: 저는 두 분이 서로 이야기하셨으면 해요. (기준 2) 우울증에 대해 그리고 두 분이 그것을 어떻게 다루려고 하시는지를요. (기준 3)

선택 2 확장하기: 저는 파트너가 당신으로부터 직접 그것을 듣는 것이 도움이 될 거라 생각해요. (기준 2) 당신이 그를 지원하고 도움이 되고자 하는 의사를 알려주세요. (기준 3)

선택 3 변경하기: 당신이 그의 아픔을 유감으로 생각한다는 것 그리고 도움이 되기 위해 당신이 알 필요가 있는 것을 그에게 알려주세요. (기준 2와 3)

연습 12 중급 수준의 내담자 진술에 대한 예시 반응

중급 내담자 진술 1에 대한 예시 반응

때때로 매우 외롭게 느껴질 것 같습니다. (기준 1)

선택 1 보여주기: 그들에게 다가가셔서 말씀해 보시는 게 어떠세요? (기준 2) 여러분 각자가 이걸 어떻게 보고 경험하는지를요. (기준 3)

선택 2 확장하기: 그들에게 다가가셔서 알게 해주시면 정말 좋겠어요. (기준 2) 당신이 그들 팀의 일원이 되고 싶다는 것을요. (기준 3)

선택 3 변경하기: 가족에게 다가가셔서 그들에게 알려주세요. (기준 2) 당신이 보통 외로울 때 어떻게 반응하는지 그리고 당신이 어떻게 보이고 싶은지를요. (기준 3)

중급 내담자 진술 2에 대한 예시 반응

과거에 상처를 받았다면 벽을 허물기 어렵죠. (기준 1)

선택 1 보여주기: 두 분이 서로에게 다가가셔서 이야기를 나누셨으면 좋겠네요. (기준 2) 최근 몇 달간 어떻게 서로 연결될 수 있었는지를요. (기준 3)

선택 2 확장하기: 당신의 언어를 통해 그녀에게 알리는 것이 유용할 것 같습니다. 그녀에게 다가가셔서 이야기를 나눠주세요. (기준 2) 당신이 두렵지만, 벽을 허물기 원한다고요. (기준 3)

선택 3 변경하기: 그녀에게 다가가셔서 알게 해주세요. (기준 2) 그녀가 마음 쓰고 있음을 알고 있고, 장벽 없이 그녀와 완전히 연결될 수 있다는 것이 당신에게 어떤 의미인지를. (기준 3)

중급 내담자 진술 3에 대한 예시 반응

부족하다고 느낄 때 항상 힘들죠. (기준 1)

선택 1 보여주기: 아드님에게 다가가셔서 그에게 말해주세요. (기준 2) 당신의 부모님, 당신의 경험, 그리고 당신이 그에게 주려고 시도한 것에 대해서요. (기준 3)

선택 2 확장하기: 아드님에게 다가가셔서 알려주세요. (기준 2) 당신이 부모로서 그에게 부족하다는 두려움을 느낀다는 것에 대해서요. (기준 3)

선택 3 변경하기: 아드님에게 다가가셔서 알려주세요. (기준 2) 부모로서 그에게 원하는 것이 무엇인지를요. (기준 3)

중급 내담자 진술 4에 대한 예시 반응

때때로 정말 힘들 수 있고, 정말 죄책감을 느낄 수도 있다는 것을 잘 알고 있습니다. (기준 1)

선택 1 보여주기: 지금 바로 당신의 파트너에게 말씀해 보세요. (기준 2) 불안이 두 분께 어떤 영향을 미치는지를요. (기준 3)

선택 2 확장하기: 파트너에게 다가가셔서 알려주세요. (기준 2) 불안이 당신에게 얼마나 힘든지 그리고 그의 부담에 대한 당신의 걱정을요. (기준 3)

선택 3 변경하기: 파트너에게로 가셔서 말씀해 보세요. (기준 2) 당신이 얼마나 압도당하는지, 그의 노력에 대한 당신의 감사함, 그리고 두 분이 함께 앞으로 나아갈 수 있는 것에 대해서요. (기준 3)

중급 내담자 진술 5에 대한 예시 반응

지금 당장 너무 힘들게 느낄 수 있다는 것이 이해가 됩니다. 당신은 18개월 전에 치료가 갈 길이라고 정말 느끼셨던 것 같네요. (기준 1)

선택 1 보여주기: 두 분이 보여주셨으면 합니다. (기준 2) 지난 18개월간 치료에 대한 두 분의 대화가 어떻게 진행되었는지를요. (기준 3)

선택 2 확장하기: 파트너에게 다가가셔서 말씀해 보세요. (기준 2) 지친 느낌과 무엇을 원하는지 확신이 없는 것에 대해서요. (기준 3)

선택 3 변경하기: 파트너에게 다가가셔서 말씀해 보셨으면 해요. (기준 2) 당신이 그렇게 오랫동안 느꼈던 갈망과 그것이 다시 돌아올 수 있게 하는 데 도움이 될 것이 무엇인지에 대해서요. (기준 3)

연습 12 고급 수준의 내담자 진술에 대한 예시 반응

고급 내담자 진술 1에 대한 예시 반응

당신은 이 관계를 여전히 정말 원하지만, 너무 오래 걸린 게 걱정되는군요. 그녀가 당신으로부터 직접 그것을 듣도록 하시는 게 좋을 것 같습니다. (기준 1)

선택 1 보여주기: 그녀에게 다가가셔서 말씀하시지요. (기준 2) 두 분이 모두 무엇을 할 수 있을지를요. (기준 3)

선택 2 확장하기: 그녀에게로 가셔서 물어보시지요. (기준 2) 당신이 할 수 있는 것이 무엇인지를요. (기준 3)

선택 3 변경하기: 당신이 이 관계를 원한다는 것을 그녀에게 알려주세요. (기준 2) 당신이 무엇을 기꺼이 할지 알려주시고, 또 그녀가 당신에게 필요로 하는 것이 무엇인지도 알아보세요. (기준 3)

고급 내담자 진술 2에 대한 예시 반응

네, 당신이 들었던 것과 다르게 들렸다는 것을 확실히 알겠네요. (기준 1)

선택 1 보여주기: 그에게 다가가셔서 이야기해 보세요. (기준 2) 집에서처럼 이것에 대해서요. (기준 3)

선택 2 확장하기: 그에게 다가가셔서 물어보시는 것이 어떨까요? (기준 2) 왜 이전에 이것에 대해 말하지 않았는지. (기준 3)

선택 3 변경하기: 그에게 다가가셔서 알려주시는 것이 어때요? (기준 2) 너무 좋아서 그것이 사실이 아닐까 걱정이 된다는 것을요. 그리고 만약 그것이 사실이라면 당신에게 어떤 의미가 있는지를요. (기준 3)

고급 내담자 진술 3에 대한 예시 반응

두 분은 정말 좋은 부모가 되고 싶었던 것 같은데, 뭔가 의문을 가지고 계신 것 같네요. (기준 1)

선택 1 보여주기: 지금 바로 이야기해 보시면 어떨까요? (기준 2) 보통 그게 어떻게 진행되는지 제가 알 수 있도록요. (기준 3)

선택 2 확장하기: 계속 나아가시고 따님께 다가가셔서 알려주세요. (기준 2) 두 분이 좋은 부모가 되고자 하는 바람이 있지만, 그녀에 대해 걱정하신다는 것에 대해 더 많이. (기준 3)

선택 3 변경하기: 전 정말로 그녀가 두 분에게 어떤 의미인지 따님에게 말씀하셨으면 합니다. (기준 2) 그다음 따님이 감사하는 것을 두 분께서 필요로 한다는 것에 대해서 말씀하셔요. (기준 3)

고급 내담자 진술 4에 대한 예시 반응

네, 그건 정말 힘들 수 있어요. (기준 1)

선택 1 보여주기: 그것이 너무 힘들더라도, 그에게 다가가셔서 말씀하셨으면 합니다. (기준 2) 최근에 두 분이 겪고 있는 갈등에 대해서요. (기준 3)

선택 2 확장하기: 그에게 다가가셔서 알려주세요. (기준 2) 그가 당신에게 어떤 의미인지를 그에게 말하기가 얼마나 힘든지, 그리고 지금 당장은 그게 너무 두려울 뿐이라는 것을요. (기준 3)

선택 3 변경하기: 당신이 그로부터 필요로 하는 것을 말씀하셨으면 합니다. (기준 2) 그가 당신에게 어떤 의미인지를 말하는 지점에 도달하는 것이지요. (기준 3)

고급 내담자 진술 5에 대한 예시 반응

여전히 그 좋았던 시절을 인정하는 것이 대단한데요. (기준 1) 저는 당신의 파트너가 그것을 당신에게서 직접 들어야 한다고 생각해요.

선택 1 보여주기: 두 분이 가지셨던 좋았던 시간에 대해 그녀에게 더 많이 이야기하세요. (기준 2와 3)

선택 2 확장하기: 앞으로 나아가 그녀에게로 다가가셔서 알려주세요. (기준 2) 당신의 사랑과 당신이 여전히 간직하고 있는 좋은 추억을요. (기준 3)

선택 3 변경하기: 잠시 재미있었던 시간을 접어두셨으면 합니다. 그녀에게 알려주세요. (기준 2) 당신이 그녀를 어떻게 보고 느끼는지를 그녀에게 이해시키기 위해 당신이 가장 원하는 것이 무엇인지를요. (기준 3)

연습 13 주석 달린 체계론적 가족치료의 실제 회기 전사본

이제 여러분이 배운 모든 기술을 결합할 시간이다! 이 연습은 전형적인 체계론적 가족치료(SFT) 회기의 전사본을 제공한다. 우리는 당신의 작업이 더 흥미로울 수 있도록 몇 개의 우리 사례 데이터를 사용하여 이 연습을 만들었다. 각 치료자의 진술은 연습 1부터 12까지의 SFT 기술 중 어떤 것이 사용되었는지를 나타내기 위해 주석이 달려있다. 이 전사본은 치료자가 내담자에게 반응해서 많은 다른 SFT 기술을 어떻게 엮어낼 수 있는지의 예를 제공한다.

도입

이 연습을 위해 우리는 가족치료 사례를 사용할 것이다. 이전 연습에서와 마찬가지로, 세 명의 훈련생이 내담자 역할을 하고 다른 한 명이 치료자 역할을 한다. 전사본은 내담자 중 한 명이 읽어야 하는 밑줄 친 텍스트로 시작하는데, 이를 통해 장면에 대한 상황을 제공한다. 가능한 한 내담자 역할을 하는 훈련생들은 실제 내담자처럼 그럴듯하게 감정적인 어조로 읽도록 한다. 처음에는, 모든 참가자가 전사본의 축어록을 읽을 수 있다. 한 번 완전히 읽어본 후, 다시 해보라. 이번에는, 치료자가 편안하게 느껴지는 정도까지 즉흥적으로 말하는 동안 내담자들이 대본을 읽을 수 있다. 이 지점에서, 여러분은 슈퍼바이저와 함께 성찰하고 다시 그것을 해보고 싶을 수도 있다. 시작하기 전에, 치료자와 내담자 모두가 스스로 전체 전사본을 끝까지 읽을 것을 권장한다. 견본 전사의 목적은 훈련생들에게 실제 치료 회기를 모방하는 순서로 SFT 반응의 기회를 제공하려는 것이다.

> **치료자 유의사항**
>
> 당신의 음성 특성을 인식하도록 하라. 당신의 어조를 내담자의 표현에 맞추라. 그러므로, 만약 내담자가 그들의 말 뒤에 있는 취약하고 부드러운 감정을 드러내면, 당신의 어조도 편안하고 차분한 것으로 완화하라. 반대로, 내담자가 더 변동성을 보이면, 당신의 어조도 강하게 맞춰라. 만약 당신이 예컨대 체계론적 질문 같은 내담자의 탐색을 유도하는 반응을 선택한다면, 더 질문하듯이, 탐색적인 목소리 어조를 채택하도록 하라.

더 큰 체계를 다룰 때, 치료자의 작업은 체계의 각 구성원에게 주의를 기울이면서도 전체 체계의 요구에도 주의를 기울이는 것임을 기억하라. 여러분의 연습에서, 각 구성원의 개별적 요구가 중요하지만, 궁극적으로는 더 큰 체계를 위해 작업하고 있음을 명심하라.

주석이 달린 체계론적 가족치료(SFT)의 전사본

이것은 14살짜리 아들 조쉬와 함께 치료에 참석하는 결혼한 이성애 커플(수잔과 폴)과의 첫 회기이다. 조쉬는 여자아이와 데이트와 관련해 여러 차례 거짓말을 한 것으로 드러났다. 수잔이 회기를 잡기 위해 전화를 걸었고, 치료자에게 다음과 같은 요약을 전달했다. 그녀는 자신과 남편이 조쉬와의 관계와 관련하여 경계를 설정하는 작업을 해왔고, 그들이 그의 휴대폰을 수거하고 통행금지를 내렸더니, 조쉬가 한나절 동안 집을 나갔다고 말했다. 그는 부모 몰래 다른 휴대폰을 구입했는데, 이 추가 휴대폰을 발견했을 때 그들은 몹시 화가 났다. 조쉬가 '요란한' 비속어를 점점 더 많이 사용하게 되면서 가족은 격앙된 싸움을 하게 되었다. 이 새로운 상황은 (교사인) 수잔에게는 특별히 어렵게 다가왔으며, 그녀는 눈물을 흘리며 말다툼을 끝냈다. 부모는 또한 조쉬가 성적으로 적극적일 수 있다고 걱정하고 있으며, 이로 인해 부모 모두가 잠을 이루지 못하고 있다.

치료자 1 오늘 여러분께서 모두 여기 계신 것을 보니 기쁘네요. 저는 이 첫 회기를 여러분 각자를 조금 더 알아가는 데 보내려고 합니다. 여러분이 여기 어떻게 오셨는지에 대해 여러분 모두에게 질문을 많이 할 예정입니다. 우리의 목적은 치료를 위한 목표와 이러한 목표를 달성하는 방법을 결정하는 것입니다. 여러분 각자에게 왜 오늘 여기에 오셨는지 질문하면서 시작하고 싶습니다. 혹은 다른 말로 표현해서, 여러분이 가족치료를 결정하게 된 무슨 일이 있었는지요? 수잔, 이 약속을 잡는 전화를 하셨으니, 당신께 먼저 요청하려고 해요.

수잔 1 *[눈물을 흘리며]* 전 우리가 치료를 받을 필요가 있을 거라고는 생각하지 못했어요. 우리는 아주 친밀한 가족이었는데, 조쉬가 학교에서 그 여자아이와 데이트하기 시작한 이후로, 멀어지고 내내 다투는 것 같아요. 지난 6개월 동안 우리의 가정생활은 너무나 안 좋았어요. 이제 더 무엇을 해야 할지 모르겠어요. 최근에는 제 어머니도 암 진단을 받아서, 저는 어머니도 돌봐야만 해요. 정말 스트레스를 많이 받고 있어요.

치료자 2 먼저 말씀해 주셔서 정말 감사합니다. 이런 내용을 이야기하니 슬픈 감정이 일어나네요. 이런 일이 한동안 지속 되어 왔고, 조쉬와 당신 어머니에 대한 걱정이 당신을 압도하고 무력하게 만든 것 같습니다. 여기에 와주시고, 이러한 어려움에 대한 해결책을 함께 찾으려고 하셔서 기쁩니다. (기술 2: 치료동맹 구축하기: 유대 확립하기와 체계에 합류하기) 폴, 다음으로 말씀해 주실 수 있을까요?

폴 1 조쉬에게 일어나고 있는 일들이 매우 속상합니다. 우리가 정말 가깝다고 느끼면서도, 그가 여자친구와 관련해서는 제게 문을 닫고 있는 것 같아요. 그를 어떻게 도와야 할지 확신이 서지 않습니다. 저는 우리 집의 규칙이 존중되기를 바라고, 수잔이 스트레스를 덜 받기를 원합니다. 계속되는 다툼에 정말 지쳤어요. 치료가 우리에게 도움이 되기를 바라고 있어요. 저는 이전에는 치료를 받아본 적이 없습니다.

치료자 3 *[유머를 사용하여]* 치료를 시도하기 위해 와주셔서 감사드립니다. 그건 사람들이 생각하는 것처럼 무섭지 않아요. 치료가 전체적으로 어떻게 되고 있는지 그리고 어떤 조정이 필요하면 언제든지 알려주세요. (기술 2: 치료동맹 구축하기: 유대 확립하기와 체계에 합류하기) 조쉬, 네가 왜 오늘 여기에 있는지에 대해 네가 바라보는 걸 이야기해 줄 수 있니?

조쉬 1 *[화를 내며]* 오늘 여기에서 시간을 낭비해야 한다는 게 화가 나요. 부모님은 모든 걸 통제하려고 해요. 부모님은 언제쯤 제가 이제는 더 어린애가 아니라는 것을 받아들이실 건가요? 도대체 왜 항상 그렇게 걱정을 많이 하는 거죠? 그냥 저를 내버려두면 모든 것이 훨씬 나을 텐데요!

치료자 4 오늘 와줘서 고맙고, 네가 어떻게 느끼는지 솔직하게 알려 준 것에 대해서도 정말 고마워. 나는 솔직함이 성공적인 가족치료에 정말 중요하다고 생각해. 나는 치료가 네 가족 모두에게 가정생활에서 갈등이 적어지도록 도울 수 있는 것이라고 믿어. (기술 2: 치료동맹 구축하기: 유대 확립하기와 체계에 합류하기: 기술 3: 문제를 재정의하기)

[전체 가족을 향해] 여러분 모두가 문제에 대해 조금씩 다른 시각을 가지고 있다는 걸 알 수 있었습니다. 수잔, 당신은 지금 인생에서 두 가지 큰 상황, 즉 조쉬와 어머니로 인해 스트레스를 받고 있네요. 당신은 특별히 조쉬가 당신의 규칙을 따르지 못할까 봐 걱정하고 있고요. 폴, 당신은 조쉬와 서로 멀어져 가는 것이 걱정스럽고, 어떤 중요한 인생 결정들에서 그에게 영향을 미치지 못해 당혹스러우시네요. 그리고 조쉬, 너는 부

모님이 자주 너에게 무엇을 할지에 대해 말하는 것에 화가 나 있구나. 너는 부모님이 통제하고 제한한다고 느끼는구나. 가능하다면, 여러분의 가족에게서 무슨 일이 일어나고 있는지에 대해 간략한 제안을 해보고 싶습니다. 조쉬는 빠르게 성장하고 있고, 젊은이로서의 정체성을 형성해 가고 있습니다. 이건 정상적이고 건강한 발달이죠. 저는 청소년들이 그들의 부모님이 요구하는 대로 완전히 순응하는 것이 더 걱정돼요. *[부모님께]* 이것이 두 분을 더 기분 좋게 하지 못할 수도 있다는 걸 알지만, 저는 정체성 발달이 성장해가면서 중요한 과제 중 하나라는 점을 인정하게 해드리고 싶네요. *[조쉬에게]* 이게 이상하게 들릴 수도 있지만, 너의 부모님이 *[손짓으로 따옴표를 표시하며]* 너의 '프라이버시'에 관여하는 것은 너와 너의 안녕을 걱정하시기 때문이야. 부모님은 네가 어떤 해를 입는 걸 원치 않으시는 거야. *[모두에게]* 제가 방금 말씀드린 것에 대해 여러분 모두 어떻게 생각하십니까? (기술 3: 문제를 재정의하기).

수잔 2 그렇게 표현하는 것도 좋은 방법이라고 생각해요, 하지만 조쉬는 자신의 발달 과정을 겪는 동안 우리를 존중해 줄 필요가 있어요.

조쉬 2 *[목소리를 높여 끼어들며]* 또 시작이네요, 엄만 항상 부정적인 것만 보시네요. 대체 언제쯤 저를 제대로 된 개인으로 봐주실 건가요?

수잔 3 *[짜증이 난 듯이]* 나한테 그렇게 말하지 마.

치료자 5 *[양손을 들며]* 잠깐만요! 모두 멈춰 주세요. 저는 이 구체적인 상호작용이 빠르게 논쟁으로 치닫는 것을 볼 수 있었습니다. 이 상황에 대한 여러분 각자의 관점은 우리 과정에 중요한데, 저는 다른 사람이 말하는 동안 서로 끼어들지 말아 달라고 요청하고 싶네요. 여러분 각자에게 차례대로 말하고 듣는 기회를 드릴 것을 약속드립니다. 계속해서 서로의 말을 끊는다면, 우리는 몇 가지 추가 규칙을 정해야 할 것입니다. (기술 4: 상호작

용의 구조화: 완화하기)

[전체 가족에게] 이건 여러분이 집에서 이런 도전들에 대해 어떻게 이야기하는지 제가 알 수 있게 도와줄 거예요. 제가 여러분에게 한 가지 연습을 해보라고 할 테니, 최대한 잘 따라와 주세요. 앞서 나눈 대화에서, 저는 수잔 그리고 조쉬가 하는 말에 많은 감정이 담겨 있다는 것을 볼 수 있었어요. 수잔, 저는 당신이 직접 조쉬에게 말했으면 합니다, 그리고 왜 당신이 그의 최근 행동에 대해 우려하는지 그에게 말씀하시기를 바랍니다. 조쉬, 네가 할 수 있는 최선을 다해 들었으면 해. 네가 반응할 기회를 줄게. 폴, 지금 당장은 그들의 상호작용을 그저 관찰만 해주세요. 질문 없으시면, 수잔, 의자를 돌려 조쉬를 마주 보고 시작해 보지요. (기술 12: 상호작용의 구조화: 실연 주도하기)

수잔 4 *[조쉬에게 말하며, 눈물을 흘린다]* 먼저, 오늘 와줘서 정말 고마워하고 있다는 걸 알아줬으면 해. 네가 여기 오고 싶지 않았다는 걸 알아. 나는 또 내가 널 사랑하고 너에게 최선을 다하고 있다는 것을 알아주었으면 해. 최근의 네 행동 때문에 걱정이 많이 됐어. 여자친구가 있는 건 자라나는 데 있어 정상적인 일이고, 그녀에게 나쁜 감정은 없어. 하지만, 요즘 너는 나를 걱정시키는 행동들을 해왔어. 우리가 싸울 때마다 넌 나에게 소리치고, 나를 욕하며 상스러운 말을 사용해. 나는 그런 무례함을 참을 수 없어. 네가 최근에 한 거짓말들과 새 휴대폰을 사면서 일어난 속임수도 걱정돼. 네가 아까 말한 그런 통제하는 사람이 되고 싶진 않아, 하지만 네가 우리가 너를 믿기 어렵게 만들고 있어서 네가 우리에게 선택의 여지를 주지 않는 거야.

치료자 6 조쉬, 엄마가 말한 것을 들은 걸 엄마에게 말해봐.

조쉬 3 *[엄마에게]* 저는 엄마가 우는 것이 싫어요. 일부러 슬프게 하려는 건 아니에요. 엄마가 저를 챙기고 저를 위해 최선을 다하고 싶다고 말하는 거로 들려요. 또 엄만 내가 엄마를 더 존중하고 더 정직하게 되길 원한다고 말하는 거로 들려요. *[치료자에게]* 이것에 대해 답하려고 해요. *[치료자가 고개를 끄덕인다]* 저는 더 존중하고 싶어요. 가끔 제가 통제받는 것 같을 때 자랑스럽지 않은 행동을 하게 돼요. 저는 어떻게 멈춰야 할지 모르겠어요.

치료자 7 두 분이 서로 이야기하는 걸 들으며 많은 것을 배웠어요. 수잔, 조쉬에게 당신이 기대하는 방식대로 행동하고 존중하길 밀어붙이는 것으로 들리네요. 조쉬, 너는 엄마의 걱정에 반대하고 엄마가 말하는 것을 극단적으로 듣는 것 같네. 이것이 바로 우리가 가족치료 상황에서 함께 만나는 중요한 이유가 됩니다. 가족치료에서 우리는 서로 간에 상호작용하고 관계 맺는 방식이라고 할 수 있는 '여러분의 움직임dance'을 바꾸기 위해 작업할 수 있습니다. 사태를 바라보는 이 체계론적인 관점이 여러분 각자에게 얼마나 맞는지 얘기해볼까요? (기술 1: 처치를 위한 체계론적 근거 제공하기)

폴 2 저는 확실히 그 움직임을 볼 수 있어요. 그들은 정말 서로를 자극해요.

수잔 5 동의해요, 때때로 우리가 서로에게 자극받아 다투게 되는 것 같아요.

조쉬 4 저도 동의해요... *[치료자에게]* 엄마한테 그걸 그만두라고 말씀해주실 수 있어요? 엄마가 그렇게 하면 사태가 바로 나아질 거예요!

치료자 8 잘했어, 조쉬! *[웃음]* 내가 그렇게 편을 들고 판단을 내려서 모든 게 해결된다면 좋겠지만, 가족치료는 그렇게 움직이지 않아. 나는 너와 엄마 그리고 아빠가 함께 이것을 해결하도록 돕기 위해 여기에 있어. 네가 직접 엄마와 아빠에게 말하고 모두가 이야기를 더 잘 듣는 것이 문제 해결의 시작이라고 생각하지 않니? *[가족 모두 동의하며 고개를 끄덕인다]* (기술 5: 삼각

관계 피하기)

[모두에게] 지금까지 제가 눈치 챈 몇 가지를 요약해 볼 수 있어요. 엄마가 조쉬에게 걱정을 표현해서 그게 비판적으로 들리면, 조쉬는 곧바로 방어적으로 반응하는 것 같아요. 이 방어적인 반응은 분노로 나타나며, 수잔을 매우 자극해요. 그러면 수잔은 다시 공격하고, 이것은 그녀가 눈물을 흘릴 때까지 격화되죠. *[폴에게 말하며]* 제가 확실하게 이해하지 못하는 것은 이 모든 일이 진행되는 동안 당신이 무엇을 하고 계셨는가예요. (기술 11: 상호작용 주기 추적하기)

폴 3 *[말을 더듬으며]* 전... 잘 모르겠어요. 제 생각엔 얼어붙었던 것 같아요. 저는 매우 폭력적인 가정에서 자랐고, 우리 가족도 그렇게 될까 봐 걱정이에요. 무슨 말을 해야 상황이 나아질지 몰라서 아무 말도 하지 않아요.

치료자 9 그런 정보를 나눠줘서 고마워요. 여러분의 움직임을 계속 알아가는 데 정말 도움이 되는 것 같군요. 제가 알아차린 한 가지는 조쉬와 수잔 사이의 싸움이 부모-자녀의 경계를 침범하는 것 같은데, 당신이 아무 말도 하지 않는 것이 부모와의 경계가 약하다는 것을 정말 강화하는 것 같군요. 조쉬에게 다가가셔서 그와 수잔이 그렇게 자주 다투는 모습을 지켜보는 게 어떤지 말씀해주실래요? (기술 6: 경계 강조하기)

폴 4 *[조쉬에게]* 너와 엄마가 싸우는 걸 보는 게 정말 싫어. 정말 큰 고통이야. 너도 알잖아, 내가 어릴 적 겪었던 극심한 가정환경을. 그건 말 그대로 제1차와 제2차 세계대전을 경험하는 것처럼 끔찍했어. 우리 가족도 그렇게 되길 원하지 않아, 그래서 너와 엄마가 싸울 때면 무서워져.

조쉬 5 *[방어적으로]* 아빠, 그만해요, 그냥 그만해. 우린 아빠의 가족과는 전혀 달라요. 그들은 미쳤었어. 아빠가 말한 모든 학대, 마약, 음주... 우리는 그런 것들과는 전혀 거리가 멀잖아요.

치료자 10 폴은 가족 내의 어떠한 갈등도 좋아하지 않는다고 말하는 것 같습니다. 그건 그를 자극하죠. 그런데 조쉬, 너는 아빠가 과잉 반응하고 있고 그건 나쁘지 않다고 말하는 것으로 들리네. 아빠가 겪은 모든 것을 감안할 때, 집에서 계속되는 다툼과 적대감이 아빠에게 어떨 것 같다고 생각하니? (기술 7: 체계론적 질문: 관점 수용의 촉진)

조쉬 6 *[더 부드럽게]* 아빠가 속상해하실 거라는 걸 알아요. 아빠가 그런 집에서 자라면서 어떤 경험을 했을지, 그리고 가족이 뉴질랜드에서 미국으로 이사해 새롭게 시작하려 했지만 결국 얼마나 더 큰 고통을 겪었을지 상상도 못해요.

치료자 11 그 정보를 알려줘서 고마워. *[폴에게]* 당신이 미국에 이민 온 줄 몰랐어요. 당신의 원가족이 당신이 상황을 다루는 방식에 큰 영향을 끼쳤던 것 같네요. 이민 온 경험에 대해 더 듣고 싶어요. 여기에 오셨을 때 몇 살이었나요? 큰 변화를 어떻게 받아들였나요? 그것이 조쉬를 양육하는 방식에 어떤 영향을 끼치나요? 질문을 한꺼번에 드려 죄송하지만, 이건 어떤 방식으로든 중요한 것 같습니다... (기술 9: 다양성에 주의 기울이기)

폴 5 *[부드럽게]* 우리 가족에게는 아주 어려운 시기였어요. 아버지는 어머니와 저 그리고 제 형제들에게 매우 폭력적이었어요. 어떻게든 그는 미국으로 이주할 수 있는 비자를 얻었습니다. 뉴질랜드 경찰이 그를 조사했고 아버지는 두려워했어요. 우리는 이곳으로 이주했고, 상황은 더 악화되었죠. 아버지는 우리가 누군가에게 우리의 문제를 말하면 여기 경찰이 와서 그를 체포할 것이고, 우리에겐 아무것도 남지 않을 거라고 위협했어요. 그래서 우리 가족은 모두 조용히 있었습니다.

치료자 12 정말 충격적인 이야기네요. 당신의 가족은 이 새로운 큰 나라에서 매우 외로웠을 것 같아요. 말씀하신 것으로 볼 때 감정이 북받치는 어떤 주제에 대해서는 이야기하시는 게 어려운 것 같군요. 다음번에 만날 때 그 경험에 대해 더 이야기할 수 있기를 바랍니다. 시계를 보니 우리에게 남은 시간은 12분밖에 없네요, 그래서 여러분에게 또 하나의 질문을 하고 싶어요. 4개월 후에 우리의 치료가 끝나고, 여러분의 가정에서 모든 것이 매우 잘 흘러가고 있고, 각자가 원하는 대로 진행되고 있다는 것을 상상해보세요. 4개월 후 여러분의 가정에서는 무슨 일이 벌어지고 있을까요? 조쉬, 네가 먼저 말해볼래? (기술 10: 치료동맹 구축하기: 치료목표 설정하기)

조쉬 7　제가 이상적으로 생각하는 가정에서, 우리는 함께 더 많은 즐거움을 나누고 있을 거예요. 훨씬 적게 다투고 훨씬 더 많이 웃을 거예요. 문제가 전혀 없는 건 아니지만, 우리 문제에 관해 이야기하고 해결할 수 있을 거고요. 엄마와 아빠는 제게 좀 더 관대할 거예요. 부모님은 제 여자친구인 재닛을 훨씬 더 자주 만나도록 허락하고, 저는 규칙을 어기지 않을 거예요. 우리는 서로를 더 존중하면서 대화할 거고요. 제게 통행금지 시간이 없고, 어른처럼 행동할 수 있도록 허락될 거예요.

수잔 6　조쉬가 말한 것 중 많은 부분에 동의해요. 저도 우리가 잘 지내길 원해요. 하지만, 집에는 통행금지 시간과 규칙이 있어야 해요. 조쉬가 지킬 수 있는 규칙에 대해 합의하고 싶어요. *[조쉬가 끼어들려 하지만, 치료자가 손을 들어 조용히 하도록 저지한다]* (기술 4: 상호작용의 구조화: 완화하기) 또한 폴이 가족에 더 관여했으면 좋겠어요. 그의 침묵이 이해가 되긴 하지만, 도움이 되지 않고 어떤 때는 상황을 더 악화시킨다고 생각해요.

폴 6　저는 더 관여하고 싶어요. 의견 불일치가 생겼을 때 서로 이야기할 수 있고, 문제를 해결할 수 있기를 원해요. 확실히 조쉬에게는 훨씬 더 관대한 통행금지 시간이 필요하다고 생각해요. 10대에게 9시는 너무 이른 것이어서, 많은 문제가 일어났다고 생각해요.

치료자 13　각자의 목표를 공유해 주셔서 감사합니다. 여러분이 원하는 것에서 많은 유사점과 몇 가지 차이점을 봤습니다. 여러분은 가족 내의 다툼과 불화 때문에 여기에 있죠. 여러분 모두가 이제 충분히 싸웠다고 말씀하시는 것 같네요. 수잔과 폴은 폴이 양육 결정에 더 관여하기를 원한다는 데 동의하는 것으로 들립니다. 또한, 통행금지와 같은 규칙에 대한 의견 차이가 있는데, 여러분 각자가 이러한 유형의 규칙을 어떻게 설정해야 하는지에 대해 다른 생각을 하고 계신 것 같네요. 저는 우리가 함께 작업하기 위해 세 가지 주요 목표를 제안하고자 합니다. 첫째, 여러분 모두가 직면한 문제에 관한 대화에 참여하도록 하고, 서로가 말하는 것을 듣고 이 목표들을 해결할 수 있는 방식으로 대화를 나눌 수 있게 하는 것입니다. 둘째, 폴이 양육에 더 참여하도록 작업하는 것입니다. 이것은 수잔이 한 발짝 물러날 필요가 있다는 것을 의미할 것입니다. 그리고 셋째, 여러분 모두가 동의할 수 있는 일부 규칙을 협의하도록 하는 것입니다. 지금 당장은 합의하지 못하지만, 먼저 서로 대화하는 방식을 다룬다면, 규칙에 대한 합의는 훨씬 훨씬 더 쉬워질 겁니다. (기술 10: 치료동맹 구축하기: 치료목표 설정하기)

오늘은 시간이 다 되어서, 다음 주에 다시 만나길 정말 바라고 있어요. 오늘 제가 들은 것을 요약하고 싶어요. 먼저 여러분의 가족에서 많은 사랑을 봤습니다. 여러분이 서로를 아주 많이 사랑한다는 것이 분명해요. 최근에 데이트, 통행금지 시간, 그리고 존중에 대한 많은 다툼이 있었습니다. 이런 유형의 다툼은 지치게 할 수 있어요. 앞서 말씀드렸듯이, 많은 가족이 자녀들이 성숙하고 젊은 성인이 되면서 이런 상황을 겪습니다. (기술 3: 문제를 재정의하기) 이러한 시기에 가족 간의 의견 불일치는 정상입니다. 그러나 여러분의 다툼이 너무 심해져서 많은 무례와 다친 감정으로 선을 넘게 되었습니다. 이것은 멈춰야 합니다. 여러분이 함께 상호작용하는 패턴이 거의 일상이 되어버려, 상황이 더 나아지도록 이 움직임을 바꿔야 합니다. (기술 1: 처치를 위한 체계론적 근거 제공하기) 여러분 모두가 더 나은 방식으로 싸우고 규칙에 동의할 방법을 찾을 수 있다면, 서로 잘 지내는 가족으로 돌아갈 수 있을 거라고 봅니다. 여러분 모두 변하고 있기에 또 다를 수도 있지만요. 제가 방금 말한 것에 대해 어떻게 생각하시나요? (기술 8: 희망 만들어내기)

연습 14 모의 체계론적 가족치료 회기

고도로 구조화되고 반복적인 의도적 연습과는 대조적으로, 모의 체계론적 가족치료SFT 회기는 구조화되지 않고 즉흥적인 역할극 치료 회기이다. 마치 재즈 리허설처럼, 모의 회기는 적절한 반응성appropriate responsiveness의 예술과 과학을 연습하게 하며(Hatcher, 2015; Stiles & Horvath, 2017), 당신의 심리치료 기술을 모의 내담자에게 도움이 되는 방식으로 통합한다. 이 연습은 모의 SFT 회기를 진행하는 절차를 그려나간다. 이 연습은 여러분이 내담자를 실연할 때 선택할 수 있는 다양한 내담자 프로필을 제공한다.

모의 회기는 또한 훈련생들이 다음과 같은 것들을 연습할 기회가 된다.

- 심리치료 기술을 반응적으로 사용하기
- 치료 중 어려운 선택의 순간들을 탐색하기
- 사용할 개입법을 선택하기
- 치료 회기의 궤적과 전체적인 큰 그림의 치료 처치를 추적하기
- 내담자의 선호에 따라 처치를 안내하기
- 내담자의 능력에 맞는 현실적인 치료목표를 설정하기
- 치료자가 확신이 없거나, 길을 잃었거나, 혼란스러울 때 어떻게 진행할지 알기
- 치료적 오류를 인식하고 회복하기
- 개인적인 치료 스타일을 발견하기
- 실제 내담자와 작업할 때의 인내력 구축하기

모의 SFT 회기 개관

모의 회기에서는 **초기 치료 회기의 역할극을 수행할 것이다.** 개인 기술을 구축하기 위한 연습과 마찬가지로, 이 역할극에는 네 명에서 여섯 명이 참여한다. 한 훈련생이 치료자 역할을 하고, 다른 두 명에서 세 명의 훈련생이 내담자 역할을 하며, 훈련자(교수나 슈퍼바이저)가 관찰하고 피드백을 제공한다. 이것은 훈련에서 흔히 이루어지는 개방형 역할극이다. 그러나 이것은 더 전통적인 훈련에서 사용되는 역할극과는 두 가지 중요한 방식에서 다르다. 첫째, 치료자는 역할극의 어려움을 손짓으로 나타낼 것이다. 둘째, 내담자는 치료자가 적절한 난이도에서 연습하고 있는지 확인하기 위해 역할극을 더 쉽게 또는 더 어렵게 만들려고 할 것이다.

준비

1. 2장의 지시 사항을 읽으라.
2. 미국심리학회 홈페이지https://www.apa.org/pubs/books/deliberate-practice-systemic-family-therapy에서 '의도적 연습 반작용 양식'과 '의도적 연습 일지 양식'을 다운로드하라('치료자 및 실무자 자료' 탭을 참조하라; 각각 부록 A와 B에서도 이용 가능하다).
3. 한 학생이 치료자 역할, 그리고 두, 세 명의 학생이 내담자 역할을 하도록 지정하라. 훈련자는 관찰하고 교정하는 피드백을 제공한다.
4. 모든 학생은 별도의 종이에 '의도적 연습 반작용 양식' 사본을 준비해서 빠르게 접근할 필요가 있다.

모의 SFT 회기 절차

1. 훈련생들은 초기(첫 번째) 치료 회기를 실연할 것이다. 내담자 역할을 하는 훈련생들은 이 연습의 뒷부분에서 프로필을 선택한다.

2. 역할극을 시작하기 전에, 치료자는 자신의 의자 좌석 높이에서 양편으로 손을 놓아둔다(그림 E14.1 참조). 그들은 역할극을 하는 동안 이 손을 사용하여 내담자를 돕는 것이 얼마나 어려운지를 나타낸다. 시작하는 손 높이(의자 좌석)는 역할극이 무난하다는 것을 나타낸다. 치료자가 손을 들어 올리면, 난이도가 상승하고 있다는 것을 나타내는 것이다. 손이 목 높이 위로 올라가면, 역할극이 너무 어렵다는 것을 나타낸다.
3. 치료자는 역할극을 시작한다. 치료자와 내담자는 실제 치료 회기에서처럼 즉흥적으로 역할극에 참여해야 한다. 치료자는 이 과정 내내 손을 양옆에 둔다. (처음에는 이상하게 느껴질 수 있다!)
4. 치료자가 역할극의 난이도가 상당히 변했다고 느낄 때마다, 더 어렵다고 느끼면 손을 올리고, 더 쉽다고 느끼면 손을 아래로 내린다. 치료자의 손이 의자의 좌석 아래로 내려가면, 내담자는 역할극을 더 도전적으로 만들어야 하며, 치료자의 손이 목 높이 위로 올라가면, 더 쉽게 만들어야 한다. 역할극의 난이도를 조정하는 지침은 '도전 수준 바꾸기' 부분에서 설명된다.

[그림 E14.1] 손 높이를 통한 지속적인 난이도 평가

주) 왼쪽: 역할극의 시작. 오른쪽: 역할극이 매우 어려움. 정서중심치료의 의도적 연습 (156쪽), Goldman, R. N., Vaz, A., & Rousmaniere, T. (2021). 미국심리학회(https://doi.org/10.1037/0000227-000). 저작권 2021년 미국심리학회.

치료자 유의사항

당신의 음성 어조와 속도를 인식하도록 하라. 당신의 어조를 내담자의 표현에 맞추라. 그러므로 만약 내담자가 더 부드러운 감정을 드러내면, 당신의 어조도 편안하고 차분한 것으로 완화하라. 반대로, 내담자가 공격적이고 화나 있으면, 당신의 어조도 강하고 딱딱하게 맞춰라. 만약 당신이 내담자의 탐색을 유도하는 반응을 선택한다면, 더 질문하듯이, 탐색적인 목소리 어조를 채택하도록 하라.

5. 각 역할극은 최소 15분간 계속된다. 치료자가 연습의 경로에서 많이 벗어날 경우, 훈련자는 이 과정 중에 교정적 피드백을 제공할 수 있다. 하지만, 훈련자는 자제해야 하고, 피드백을 가능한 한 짧고 명료하게 유지하여 치료자의 체험적 훈련 기회를 최대화해야 한다.
6. 역할극이 끝나면, 치료자는 내담자 중 한 명과 역할을 바꾸고, 새로운 모의 회기를 시작한다.
7. 모든 훈련생이 치료자로서 모의 회기를 완료한 후, 훈련생들과 훈련자는 경험을 토론한다.

도전의 수준 바꾸기

치료자가 모의 회기가 너무 쉽다고 가리키는 경우, 내담자 역할을 하는 훈련생들은 다음과 같은 수정을 통해 더 도전적으로 만들 수 있다. (부록 A도 참조)

- 내담자들은 치료자를 더 불편하게 만들거나 더 자극하는 주제로 (예를 들어, 현재 강하게 가진 감정을 표현하게 하는 것) 즉흥적으로 대화할 수 있다. (그림 A.2 참조).
- 내담자들은 괴로운 목소리(예: 화난, 슬픈, 빈정대는)나 불쾌한 표정을 사용할 수 있다. 이것은 정서적인 어조를 강하게 한다.
- 상반된 감정(예: 사랑과 분노)의 복잡한 혼합을 만들어 낸다.

- 내담자는 도전하는 것처럼 할 수 있으며, 치료의 목적이나 치료자 역할의 적합성을 의문시할 수 있다.

치료자가 모의 회기가 너무 어렵다고 가리키는 경우

- 내담자는 그림 A.2에 따라 다음을 제시할 수 있다:
  - 덜 자극적인 주제를 제시하거나,
  - 어떤 주제에 대한 자료를 제시하지만, 감정을 표현하지 않거나,
  - 치료 밖의 미래나 과거나 사건들에 관한 자료를 제시할 수 있다.
- 내담자는 부드러운 목소리나 미소를 지으며 질문할 수 있다. 이는 정서적인 자극을 완화한다.
- 치료자는 역할극 중에 짧은 휴식을 취할 수 있다.
- 훈련자는 SFT 또는 심리치료 이론을 논의함으로써 '피드백 단계'를 확장할 수 있다.

모의 회기 내담자 프로필

다음에는 난이도 수준에 따라 모의 회기 동안 훈련생이 사용할 6개의 내담자 프로필이 제시된다. 내담자 프로필의 선택은 치료자 역할을 하는 훈련생, 내담자 역할을 하는 훈련생이 결정할 수도 있고, 아니면 훈련자가 배당할 수도 있다.

역할극의 가장 중요한 측면은 훈련생들이 내담자 프로필에 나타난 정서적 어조(예: '화남' 혹은 '슬픔')를 전달하는 것이다. 내담자의 인적 사항(예: 연령, 성별)과 내담자 프로필의 구체적인 내용은 중요하지 않다. 따라서 훈련생들이 역할극을 하는 데 있어 내담자 프로필이 가장 편안하고 쉽도록 조정되어야 한다. 예를 들어, 훈련생은 여성에서 남성으로, 45세에서 22세까지의 내담자로 변화할 수 있다.

초급 프로필: 우울에 대한 커플 기반 처치

라라는 뉴질랜드에서 자란 27세의 마오리 여성이다. 23세 때, 그녀는 미국 조지아에서 휴가를 온 25세의 아프리카계 미국인 남성 루디를 만났다. 몇 달 동안 그들은 장거리 연애를 했다. 서로에 대한 감정이 커져, 루디는 라라에게 더 가까워지기 위해 6개월이 못 되어서 뉴질랜드로 이사했다. 몇 달 안에 그들은 함께 살기 시작했다. 미국에서 성공한 변호사였던 루디는 그의 관심 분야와 관련된 일자리를 찾는 데 어려움을 겪었다. 결국, 법률 외의 분야에서 그에게 괜찮은 돈을 주는 일자리를 찾았다. 하지만, 이 일을 하는 가운데 루디는 자신이 미세한 공격microaggressions을 당하고 있다고 느끼게 되는 때가 종종 있었다. 동료들은 모두가 그렇게 대우받는다며 그를 안심시켰다. 시간이 지나면서, 루디는 깊은 우울증에 빠지게 되었고, 이것은 그들의 친밀한 관계에 거리감을 만들었다. 라라는 그에게 다가가려고 했지만, 그는 종종 그녀와 짧은 시간만 함께 있고 혼자 있기를 원했다. 그녀는 그와 그들의 관계에 대해 점점 더 걱정하게 되었고, 마침내 그를 치료받도록 설득했다.

- **증상:** 직장과 관련된 스트레스, 적응의 어려움, 그리고 우울 증상
- **내담자의 치료목표:** 라라는 루디를 어떻게 도울지 알고 싶다. 루디는 기분이 나아지기를 원하지만, 그가 할 수 있을지 확신이 없다.
- **치료에 대한 태도:** 루디는 치료와 자신의 가장 내밀한 감정을 모두 나누어야 한다는 생각에 다소 회의적이다. 라라는 치료로 관계를 회복하는 데 도움이 될 것이라고 희망하고 있다.
- **강점:** 라라는 치료에 대해 매우 동기가 부여되어 있다. 그들은 여전히 서로를 배려하지만, 그들 사이에 생긴 거리감에 대해 둘 다 걱정하고 있다.

초급 프로필: 가족의 슬픔과 의미 만들기

가르시아 가족은 후안(40세), 에스메랄다(41세), 프란시스코(16세), 그리고 아델라(13세)로 구성되어 있다. 그들은 멕시코 중부 출신의 라틴계 가족으로, 4년

동안 미국에 거주해 왔다. 그들은 상당히 잘 적응했지만, 프란시스코와 아델라는 부모보다 미국 문화에 훨씬 익숙하다. 4개월 전, 가족은 폐렴으로 7살 된 마리아를 갑작스럽게 잃었다. 그 이후 에스메랄다는 끊임없이 울었고, 후안은 일에 몰두했으며, 프란시스코는 점점 더 무관심해지고, 아델라는 학교에서 많은 문제를 일으켰다. 에스메랄다는 가족이 마리아의 죽음에 대해 제대로 이야기하지 않아서 이야기 해야 할 필요성이 있다고 느낀다. 그녀는 가족들이 어떻게 지내왔는지를 다루기 위해 치료를 받자고 가족을 설득했다.

- **증상:** 비탄, 슬픔, 그리고 죄책감
- **내담자의 치료목표:** 에스메랄다는 가족이 서로에 대한 그들의 감정에 관해 이야기하기를 정말 원한다. 후안은 일 때문에 대부분의 회기에 치료를 받으러 갈 수 없을까 봐 걱정한다. 프란시스코는 치료에서 무엇을 원할지 모르겠다고 말한다. 아델라는 지난 4개월 동안 무시당한 것 같아 예전처럼 되기를 원한다.
- **치료에 대한 태도:** 후안은 치료에 참여하려는 동기가 꽤 부여되어 있다. 그는 정말로 나아가고 싶어 한다. 에스메랄다는 심지어 그들이 힘들 때조차 모두가 진실된 감정을 나누기를 원한다. 프란시스코와 아델라는 둘 다 예전처럼 되길 원한다.
- **강점:** 조용하지만, 후안은 도와주고 싶어도 정확히 어떻게 해야 할지 모른다. 에스메랄다는 해야 할 일들에 압도당하는 기분이다. 프란시스코와 아델라는 부모님을 사랑하지만, 최근에는 소원해진 것 같다.

중급 프로필: 추적-철회 패턴

드웨인과 라타비우스는 '의사소통' 문제를 다루기 위해 치료를 받고 있다. 둘 다 상당히 혼란스럽고 역기능적인 환경에서 자랐다. 라타비우스는 드웨인이 처음 만났을 때와는 다른 사람이 되었다고 주장한다. 그는 전혀 말을 하려 하지 않거나, 격려, 칭찬, 또는 감사를 표하지 않는다. 라타비우스는 드웨인에 대해 상당히 비판적이다. 그는 드웨인이 부양자, 남편, 그리고 아버지로서 얼마나 실망스러운지를 그에게 알렸다. 그들에게는 4살 난 아들 에이버리가 있다. 라타비우스는 보통 그를 괴롭히는 일에 관해 이야기하고 싶어 한다. 하지만, 얼마 지나지 않아 그들은 둘 다 화가 폭발하고, 드웨인은 몇 시간 동안 자리를 뜬다. 그가 돌아올 때, 그들은 며칠 동안 서로에게 '침묵으로' 대한다. 그러다 냉전의 시기가 지나면 그들은 다시 노력한다. 하지만, 그들은 처음에 폭발시켰던 이슈를 이야기하는 데는 이르지 못한다.

- **증상:** 커플 갈등
- **내담자의 치료목표:** 드웨인은 라타비우스가 필요로 할 때 자신에게 공간을 줄 수 있기를 원한다. 라타비우스는 이슈를 이야기할 수 있기를 원한다.
- **치료에 대한 태도:** 그들 둘 다 치료에 꽤 열려 있지만, 다른 사람들에게 판단 받을까 봐 조금 염려하고 있다.
- **강점:** 드웨인은 가족을 부양하는 데 헌신적이다. 그는 또한 자신을 괜찮은 상태로 유지하고 있다. 라타비우스는 그들의 결혼 생활을 더 나아지게 만들고 싶다. 그들은 여전히 정기적으로 야간 데이트를 한다.

중급 프로필: 약물 남용과 언어적 학대

조나단과 크리스티는 거의 12년 동안 함께 지내며 갈등이 심한 관계를 유지하고 있는 커플이다. 갈등은 대개 조나단이 술을 마실 때 발생한다. 조나단은 문제가 있다는 사실을 부인하지만, 크리스티는 그가 직장을 잃은 후 지난 1년 동안 음주량이 정말 심해졌다고 느낀다. 그 후 그는 다시 일자리를 얻었지만, 그는 그 일이 만족스럽거나 흥미롭지 않다. 조나단은 크리스티가 자신의 음주에 대해 정기적으로 잔소리를 한다고 말한다. 그는 집에서 술을 마시곤 했으나, 이제는 자주 집에서 나가서, 술집에서 술을 마신다. 그가 집에 돌아오면, 크리스티는 대개 화를 내고 갈등이 일어난다. 그들은 관계에서의 폭력을 부인하지만, 때때로 밀어붙이는 일들이 있었다. 크리스티는 조나단이 술에 취하면 정말 야비해진다고 말한다. 그는 그녀의 자아 개념에 영향을 미치기 시작하는 불쾌한 말을 그녀에게 한다. 조나단과 그의 가족은 그의 문제에 대해 크리스티를 비난한다. 그가 그녀를 만나기 전에는 이런 적이 없었다는 것이다. 크리스티는 그녀의 가족과 친하지도 않고, 강력한 지원군도 없다. 조나단은 최근 크리스티가 살을 빼고, 집을 깨끗하게 유지하며, 그에게 더 많은 애정을 보여주지 않으면 이혼하겠다고 위협했다. 그녀는 그에게 먼저 치료를 시도하자고 간청했다.

- **증상:** 알코올 사용, 언어적 학대, 신체적 학대의 위험 요인, 그리고 낮은 자기 가치감
- **내담자의 치료목표:** 크리스티는 조나단이 정말로 음주를 멈추길 원한다. 조나단은 여전히 크리스티에 대해 신경 쓰고 있지만, 그녀가 체중을 줄이고 예전처럼 재미있게 지내길 원한다.
- **치료에 대한 태도:** 조나단은 외향적이고 친근하다. 크리스티는 수줍고 더 억제된 편이다. 그녀는 치료를 믿지만, 결혼 생활에서 변하는 것이 있을지 확신하지 못한다.
- **강점:** 조나단은 술을 마시지 않을 때 정말 친절하고 동정심이 많다. 크리스티는 관계에서 기꺼이 자신을 변화시키고자 한다.

고급 프로필: 섭식장애에 대한 가족 기반 처치

켄지 가족은 딸 로린(14세)의 섭식장애에 대한 도움을 받기 위해 치료를 찾았다. 나머지 가족들은 제프(45세), 케이트(38세), 그리고 올리버(11세)이다. 제프는 회사 일로 바빠서, 보통 밤 9시 이후에 집에 돌아온다. 케이트와의 관계는 멀어지고 긴장되어 있다. 케이트와 아이들과의 관계는 갈등이 많다. 아이들이 학교에 가고 돌아올 때, 케이트는 여전히 침대에 있다고 말한다. 케이트는 어릴 때 삼촌에게 성적 학대를 경험했고, 심한 우울증을 겪었다. 그녀가 일어나 돌아다닐 때, 나머지 가족들은 그녀 주변에서 조심스럽게 걷는다. 로린의 섭식장애(거식증)가 발견된 후, 제프는 로린을 지켜보기 위해 더 일찍 집에 돌아가려고 노력하기 시작했고, 로린이 저녁을 먹었는지 확인한다. 올리버는 조용하고, 예의 바르며, 경미한 자폐증세가 있다. 그는 11살에 아직도 침대에 오줌을

싸고, 가족이 싸우는 것이 무엇을 의미하는지에 대해 자주 걱정한다.

- **증상:** 신체형 장애(로린), 구체적이지 않은 불안 (올리버), 우울 증상(케이트), 파트너 관계 문제, 통제적 행동(제프)
- **내담자의 치료목표:** 케이트와 제프는 섭식장애 뒤에 있는 비밀을 없애고, 케이트가 더 잘 먹게 하고 싶어 한다. 로린은 가족이 그녀에게 관심을 덜 가졌으면 하고 바라는데, 최근에는 정말 피곤함을 많이 느끼고 있다. 올리버는 가족이 싸우지 않았으면 하고 바라고 있다.
- **치료에 대한 태도:** 올리버는 부모님이 필요하다고 하면 참여할 의향이 있다. 로린은 치료가 도움이 될 수 있다고 생각하고 시도해 볼 의향이 있지만, 마음의 문이 다소 닫혀 있다. 두 부모 모두 전에 치료를 경험했으며, 성공의 정도는 제각각이었다. 그러나 두 사람 모두 치료가 가족 관계에 영향을 줄 수 있을 거라는 희망으로 시도해보려고 한다.
- **강점:** 케이트와 제프는 자녀에 대한 깊은 애정과 서로에 대한 헌신을 표현한다.

고급 프로필: 외도와 불확실성

타이렉과 레이시는 결혼한 지 5년 되었고 자녀가 2명 있는데, 한 명은 레이시가 이전 관계에서 낳은 5살짜리 딸이고, 또 한 명은 타이렉과 레이시 사이에서 태어난 1살짜리 딸이다. 타이렉은 한부모 가정에서 자랐고, 레이시의 부모님은 함께 살다가 그녀가 14살이 되었을 때 이혼하셨다. 그들은 둘 다 22살이 되었을 때 파티에서 만났다. 그들은 여러 차례 헤어지고 다시 만나는 등 갈등이 아주 많았다고 말한다. 지난 5년간 두 사람은 다른 사람들과 관계를 맺었다. 이 중 몇몇은 그들이 함께 있지 않았을 때 일어났고, 그중 많은 경우는 술이 개입된 하룻밤의 관계였다. 가장 최근에, 레이시는 타이렉이 지난 6개월간 직장 동료와 정서적이고 성적인 혼외관계를 맺어 왔다는 것을 알게 되었다. 그녀가 그에게 직면시켰을 때 그는 이를 부인했지만, 결국 그는 그 혼외관계를 인정했다. 레이시는 이로 인해 큰 충격을 받고 극도로 화가 났다. 그 결과, 그녀는 아이들을 데리고 부모님 집에서 지내고 있다. 하지만, 그녀는 몇 회기 치료를 시도하는 것에 동의했다.

- **증상**: 높은 불확실성과 반작용, 우울 증상(레이시)
- **내담자의 치료목표**: 레이시의 목표는 관계에 남을지 결정하는 것이다. 타이렉의 목표는 관계를 개선하고 부정으로부터 치유하는 것이다.
- **치료에 대한 태도**: 타이렉은 청소년기에 반항적 행동으로 치료를 받은 적이 있었다. 그 치료는 별 도움이 되지 않았지만, 지금은 절박함을 느낀다. 레이시는 치료를 받아본 적이 없지만, 타이렉이 바뀔지에 대해 회의적이다.
- **강점**: 타이렉은 혼외관계에 대해 유감을 표하며 기꺼이 변하겠다는 의지를 보인다. 레이시는 자녀들과 그들이 괜찮은지 확신하는 것에 전력을 다한다.

PART 03

의도적 연습을 고양시키는 전략

제3부는 훈련자와 훈련생이 의도적 연습에서 더 많은 혜택을 얻을 수 있도록 추가적인 조언과 지침을 제공하는 한 장, 즉 제3장으로 구성되어 있다. 제3장은 의도적 연습을 가장 잘 활용할 수 있도록 하는 6개의 요점, 적절하게 반응적인 처치를 연습시키는 지침, 평가 전략, 훈련생의 안녕을 보장하고 그들의 프라이버시를 존중하는 방법, 그리고 훈련자와 훈련생 관계를 점검하기 위한 조언을 제공한다.

CHAPTER 03

의도적 연습을 가장 잘 활용하는 방법:

훈련자와 훈련생을 위한 추가적 지침

CHAPTER 03

의도적 연습을 가장 잘 활용하는 방법: 훈련자와 훈련생을 위한 추가적 지침

제2장과 연습들마다, 우리는 이러한 의도적 연습을 완성하기 위한 지침을 제공했다. 이 장은 훈련자가 자신들의 훈련 프로그램에 의도적 연습을 성공적으로 통합하는 데 필요한 큰 그림에 대한 지침을 제공한다. 이 지침은 관련 연구와 12개가 넘는 심리치료 훈련 프로그램의 훈련자들로부터의 경험 및 피드백에 기반을 두고 있는데, 이 훈련자들은 자발적으로 이 책에서의 의도적 연습 검증을 원하였다. 우리는 평가, 의도적 연습을 가장 잘 활용하기, 훈련생의 안녕, 훈련생의 프라이버시 존중하기, 훈련자의 자기평가, 반응적인 처치, 그리고 훈련생-훈련자 동맹과 관련된 주제를 다룬다.

의도적 연습을 가장 잘 활용하기 위한 6가지 요점

다음에는 훈련자와 훈련생들이 체계론적 가족치료(SFT)의 의도적 연습에서 가장 큰 혜택을 얻도록 하는 6개의 요점이 제시되어 있다. 다음 조언들은 다양한 국가와 상황에 걸쳐 많은 훈련생과 함께, 때로는 다른 언어로, 연습을 검토하고 실습하면서 얻은 경험에서 추출된 것들이다.

요점 1: 현실적인 정서적 자극을 만들어내라

의도적 연습의 핵심적인 구성요소는 도전적인 실제 작업 환경과 유사한 반작용을 불러일으키는 자극을 사용하는 것이다. 예를 들어, 조종사들은 기계적 결함과 위험한 기상 조건을 제시하는 비행 시뮬레이터로 훈련한다. 외과 의사들은 단 몇 초 내에 반응해야 하는 의료적 복합사태를 제시하는 수술 시뮬레이터로 실습한다. 도전적인 자극으로 훈련함으로써 훈련생들은 스트레스 상황, 예를 들어 그들에게 도전적으로 생각되는 내담자와의 치료를 효과적으로 수행할 수 있는 능력이 많아질 것이다. SFT의 의도적 연습에 사용되는 자극은 치료 내의 도전적인 내담자 진술을 역할극으로 제공하는 것이다. **내담자 역할을 하는 훈련생은 적절한 정서적 표현을 하고, 치료자와 눈을 맞추는 것이 중요하다.** 예를 들어, 내담자 진술이 슬픈 감정을 요구하는 경우, 훈련생은 치료자와 눈을 맞추며 슬픔을 표현하려고 노력해야 한다. 우리는 정서적 표현에 대한 다음과 같은 지침을 제공한다.

1. 역할극에서 정서적 어조는 각 대본의 정확한 단어보다 더 중요하다. 내담자 역할을 맡은 훈련생은 정서적으로 표현하는 데 더 도움이 된다면 자유롭게 단어를 즉흥적으로 변경하고 수정할 수 있어야 한다. 훈련생은 대본에 100% 맞출 필요가 없다. 사실상, 연습하는 동안 대본을 그대로 읽는 것은 밋밋하고 눈 맞춤을 방해할 수 있다. 오히려, 내담자 역할을 맡은 훈련생은 우선 내담자 진술을 스스로 조용히 읽고, 준비되면, 치료자 역할을 하는 훈련생을 바로 바라보면서 감정을 나타내는 방식으로 말해야 한다. 이것은 치료자에게 더 현실적이고 몰입감 있는 경험을 제공하는 데 도움이 된다.
2. 영어가 모국어가 아닌 훈련생들은 각 역할극 전에 내담자 진술 대본을 검토하고 단어를 변경함으로써 특별히 혜택을 얻을 수 있다. 이를 통해 일치감 있고 쉽게 정서를 표현하는 단어를 찾을 수 있다.
3. 내담자 역할을 하는 훈련생들은 느낌을 음성과 비언어적 표현으로 나타내려고 노력해야 한다. 예를 들어, 대본에서 분노를 요구한다면, 훈련생은 화난 목소리로 말하고 주먹을 쥘 수 있다. 대본이 수치심이나 죄책감을 요구한다면, 훈련생은 몸을 웅크리고 한숨을 쉴 수 있다. 대본이 슬픔을 요구한다면, 훈련생은 조용하거나 힘이 빠진 목소리로 말할 수 있다.

4. 훈련생들이 내담자 역할을 하는 특정 대본을 따르면서 설득력 있게 연기하는 데 지속적인 어려움을 겪는다면, 우선 종이에서 직접 읽으면서 '시연 반복demo rounds'을 하고, 바로 이어서 종이를 내려놓고 치료자와 눈 맞춤을 하면서 같은 내담자 진술을 기억해서 되풀이하는 것이 도움 될 수 있다. 일부 훈련생들은 이 방법이 그들이 '실제 내담자가 되어 보는 것'을 가능하게 했고, 역할극을 덜 인위적으로 만들었다고 보고했다. 일부 훈련생들은 내담자 역할에 완전히 몰입하기 위해 '시연 반복'을 서너 번 하기도 했다.

요점 2: 당신의 독특한 훈련 상황에 연습을 잘 맞추라

의도적 연습은 특정 규칙을 고수하기보다는 훈련 원리를 사용한다. 모든 훈련자는 그들 자신의 개인적인 교육 스타일을, 그리고 모든 훈련생은 그들 자신의 학습 과정을 가지고 있다. 따라서 이 책에서의 연습은 다른 문화권 내 다른 훈련 상황에 걸쳐 훈련자에 따라 유연하게 맞춰지도록 설계되었다. 훈련생과 훈련자는 그들의 연습을 최적화하기 위하여 계속해서 연습을 조정하도록 격려받는다. 가장 효과적인 훈련은 의도적 연습이 각 훈련생의 학습 요구와 각 훈련 장소의 문화에 맞게 조정될 때 일어날 것이다. 우리는 많은 국가에 있는 수십 명의 치료 훈련자와 훈련생들과의 경험에서, 모든 사람이 그들의 독특한 훈련 상황에 따라 연습을 자발적으로 맞춘다는 것을 알게 되었다. 어떠한 두 훈련자도 정확히 같은 절차를 따르지 않는다. 몇 가지 예는 다음과 같다.

- 한 슈퍼바이저는 '초보자' 자극을 포함해서, 모든 내담자 진술이 너무 어렵다고 하는 훈련생과 함께 연습했다. 이 훈련생은 '너무 어려운' 범주에서 메스꺼움과 심한 수치심, 자기 의심을 포함하여 다양한 반작용을 보였다. 훈련생은 그녀가 인생 초기에 극도로 힘든 학습 환경을 경험해서 역할극이 매우 자극적이었다고 슈퍼바이저에게 털어놓았다. 훈련생에게 도움을 주기 위해, 슈퍼바이저는 훈련생이 의도적 연습 반작용 양식에 '적절한 도전'으로 느낀다고 보고할 때까지 자극을 점진적으로 더 쉽게 하도록 부록 A

에 제공된 제안을 따랐다. 여러 주 동안 연습을 통해, 훈련생은 안전감을 발전시키고, 더 어려운 내담자 진술로 연습할 수 있게 되었다. (슈퍼바이저가 '너무 어려운' 난이도 수준에서 계속 진행했다면, 그 훈련생은 부정적인 반응을 숨긴 채 순종할 수도 있었고, 정서적으로 압도되어 위축되고, 따라서 기술 개발을 방해받고 훈련에서 이탈할 위험이 있었음을 명심하라.)

- 영어가 모국어가 아닌 훈련생들의 슈퍼바이저는 내담자 진술을 그들 자신의 1차적 언어로 조정했다.
- 한 슈퍼바이저는 고급 내담자 진술을 포함하여 모든 자극이 너무 쉽다고 느낀 훈련생과 함께 연습했다. 이 슈퍼바이저는 어떻게 내담자 진술을 더 도전적으로 만들지에 대한 지침을 따라 즉석에서 더 도전적인 내담자 진술을 만들어내도록 재빠르게 움직였다.

요점 3: 당신 자신의 독특하고도 개인적인 치료 스타일을 찾아라

심리치료에서 의도적 연습은 재즈 음악 연주를 배우는 과정과 유사하다고 할 수 있다. 모든 재즈 뮤지션은 숙련된 즉흥 연주에서 자부심을 가지며, '자신의 목소리를 찾는' 과정은 재즈 음악 전문성의 필수 조건이다. 그러나 즉흥연주는 무작위 음표들의 집합이 아니라 오랜 시간에 걸친 의도적 연습의 정점이다. 사실, 즉흥연주 능력은 오랫동안 음계, 선율, 화음 등의 연습에 전념함으로써 구축된다. 마찬가지로, 심리치료 훈련생들은 이 책에 있는 대본화된 개입을 그 자체가 목적이라기보다 체계론적 방식으로 기술을 증진하는 수단으로 경험하도록 권장 받는다. 시간이 지남에 따라, 효과적인 치료 창의성은 이러한 '치료적 선율' 안에서 연습에 전념함으로써 제약 없이 도움받을 수 있다.

요점 4: 리허설을 충분히 해라

의도적 연습은 기술을 절차적 기억으로 옮기기 위해 리허설을 사용하는데, 이는 훈련생들이 도전적인 내담자들과 작업을 할 때도 기술에 대한 접근을 유지할 수 있게 도와준다. 이는 훈련생들이 연습을 여러 번 반복할 때에만 작동한다. 당신이 배웠던 어려운 스포츠나 악기를 생각해보라. 전문가가 새로운 기술을 자신 있게 수행하기 위해 얼마나 많은 리허설을 필요로 하는가? 심리치료는 그런 다른 분야들보다 더 쉬운 것이 아니다.

요점 5: 계속해서 난이도를 조정하라

의도적 연습에서의 결정적인 요소는 최적의 난이도 수준에서 훈련하는 것이다. 너무 쉽지도 너무 어렵지도 않아야 한다. 이를 달성하기 위해서는 부록 A에 있는 의도적 연습 반작용 양식을 사용하여 난이도 사정과 조정을 하라. **이 단계를 건너뛰지 마라!** 훈련생들이 의도적 연습 반작용 양식 하단에 있는 '적절한 도전' 반작용을 전혀 느끼지 못한다면, 연습이 아마도 너무 쉬운 것이다. 그들이 '너무 어렵다'는 반작용을 느낀다면, 연습이 훈련생에게 이득이 되기에는 너무 어려울 수 있다. 고급 SFT 훈련생들과 치료자들은 모든 내담자의 진술이 너무 쉽다고 느낄 수 있다. 그렇다면, 역할극을 충분히 도전적으로 만들기 위해 내담자의 진술을 더 어렵게 만드는 것에 대하여 부록 A의 지시를 따라야 한다.

요점 6: 실제 전사기록과 모의 치료 회기를 통합하라

어떤 훈련생들은 실제 치료 회기를 모방하는 모의 회기에 자신들의 단편적인 훈련 부분을 좀 더 일관된 방식으로 통합할 필요성을 느껴서, 각 기술과 연관된 개별 치료 반응에 대한 더 큰 개념화를 요구할 수 있다. 연습 치료 전사는 모든 기술이 축적되는 상태로 기술 연습 후에 제공된다. 실제 치료 회기처럼 흘러가면서 훈련생들에게 다른 반응들을 연습할 가능성을 제공하기 위해서이다. 연습 14에서 제시된 모의 치료 회기는 치료자가 그들의 기술 훈련을 실천하도록 같은 기능을 제공한다.

반응적인 처치

이 책에서의 연습은 훈련생들이 SFT의 특정 기술을 획득할 뿐만 아니라 내담자 체계(즉, 개인, 커플, 또는 가족) 내 각 개인에게 반응하는 방식으로 그 기술들을 사용하도록 돕기 위해 설계되었다. 심리치료 문헌 전반에 걸쳐, 이러한 자세는 *적절한 반응성*appropriate responsiveness이라고 언급되었는데, 여기서 치료자는 내담자의 정서 상태, 요구, 그리고 목표를 인식한 것에 기초한 유연한 판단을 사용하고, 최적의 내담자 성과를 추구하여 기법과 다른 대인관계 기술을 통합한다(Hatcher, 2015; Stiles et al., 1998). 효과적인 치료자는 나타나는 상황에 반응적이다. 스타일즈Stiles와 호바스Horvath(2017)가 주장했듯이, 치료자는 그들이 적절하게 반응적이기 때문에 효과적이다. '적절한 것'을 하는 것은 매번 다를 수 있고, 각 내담자에게 개인적으로 맞춤화된 반응을 제공하는 것을 의미한다.

적절한 반응성은 의도적 연습 리허설이 치료기법을 로봇처럼 반복하는 연습을 촉진하기 위해 설계되었다는 잘못된 생각을 반격한다. 심리치료 연구자들은 내담자의 선호도를 무시하면서 특정 모델을 지나치게 고수하는 것이 치료효과를 감소시킨다는 것을 보여주었다(예: Castonguay et al., 1996; Henry et al., 1993; Owen & Hilsenroth, 2014). 그러므로 훈련생들이 다양한 범위의 내담자가 갖는 독특한 요구에 유연하고 반응적인 방식으로 새로 배운 기술을 연습하는 것이 중요하다(Hatcher, 2015; Hill & Knox, 2013). 슈퍼바이저는 슈퍼바이지가 회기 동안 내담자의 독특하고 구체적인 요구에 특수하게 맞추도록 도와야 한다. 슈퍼바이지와 반응성을 실연함으로써, 슈퍼바이저는 반응성의 가치를 입증하고 더 명시적으로 만들 수 있다. 이러한 방식으로 적절한 반응성의 더 큰 그림에 주의를 기울일 수 있다. 여기서 훈련생과 슈퍼바이저는 함께 작업하여 훈련생이 기법만이 아니라 치료자가 긍정적인 변화를 촉진하기 위해 기법을 통합하는 판단을 사용하는 방법에 숙달하게 한다. 훈련생이 치료 과정을 점검하면서 이러한 전체적인 목표를 기억하게 하는 것은 다른 방식으로 얻기 어려운 슈퍼비전의 소중한 특징이다(Hatcher, 2015).

의도적 연습이 SFT 학습의 더 넓은 맥락 내에서 이루어지는 것도 중요하다.

제1장에서 언급한 바와 같이, 훈련에서는 개인적 치료작업과 더불어, 실제 치료 기록, 이론적 학습, 유능한 체계론적 가족치료자의 관찰이 결합되어야 한다. 훈련자나 훈련생이 SFT 기술을 습득하는 데 어려움을 겪고 있다고 판단할 때, 무엇이 누락되었거나 필요한지 신중히 사정하는 것이 중요하다. 훈련자와 훈련생은 무엇이 필요한지를 협력적으로 결정하기 때문에, 사정은 그 후 적절한 처리방안으로 이어져야 한다.

훈련생의 안녕을 염두에 두기

일부 내담자들이 심리치료에서 경험하는 부정적인 효과는 잘 문서화되어 있지만(Barlow, 2010), 훈련생들에 대한 훈련과 슈퍼비전의 부정적인 효과는 상대적으로 덜 주목받았다. SFT는 슈퍼비전에서 반응적이고 다양한 접근의 중요성을 강조하는 강한 전통을 가지고 있다. SFT 내에 다양한 슈퍼비전 모델이 존재하지만, 좋은 슈퍼비전은 개방성, 존중, 지지, 그리고 격려를 기반으로 한다. 이런 방식으로, 슈퍼바이저는 특정 내담자를 돕는 것뿐만 아니라 훈련생의 장기적인 발전을 촉진하는 훈련생의 개인적 및 전문적 성장을 촉진할 책임이 있다.

강한 자기효능감을 지원하기 위해, 훈련자는 훈련생들이 정확한 난이도 수준에서 연습하는 것을 확실히 해야 한다. 이 책의 연습들은 훈련생들이 자주 난이도 수준을 사정하고, 자신의 개인적 기술 역량에 정확히 맞는 수준에서 리허설을 하도록 난이도 수준을 조정할 것을 안내하고 있다. 훈련자와 슈퍼바이저는 적절한 도전을 제공하는 것이 중요함을 명심해야 한다. 특히 이 책과 관련 있는 훈련생들에게 일어날 하나의 위험은 너무 어려운 역할극을 사용할 때 발생한다. 부록 A에 제공된 반작용 양식은 역할극이 적절한 도전 수준에서 수행되도록 보장함으로써 훈련자를 돕는다. 훈련자나 훈련생들은 빠른 진행과 기술 습득을 위한 리허설에 집중하려는 동기로 인해, 난이도 사정과 조정을 건너뛰고 싶어 할 수 있다. 그러나 우리가 모든 검증 현장에 걸쳐서 지켜본 바에 따르면, 난이도 사정과 조정을 건너뛰는 것은 다른 어떤 오류보다 더 많은 문제를 야기하고, 기술 습득을 방해했다. 따라서 훈련자는 **그들의 가장 중요한 책임 중 하나가 난이도 사정과 조정을 하도록 훈련생들에게 상기시키는 것**임을 기억해야 한다.

부가적으로, 반작용 양식은 훈련생들이 자기 점검과 자기 인식의 중요한 기술을 개발하도록 돕는 이중 목적을 가지고 있다(Bennett-Levy & Finlay-Jones, 2018). 이는 훈련생들이 자기 관리에 대해 긍정적이고 역량이 강화된 자세를 채택하도록 도울 것이며, 장기적 경력과정에서의 전문적 발달을 촉진할 것이다.

훈련생의 프라이버시 존중하기

이 책의 의도적 연습은 예컨대, 과거의 트라우마에 대한 기억을 포함하여, 훈련생들 내에서 복잡하거나 불편한 개인적 반작용을 일으킬 수 있다. 심리적이고 정서적인 반작용을 탐색하는 것이 일부 훈련생들을 취약하게 느끼도록 만들 수 있다. 훈련생들부터 십 년 이상의 경험을 가진 숙련된 치료자들에 이르기까지, 모든 경력 단계에 있는 치료자들은 이 과정에서 공통되게 수치심, 당혹감, 자기 의심을 경험한다. 이러한 경험은 훈련생들의 자기 인식을 구축하는 데 가치가 있을 수 있지만, 훈련은 전문적 기술 개발에 집중되어야 하며, 개인적 치료로 흐려져서는 안 된다는 점이 중요하다(예: Ellis et al., 2014). 그러므로 훈련자의 역할 중 하나는 훈련생들이 적절한 경계를 유지하도록 상기시키는 것이다.

훈련생은 훈련자에게 무엇을 공개하고 무엇을 공개하지 않을지에 대해 최종적으로 말해야 한다. 그 목표는 훈련생이 자신의 자기 인식과 불편한 반작용을 경험할 때, 적극적이 되고 도움이 되는 심리적 역량을 확장하는 것임을 염두에 두어야 한다. 훈련자는 이런 일이 일어날 때, 훈련생의 내면세계에 대한 구체적인 세부 사항을 알 필요가 없다.

훈련생은 자신이 편안하게 공유할 수 있는 개인 정보만을 공유하도록 지시받아야 한다. 반작용 양식과 난이도 사정 과정은 훈련생들이 자신의 프라이버시에 대해 통제하면서 자기 인식을 구축할 수 있도록 설계되어 있다. 훈련생들에게 그 목표가 자신의 내면세계에 대해 배우는 것임을 상기시켜 줄 수 있다. 그들이 그 정보를 훈련자나 동료들과 꼭 공유할 필요는 없다(Bennett-Levy & Finlay-Jones, 2018). 마찬가지로 훈련생들은 동료들의 기밀성을 존중하도록 지시받아야 한다.

훈련자의 자기평가

이 책의 연습들은 대학원 과정, 실습 현장, 사설 상담소를 포함한 다양한 훈련 현장에서 검증되었다. 훈련자들은 이 연습들이 훈련에 매우 효과적이라고 보고했지만, 어떤 사람들은 또한 의도적 연습이 임상 교육의 전통적인 방법들과 비교하여 어떻게 다르게 느껴지는지에 따라 방향감각을 잃는 것처럼 느껴진다고도 말했다. 많은 이들이 훈련생의 수행을 평가하는 것에는 편안함을 느꼈지만, 훈련자로서 자신들의 수행에 대해서는 그렇게 확신하지 못했다.

훈련자들이 가장 흔히 우려하는 점은 "내 훈련생들은 잘하고 있지만, 내가 이것을 정확하게 행하고 있는지 확신할 수 없다!"는 것이었다. 이러한 우려를 다루기 위해, 다음의 다섯 가지 기준에 따라 훈련자들이 주기적인 자기 평가를 수행하도록 권고한다.

1. 훈련생의 작업 수행을 관찰하라.
2. 지속적인 교정 피드백을 제공하라.
3. 특정한 기술의 리허설이 훈련생의 현재 능력을 뛰어넘는 것인지를 확인하라.
4. 훈련생이 올바른 난이도 수준(너무 쉽거나 너무 어렵지 않은)에서 연습하고 있는지를 확인하라.
5. 훈련생의 수행을 실제 내담자와 함께 계속해서 사정하라.

기준 1: 훈련생의 작업 수행을 관찰하라

훈련자로서 우리가 얼마나 잘하고 있는지를 결정하는 것은 우선 훈련생들이 훈련에 얼마나 잘 반응하는지에 대한 타당한 정보를 갖는 것을 의미한다. 이는 우리가 교정적 피드백과 평가를 제공하기 위해 훈련생이 기술을 연습하는 것을 직접 관찰하도록 요구한다. 의도적 연습의 위험 중 하나는 훈련생들이 역할극에서 치료 기술을 수행하는 능력을 키우지만, 그 기술들이 실제 내담자와의 작업에는 이전되지 않는다는 것이다. 따라서 훈련자들이 현장이든 혹은 녹화된 비디오든 간에 훈련생들이 실제 내담자와 작업하는 견본을 관찰할 기회를 갖는 것도 이상적이라고 할 수 있다. 슈퍼바이저들과 자문들은 상당히, 그리고 너무 자주, 슈퍼바이지들과 피자문자들이 내담자와 작업한 것에 관해 그들이 말로 하는 설명에만 오로지 의존한다(Goodyear & Nelson, 1997). 해거티Haggerty와 힐센로스Hilsenroth(2011)는 이 도전을 다음과 같이 설명했다.

> 사랑하는 사람이 수술을 받아야 하고 당신은 두 명의 외과 의사 중에서 선택을 해야 한다고 가정해 보자. 그중 한 명은 어떤 외과 수술을 수행하는 동안 경험 많은 외과 의사에게서 한 번도 직접 관찰 받은 적이 없다. 그 사람은 수술을 하고 자신의 지도 의사에게 돌아와 수술에서 방금 수행한 복잡한 단계들을 때때로 불완전하거나 부정확하게 기억해내려고 할 것이다. 누구라도 선택의 여지가 있다면 그들의 기술 실천을 일상적으로 관찰 받아온 전문가보다 이 사람을 선호할 것이라고 생각하기는 어렵다. (193쪽)

기준 2: 지속적인 교정 피드백을 제공하라

훈련생들은 자신이 잘하고 있는 것, 못하고 있는 것, 그리고 그들의 기술을 어떻게 향상할 수 있는지를 배우기 위해 교정 피드백이 필요하다. 피드백은 가능한 한 구체적이고 점진적이어야 하다. 구체적인 피드백의 예로는 "당신의 목소리가 몰아치는 것 같아요. 내담자에게 말씀하시는 사이에 몇 초간 멈추어서 속도를 좀 늦추도록 해보세요."와 "내담자와 눈을 마주치는 것을 참 잘하고 계시네요."가 있다. 모호하고 구체적이지 않은 피드백의 예는 "내담자와 라포를 더 잘 만들어 보세요."와 "내담자의 감정에 좀 더 열려 있으려고 노력해 보세요."이다.

기준 3: 훈련생의 현재 능력(근접발달지대)을 넘어서는 특정 기술의 리허설

의도적 연습은 행동 리허설을 통한 기술 습득을 강조한다. 훈련자는 기술에 집중하기 위해 내담자 개념화에 빠져들지 않도록 노력해야 한다. 많은 훈련자에게 이것은 상당한 자기 훈육과 자기 절제를 요구한다. 훈련생들이 기술을 연습하는 것을 지켜보는 것보다 심리치료 이론(예: 사례 개념화, 처치 계획, 심리치료 모델의 뉘앙스, 슈퍼바이저가 겪었던 비슷한 사례들)에 대해 이야기하는 것이 단지 더 즐거울 수 있다. 훈련생들은 많은 질문을 가지고 있고, 슈퍼바이저들은 풍부한 경험을 지니고 있다. 배정된 슈퍼비전 시간은 지식을 공유함으로써 쉽게 채워질 수 있다. 슈퍼바이저에게는 좋게 들릴 수 있지만, 반면 훈련생들은 배우는 데 한계를 느끼는 기술 습득에 어려움을 겪을 수 있다. 질문에 대답하는 것은 중요하지만, 심리치료에 대한 훈련생의 지적 지식이 특히 그들이 어렵다고 생각하는 내담자와의 실제 치료를 수행하는 절차적 능력을 빠르게 능가할 수 있다. 간단한 불문율은 다음과 같다. 즉 훈련자는 지식을 제공하지만, 행동 리허설은 기술을 제공한다(Rousmaniere, 2019).

기준 4: 올바른 난이도 수준(너무 쉽지도 너무 어렵지도 않은)에서 연습하라

의도적 연습은 *최적의 긴장optimal strain*을 포함한다. 즉 훈련생의 현재 기술 역치를 조금 넘는 기술 연습을 함으로써 점진적으로 배우면서 압도당하지 않는다(Ericsson, 2006).

훈련자는 훈련생이 올바른 난이도에서 연습하고 있는지 확인하기 위해 의도적 연습을 하는 내내 난이도 사정과 조정을 해야 한다. 일부 훈련생들은 연습에 대한 불유쾌한 반작용(예: 해리, 메스꺼움, 정신이 혼미함)에 놀라고, 너무 어려운 연습을 '무리하게 통과하려는' 유혹을 받을 수 있음을 주의하라. 이는 과정 실패에 대한 두려움, 역량이 부족하다고 판단될 두려움, 또는 훈련생의 부정적인 자기 인상(예: "이건 그렇게 어려울 리가 없어")으로 인해 발생할 수 있다. 훈련자는 연습의 난이도 지각에 차이가 있다는 사실을 정상화하고, 그들 자신의 개인적 훈련 과정을 존중하도록 훈련생을 격려해야 한다.

기준 5: 훈련생의 수행을 실제 내담자와 함께 계속해서 사정하라

SFT 기술을 의도적으로 연습하는 것의 목표는 훈련생이 실제 내담자를 돕는 데에서의 효과성을 향상하는 것이다. 의도적 연습 훈련에서의 한 가지 위험은 연습의 혜택이 일반화되지 않는다는 것이다. 즉 훈련생이 특정 기술을 습득한 역량이 실제 내담자와의 작업으로 옮겨지지 않을 수 있다. 따라서 훈련자는 훈련생이 실제 내담자와 작업하는 데에 미치는 의도적 연습의 영향을 사정하는 것이 중요하다. 이상적으로, 이는 다수의 자료를 삼각 검증함으로써 수행된다.

1. 내담자 자료(구두 자기보고와 일상적 성과 점검 자료)
2. 슈퍼바이저의 보고
3. 훈련생의 자기보고

만약 훈련생의 실제 내담자와의 효과성이 의도적 연습 후에도 향상되지 않는다면, 훈련자는 난이도에 대해 신중히 사정해야 한다. 슈퍼바이저나 훈련자가 그것이 기술 습득 이슈라고 느낀다면, 훈련생의 학습 요구와/또는 스타일에 더 잘 맞도록 의도적 연습을 조정하는 것을 고려할 수 있다.

치료자들은 전통적으로 *과정책무성process accountability*의 관점에서 평가되어 왔는데(Markman & Tetlock, 2000; Goodyear, 2015), 이는 내담자에 대한 영향을 고려하지 않고 특정 행동(예: 처치모델에 대한 충실도)을 보여주는 데 초점을 두고 있다. 우리는 임상적 효과성이 내담자 성과에 밀착해서 집중하는 렌즈를 통해 더 잘 사정된다는 것을 제안한다. 그리고 학습 목표가 전문가들이 효과적이라고 결정한 행동을 수행하는 것(즉, 역량 모델)에서 각 훈련생의 근접발달지대와 수행 피드백에 맞춘 매우 개별화된 행동 목표로 이동되기를 제안한다. 이 사정 모델은 *성과책무성outcome accountability*(Goodyear, 2015)이라고 불리는데, 이것은 치료자가 기대되는 작업을 어떻게 수행할 지와는 관계없이, 치료자의 역량보다는 오히려 내담자의 변화에 초점을 맞추는 것이다.

훈련생을 위한 지침

이 책의 핵심 주제는 기술 리허설이 자동으로 도움이 되는 건 아니라는 것이다. 훈련생들에게 혜택이 되기 위해서는 의도적 연습이 제대로 잘 행해져야 한다(Ericsson & Pool, 2016). 이 장과 연습에서, 우리는 효과적인 의도적 연습을 위한 지침을 제공한다. 우리는 또한 특별히 훈련생들을 위한 추가적인 조언을 제공하고자 한다. 그 조언은 우리가 전 세계에 있는 자원자들이 의도적 연습을 검증하는 현장에서 배운 것에서 추출되었다. 우리는 여러분 자신의 훈련 과정을 발견하는 방법, 적극적인 노력, 의도적 연습 중 재미와 휴식 취하기, 훈련자에게 자기 노출을 통제할 권리, 훈련 결과의 점검, 훈련자에 대한 복잡한 반작용의 점검, 그리고 여러분 자신의 개인 치료에 대해 다룬다.

개별화된 부부·가족치료 훈련: 당신의 근접발달지대 발견하기

의도적 연습은 훈련이 각 훈련생의 개인 기술 역치를 목표물로 삼을 때 가장 잘 작동한다. 또한, 비고츠키Vygotsky가 발달학습이론을 언급하며 처음으로 사용했던 용어(Zaretskii, 2009)인 '*근접발달지대zone of proximal development*'라고 불리는 이것은 교사나 코치의 도움으로 도달할 수 있는 훈련생의 현재 능력 바로 위로 넘어서는 영역이다(Wass & Golding, 2014). **만약 의도적 연습이 너무 쉽거나 너무 어렵다면, 훈련생은 혜택을 받지 못할 것이다.** 훈련의 생산성을 극대화하기 위해, 최정예 수행자들은 '도전적이지만 압도적이지는 않은' 원칙을 따른다. 즉 그들의 능력을 너무 멀리 넘어선 과제들은 비효과적이며 심지어 해로울 수 있지만, 그들이 이미 자신 있게 할 수 있는 것을 마음 없이 반복하는 것도 똑같이 쓸모없을 것이다. 이 때문에, 의도적 연습은 훈련생의 현재 기술에 대한 지속적인 사정과 '충분히 적절한' 도전을 일관되게 표적으로 삼아 그때마다 난이도 조정을 요구한다. 그러므로 만약 여러분이 연습 11. '상호작용 주기를 추적하기'를 연습하고 있고 그것이 너무 어렵게만 느껴진다면, 여러분이 이미 숙달했다고 느낄 수 있는 연습 7. '체계론적인 질문하기: 관점 수용을 촉진하기'와 같은 더 편안한 기술로 돌아가는 것을 고려하라.

적극적인 노력

훈련생들이 이 책에서의 의도적 연습을 할 때 적극적이고 지속적인 노력을 유지하는 것이 중요하다. 의도적 연습은 훈련생들이 자신의 현재 능력을 넘어서도록 자신들을 밀어붙일 때 정말 도움이 된다. 이는 훈련생들이 훈련 파트너가 그들 자신을 상처 주지 않고 가능한 한 어려움의 정도가 높게 되도록 역할극을 조정함으로써 그들 자신의 연습에 대한 소유권ownership을 가질 때 가장 잘 달성된다. 이는 훈련생마다 다르게 보일 것이다. 불편하거나 심지어 놀랠 수도 있지만, 이것은 가장 큰 발전이 이루어질 수 있는 근접발달지대이다. 책에 쓰여 있는 대본을 단순히 읽고 반복하는 것은 거의 혹은 전혀 도움이 되지 않는다. 훈련생들은 훈련에서의 그들의 노력이 실제 내담자와의 회기에서 더 많은 자신감과 편안감을 이끌어야 함을 기억하는 것이 좋다.

경로에 머물라: 노력 대 몰입

의도적 연습은 훈련생들이 자신의 기존 수행 패턴을 깨뜨릴 만큼 어렵게 자신들을 몰아붙여서 그것이 새로운 기술의 성장을 허용할 때에만 이루어진다(Ericsson & Pool, 2016). 의도적 연습은 수행 능력의 현재 한계에 계속해서 초점을 맞추기 때문에, 불가피하게 고된 노력이 된다. 사실상, 전문가들은 현재 능력의 한계에 가까운 과제에 충분히 참여하지 않는 이상 지속적인 수행의 향상을 기대하기 어렵다(Ericsson, 2003, 2006). 운동이나 피트니스 훈련에서, 우리 중 많은 사람이 적응이 뒤따라오는 편안한 지대를 벗어나 밀어붙이는 이러한 과정에 익숙하다. 같은 과정이 우리의 정신적 및 정서적 능력에도 적용된다.

많은 훈련생이 SFT를 위한 의도적 연습이 실제 내담자와의 심리치료보다 어려울 수 있다는 것을 알고 놀랄 수 있다. 이는 치료자가 실제 내담자와 작업할 때는 몰입의 상태로 들어갈 수 있기 때문이다(Csikszentmihalyi, 1997). 몰입의 상태에서는 노력 없이도 작동된다고 느낀다. SFT 훈련생으로서, 우리는 보통 가장 편안함을 느끼는 그 기술들에 의존한다. 따라서 질문을 잘하는 훈련생은 내담자와의 회기 동안 많은 질문을 할 수 있고, 그것이 자연스러울 것이다. 만약 같은 훈련생이 재정의에 조금 더 어려움을 느낀다면, 재정의하려고 반복적으로 노력하는 것은 실제 치료보다 더 힘들게 느껴질 수 있다. 부가해서, 훈련생은 초기에는 각 내담자의 자극에 대해 독특한 반응을 만들어 내는 데 어려움을 겪을 수 있다. 이것은 모두 과정의 일부이며, 우리는 훈련자가 가장 많은 학습이 일어나는 지점인 각 훈련생의 근접발달지대를 인식하도록 권장한다. 내담자의 자극에 대한 훈련생의 반응이 비교적 비슷하다면, 슈퍼바이저는 훈련생에게 비슷한 아이디어를 표현하는 다른 방법을 시도하도록 장려할 수 있다. 이는 처음에는 자연스럽게 느껴지지 않을 수도 있지만, 특히 훈련생에게 유용할 수 있다. 많은 기술이 처음에는 부자연스럽게 느껴지지만, 의도적 연습을 통해 나중에는 자신의 기술 세트 중의 자연스러운 부분이 된다.

자신만의 훈련 과정을 발견하라

의도적 연습의 효과성은 훈련생이 연습을 하면서 행사하는 노력과 소유권에 직접 관련된다. 훈련자는 지침을 제공할 수 있지만, 시간이 지남에 따라 훈련생이 자신만의 고유한 훈련 과정에 대해 아는 것이 중요하다. 이것은 그들이 자신의 훈련에 있어서 주인이 되게 하고, 전문적 경력 발달의 긴 과정을 준비시킬 것이다. 다음은 의도적 연습에 참여하는 동안 훈련생이 발견할 수 있는 개인적 훈련 과정의 몇 가지 예이다.

- 어떤 훈련생은 연습이 도전적일 때도 잘 지속할 수 있으나, 새로운 기술에 편안해지기 위해서는 다른 훈련생들보다 더 많은 리허설이 필요할 수 있다. 따라서 자기 속도에 대한 훈련생의 인내심이 중요하다.

- 다른 훈련생들은 몇 번의 반복만으로도 다소 빠르게 새 기술을 습득할 수 있다는 것을 알 수 있다. 그러나 내담자 진술에 대한 그들의 반작용은 '괜찮은 도전'부터 '너무 어려운' 범주로 빠르고 예측할 수 없게 변할 수 있다. 이러한 훈련생들은 반작용 양식에 기재된 반작용들을 주의 깊게 살펴볼 필요가 있다.
- 또한, 다른 훈련생들은 조금 더 '완벽주의적'일 수 있고, 메스꺼움과 해리 현상과 같은 그들의 반작용이 '너무 어려운' 범주에 속한다고 하더라도, 연습을'끝까지 밀고 나가야 한다'는 충동을 느낄 수 있다. 이렇게 하면 훈련생들이 연습에서 얻을 수 있는 혜택이 제한되고, 소진과 사기 저하의 가능성이 커질 수 있다. 이런 이유로 훈련생들은 적절한 속도로 나아가야 하며, 잠재적인 부정적 반작용에 대해 자기 자비self-compassion를 가져야 하고, 지시문을 덜 도전적으로 만드는 방법을 찾을 수 있도록 훈련 파트너에게 기꺼이 요청해야 한다.
- 또한 훈련생들은 의식적, 무의식적으로 이론적 개념이나 이슈에 지나치게 초점을 맞추거나 실제로 연습으로부터 벗어나게 만드는 다른 주제를 가지고 올 가능성이 있다. 이론적 논의와 다른 주제들은 관련될 수도 있지만, 훈련자는 연습에 초점을 맞추고, 다른 잠재적으로 중요한 주제들은 나중에 다루도록 하는 것이 아주 중요하다.

훈련생들은 그들 자신과 개인적 학습과정에 대해 가장 잘 알기 위해서 이 책의 연습들을 사용하면서 겪었던 그들 자신의 경험을 깊이 성찰하도록 격려받는다.

재미와 휴식 취하기

심리치료는 종종 고통스러운 감정을 수반하는 심각한 작업이다. 그러나 심리치료를 연습하는 것은 즐겁고 재미있을 수 있다(Scott Miller, personal communication, 2017). 훈련생들은 의도적 연습의 주요 목표 중 하나가 다양한 접근과 치료 스타일을 실험하는 것임을 기억해야 한다. 의도적 연습이 천편일률

적이고, 지루하거나 진부하다고 느껴지면, 그것은 아마도 훈련생의 기술을 향상하는 데 도움이 되지 않을 것이다. 이런 경우, 훈련생은 그것을 활기차게 만들려고 노력해야 한다. 이를 위한 좋은 방법은 재미의 분위기를 도입하는 것이다. 예를 들어, 훈련생들은 다음과 같이 할 수 있다.

- 다른 목소리 어조, 말의 속도, 몸짓, 또는 다른 언어들을 사용해보라. 이것은 훈련생들의 의사소통 범위를 확장할 수 있다.
- 눈가림(천으로)을 하거나 귀머거리인 것처럼 연습해보라. 이것은 다른 감각의 민감도를 증가시킬 수 있다.
- 일어서거나 밖을 걸으면서 연습해보라. 이것은 훈련생들에게 치료 과정에 대한 새로운 관점을 제공할 수 있다.

슈퍼바이저는 또한 훈련생들에게 5분에서 10분간의 휴식을 원하는지 물어볼 수도 있는데, 특히 훈련생들이 어려운 감정을 다루고 있고 지치는 느낌이 들 때 물어볼 수 있다.

추가적인 의도적 연습의 기회

이 책은 훈련생과 슈퍼바이저 간 적극적이고도 생생한 의도적 연습 방법에 초점을 맞추고 있다. 특히, 의도적 연습은 이러한 집중적인 훈련 회기를 넘어서 확장될 수 있다. 예를 들어, 훈련생은 내담자 자극을 조용하게 혹은 소리 내어 읽고, 슈퍼바이저와의 회기들 사이에 독립적으로 자신의 반응을 연습할 수 있다. 이런 경우에, 훈련생이 자신의 머릿속으로 조용히 리허설하는 대신에 치료자 반응을 소리 내어 말로 표현하는 것이 중요하다. 또는, 훈련생들이 슈퍼바이저 없이 한 집단에서 연습할 수도 있다. 슈퍼바이저의 부재가 피드백의 한 원천을 제한할 수 있지만, 내담자 역할을 하는 동료 훈련생이 이 역할을 할 수 있다. 중요한 것은, 이 추가적인 의도적 연습 기회들은 슈퍼바이저와의 집중적인 훈련 회기 사이에 의도되는 것이다. 독립적으로 혹은 슈퍼바이저 없이 행해질 때, 의도적 연습의 질을 최적화하기 위해, 우리는 부록 B에서 찾거나 미국심리학회 홈페이지https://www.apa.org/pubs/ books/ deliberate -practice-systemic-family-therapy에서 다운로드할 수 있는 의도적 연습 일지 양식을 개발했다 ('Clinician and Practitioner Resources' 탭을 참조하라.) 이 양식은 훈련생이 의도적 연습 활동의 경험을 기록하고, 이상적으로는, 학습의 통합에 도움을 주는 본template을 제공한다. 이 양식은 슈퍼바이저와의 평가 과정의 일부로 사용될 수 있지만, 반드시 그 목적으로 사용되는 것은 아니며, 훈련생은 독립적 연습의 경험을 다음 슈퍼바이저와 만날 때 가져오는 것을 환영받는다.

훈련 결과 점검하기

훈련자들이 역량 중심 모델competency-focused model을 사용하여 훈련생들을 평가할 것이지만, 훈련생들도 또한 자신의 훈련 과정의 소유권을 가져가고 의도적 연습 자체의 결과를 찾아볼 것을 권장한다. 훈련생들은 몇 번의 훈련 회기 내에서 의도적 연습의 결과를 경험해야 한다. 결과가 부족한 것은 훈련생들을 낙담을 시킬 수 있고, 의도적 연습에 노력과 집중을 덜 하게 만들 수 있다. 결과를 보지 못하는 훈련생들은 이 문제를 훈련자와 솔직하게 논의하고, 자신의 의도적 연습 과정을 조정해 보아야 한다. 결과는 내담자 성과와 치료자로서의 훈련생 자신의 작업, 그들의 개인적 발달, 그리고 그들의 전반적인 훈련을 향상하는 것을 포함 수 있다.

내담자 성과

의도적 연습의 가장 중요한 성과는 훈련생의 내담자 성과에서의 향상이다. 이는 일상적인 성과 측정(Lambert, 2010), 질적 자료(McLeod, 2017), 그리고 내담자들과의 비공식적 대화를 통해 사정될 수 있다. 그러나 훈련생들은 의도적 연습으로 인한 내담자 성과에서의 향상이 때때로 빠르게 이루어지기 어렵다는 것을 알아야 한다. 왜냐하면, 내담자 성과에서 가장 큰 편차는 내담자 변수에 기인하기 때문이다(Bohart & Wade, 2013). 예를 들어, 심각한 만성 증상을 가진 내담자는 어떠한 처치에도 빠르게 반응하지 않을 수 있다. 이는 훈련생이 얼마나 효과적으로 연습하는지와 상관없다. 일부 내담자들에게, 인내심의 증가와 그들 증상에 관한 자기 자비가 증상의 즉각적 감소보다 차라리 진전의 신호일 수 있다. 따라서, 훈련생들은 내담자의 증상, 역사, 그리고 현재 상황에 맞게 내담자 변화에 대한 기대치를 현실적으로 유지하도록 조언받는다. 훈련생들이 그들의 훈련에서 진전하고 있는 것처럼 느끼기 위해 그들의 내담자에게 치료에서의 향상을 강요하려 하지 않는 것이 중요하다(Rousmaniere, 2016).

치료자로서 훈련생의 작업

의도적 연습의 또 다른 중요한 결과는 내담자들과의 작업에 있어서 훈련생 내부에서 변화가 일어나는 것이다. 예를 들어, 검증현장에서 훈련생들은 도발적인 내담자와 앉아있는 것이 더 편안했고, 치료에서 불편한 주제들을 더 자신있게 다루게 되었으며, 넓은 범위의 내담자들에게 더 반응하게 되었다고 보고했다.

훈련생의 개인적 발달

훈련생의 개인적 성장도 의도적 연습의 중요한 결과 중 하나이다. 예를 들어, 검증현장에서 훈련생들은 자신의 감정과 더 많이 접촉하게 되었고, 자기 자비를 느끼는 것이 증가했으며, 넓은 범위의 내담자들과 함께 작업할 동기를 더 크게 느끼게 되었다고 보고했다.

훈련생의 훈련과정

의도적 연습에서의 마지막 잠재적인 훈련생 성과는 훈련생의 훈련 과정에서의 향상이다. 예를 들어, 검증현장에서의 훈련생들은 자신들의 개인적인 훈련 스타일, 선호, 강점, 그리고 도전과제에 대해 더 많이 인식하게 되었다고 보고했다. 시간이 지남에 따라, 훈련생들은 자신들의 훈련 과정에 대한 소유권을 더 많이 느낄 것이다. 또한 체계론적 가족치료자가 되기 위한 훈련은 여러 해에 걸쳐 발생하는 복잡한 과정이라고 격려받는다. 경험이 풍부한 전문 치료자들도 여전히 그들이 대학원 시절을 넘어서 계속 성장하고 있다고 보고한다(Orlinsky & Ronnestad, 2005). 게다가, 훈련은 선형적인 과정이 아니다. 어떤 날에는 당신의 내담자가 동기 부여되고 치료 과정에 반응하게 됨에 따라, 당신이 사태를 '파악한' 것처럼 느낄 것이다. 그런 다음, 바로 다음 날, 당신은 연속된 실패에 따른 실망감을 느끼게 될 것이다. 성장에는 시간이 걸린다!

훈련생과 훈련자의 동맹: 훈련자에 대한 복잡한 반작용을 점검하기

의도적 연습에 열심히 참여하는 훈련생들은 종종 자신의 훈련자에 대해 복잡한 감정을 보고한다. 예를 들어, 한 훈련생은 "이것이 도움이 될 것이지만, 또한 기대하지도 않는다!"라고 말했다. 또 다른 훈련생은 훈련자에게 감사함과 동시에 좌절감을 느낀다고 보고했다. 훈련생들은 운동이나 음악과 같은 다른 분야에서 해왔던 집중적인 훈련을 기억하도록 조언받는다. 코치가 훈련생을 그들의 능력의 한계까지 밀어붙일 때, 훈련생들이 그들에 대해 복잡한 반작용을 하게 되는 것은 흔한 일이다.

이것이 꼭 훈련자가 무언가 잘못하고 있다는 뜻은 아니다. 실제로, 집중적인 훈련은 불가피하게 훈련자에 대한 반작용을 일으키는데, 그것은 그들이 느끼는 감사와 공존하는 좌절, 짜증, 실망, 또는 분노 등이다. 사실, 훈련생들이 복잡한 반작용을 경험하지 않는다면, 의도적 연습이 충분히 도전적인지를 고려해 볼 만하다. 하지만, 우리가 앞서 프라이버시에 대한 권리를 언급한 것들이 여기에도 적용된다. 전문적인 정신건강 훈련이 계층적이고 평가적이기 때문에, 훈련자들은 훈련생들이 그들에 대해 경험할 수 있는 복잡한 반작용을 이야기하도록 요구하거나 기대하지 말아야 한다. 훈련자들은 그들이 이야기하는 것에 대해 열려 있어야 하지만, 선택은 언제나 훈련생에게 달려있다.

훈련생 자신의 치료

의도적 연습에 참여하면서, 많은 훈련생이 자신의 심리치료에 참여하는 것으로부터 혜택을 받을 수 있는 내면세계의 측면을 발견한다. 예를 들어, 한 훈련생은 내담자의 분노가 자신의 아픈 학대 기억을 불러일으켰다고 발견했고, 다른 훈련생은 공감 기술을 연습하다가 해리 현상을 경험했으며, 또 다른 훈련생은 몇 번이나 반복한 후에도 기술을 습득하지 못했을 때 압도적인 수치심과 자기 판단을 경험했다.

이런 발견들은 처음에는 당황스러웠지만, 궁극적으로 그것들은 매우 유익했다. 그 이유는 그것들이 자신만의 치료를 추구하도록 훈련생들에게 동기를 부여했기 때문이다. 사실, 노르코스Norcross와 거이Guy(2005)는 17개의 연구에 대한 그들의 리뷰에서 8,000명 이상의 치료자 참가자들 중 약 75%가 그들 자신의 치료에 주의를 기울였다는 것을 발견했다. 올린스키Orlinsky와 론네스타드Ronnestad(2005)는 그들 자신의 치료를 받은 치료자 중 90% 이상이 도움이 되었다고 보고했음을 밝혔다.

훈련생을 위한 질문

1. 당신은 기술을 향상하려는 노력과 학습 과정에 대한 인내와 자기 자비와의 균형을 맞추고 있는가?
2. 훈련에서 생기는 수치심이나 자기 판단에 주의를 기울이고 있는가?
3. 자신의 개인적 경계를 의식하고 있고, 또 훈련자에게 가질 수 있는 어떠한 복잡한 감정을 존중하고 있는가?

Deliberate Practice in Systemic Family Therapy

Appendix

부록

부록 A. 난이도 사정과 조정

의도적 연습은 연습이 적절한 도전의 수준에서 수행될 때 가장 잘 작동한다. 이는 너무 어렵지도 않고, 너무 쉽지도 않아야 한다. 그들이 정확한 난이도 수준에서 연습하고 있는지 확인하기 위해, 훈련생들은 각 내담자 진술 단계(초급, 중급, 고급)가 완료된 후 난이도 사정과 조정을 해야 한다. 이를 위해, 다음의 지시와 미국심리학회 홈페이지https://www.apa.org/pubs/books/deliberate-practice-systemic-family-therapy에 있는 'Clinician and Practitioner Resources' 탭에서도 볼 수 있는 의도적 연습 반작용 양식(그림 A.1)을 사용하라. **이 과정을 생략하지 마라!**

난이도 평가 방법

치료자는 의도적 연습 반작용 양식(그림 A.1)을 완성한다. 만약 그들이

- 연습의 난이도를 8 이상으로 평가하거나 '너무 어려움' 칸에 있는 반작용이 있다면, 연습을 더 쉽게 만들기 위한 지침을 따르라.
- 연습의 난이도를 4 이하로 평가하거나 '적절한 도전' 칸에 있는 어떤 반작용이 없다면, 그다음 수준의 더 어려운 내담자 진술로 진행하거나 연습을 더 어렵게 만드는 지침을 따르라.
- 연습의 난이도를 4와 8 사이로 평가하고 '적절한 도전' 칸에서 적어도 하나의 반작용이 있다면, 더 어려운 내담자 진술로 진행하지 말고 같은 수준을 반복하라.

내담자 진술을 더 쉽게 만들기

치료자가 연습의 난이도를 8 이상으로 평가하거나 '너무 어려움' 칸에 있는 어떤 반작용이라도 있다면, 그다음으로 더 쉬운 수준의 내담자 진술을 사용하

라(예를 들어, 고급 내담자 진술을 사용하고 있다면, 중급으로 전환하라). 그러나 이미 초급 내담자 진술을 사용하고 있다면, 내담자 진술을 훨씬 더 쉽게 만들기 위한 다음과 같은 방법을 사용하라.

질문 1: 이 연습의 기술 기준을 달성하는 것이 얼마나 어려웠나요?

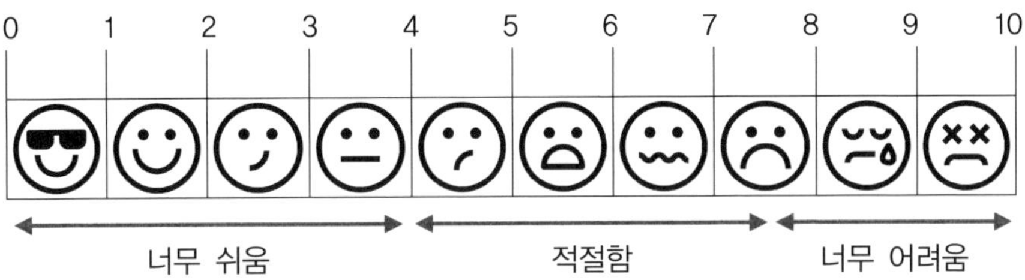

질문 2: '적절한 도전' 혹은 '너무 어려움' 범주에서 어떤 반작용을 보였나요? (예/아니오)

적절한 도전			너무 어려움		
정서와 사고	신체 반작용	충동	정서와 사고	신체 반작용	충동
수치심을 감당할 수 있음, 자기판단, 짜증, 분노, 슬픔	신체적 긴장, 한숨, 호흡이 얕아짐, 심박수 증가, 입이 마름	시선 피하기, 철회, 초점 바꾸기	수치심이 심해지거나 압도당함, 자기판단, 분노, 슬픔, 죄책감	편두통, 어지러움, 생각이 흐려짐, 설사, 해리, 마비, 멍 때리기, 메스꺼움 등	종료, 포기

너무 쉬움	적절한 도전	너무 어려움
⬇	⬇	⬇
다음 난이도 수준으로 나아가라	동일한 수준을 반복하라	이전 난이도 수준으로 돌아가라

[그림 A.1] 의도적 연습 반작용 양식

주) Goldman, R. N., Vaz, A., & Rousmaniere, T. (2021). 정서중심치료의 의도적 연습(180쪽). 미국심리학회(https://doi.org/ 10.1037/0000227-000). 저작권 2021년 미국심리학회.

- 내담자 역할을 하는 사람이 같은 초급 내담자 진술을 사용할 수 있지만, 이번에는 목소리를 더 부드럽고 차분하게 하고 미소를 띤다. 이렇게 하면 정서적 어조가 완화된다.
- 내담자는 감정 표현이 없는 주제; 미래-과거(지금 여기 피하기), 또는 치료 외의 어떤 주제에 관해 이야기하기와 같이 덜 자극적이고 치료자가 더 편안해할 수 있는 화제들로 즉흥적인 대화를 할 수 있다(그림 A.2 참조).
- 치료자는 질문들 사이에 짧은 휴식(5~10분)을 취할 수 있다.
- 훈련자는 체계론적 가족치료 또는 심리치료 이론 및 연구에 대해 논의함으로써 '피드백 단계'를 확장할 수 있다. 이것은 훈련생들의 초점을 더 초연하거나 지적인 화제들로 옮기고 정서적 강도를 감소시킬 것이다.

내담자 진술을 더 어렵게 만들기

만약 치료자가 연습의 난이도를 4 미만으로 평가했거나 '적절한 도전' 칸에 어떠한 반작용도 없었다면, 다음 단계의 더 어려운 내담자 진술로 나아가라. 이미 고급 내담자 진술을 사용하고 있었다면, 내담자는 다음의 지침을 사용하여 연습을 더 어렵게 만들어야 한다.

- 내담자 역할을 하는 사람은 더 괴로운 목소리(예: 매우 화가 난, 슬픈, 냉소적인)나 불쾌한 표정을 사용하여 고급 내담자 진술을 다시 사용할 수 있다. 이것은 정서적 어조를 높일 것이다.
- 내담자는 더 자극적이고 치료자를 불편하게 만드는 화제로 새로운 내담자 진술을 즉흥적으로 만들 수 있다. 예를 들어, 강한 감정을 표현하거나, 지금 여기, 치료, 또는 치료자에 관해 이야기하는 것 등이다(그림 A.2 참조).

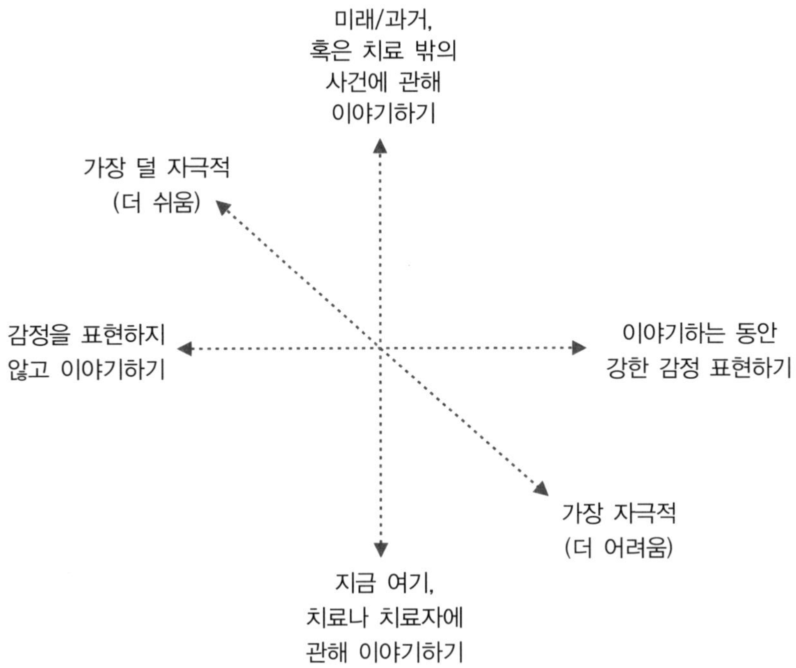

[그림 A.2] 역할극에서 내담자 진술을 더 쉽게 또는 더 어렵게 만들기

주) Jason Whipple, PhD. 그림제작.

유의사항: 의도적 연습 회기의 목적은 모든 내담자 진술과 치료자 반응을 다루는 것이 아니라 가능한 한 많은 시간을 정확한 난이도에서 연습하는 데에 있다. 이는 훈련생이 같은 진술과 반응을 여러 번 반복한다는 것을 의미할 수 있는데, 난이도가 '적절한 도전' 수준에 머무는 한 이렇게 하는 것은 괜찮다.

부록 B. 의도적 연습 일지 양식

의도적 연습의 질을 최적화하기 위해, 우리는 또한 미국심리학회 홈페이지 https://www.apa.org/pubs/books/deliberate-practice-systemic-family-therapy에 있는 'Clinician and Practitioner Resources' 탭으로부터 다운로드할 수 있는 의도적 연습 일지 양식을 개발했다. 이 양식은 훈련생이 의도적 연습 활동의 경험을 기록하고, 이상적으로는 학습을 통합하는 데 도움이 되는 본template을 제공한다. 이 양식은 평가 과정의 일부로 사용되는 것을 의도하지는 않았다.

의도적 연습 일지 양식

이 양식을 사용하여 의도적 연습에서 얻은 학습 내용을 정리하시오. 편하게 공개할 수 있는 정보만을 공유하여 개인적 경계를 보호하시오.

성명: ______________________ 날짜: ______________________

연습: ____

질문 1. 이번 의도적 연습 회기에서 도움이 되었거나 잘된 점은 무엇이었는가? 어떤 방식으로?

질문 2. 이번 의도적 연습 회기에서 도움이 되지 않았거나 잘되지 않은 점은 무엇이었는가? 어떤 방식으로?

질문 3. 자신, 현재의 기술, 그리고 계속 향상하고 싶은 기술에 대해 무엇을 배웠는가? 편하게 공개할 수 있는 것만 자유롭게 자세한 내용을 쓰시오.

부록 C. 의도적 연습이 들어있는 체계론적 가족치료의 강의계획서 견본

이 부록은 체계론적 가족치료(SFT)를 가르치기 위한 한 학기 분량의 세 단위 과정을 예시로 제공한다. 이 강의는 석사 과정 수준의 대학원생을 위한 것으로, 아직 내담자와 작업해보지 않은 신입생을 포함한 모든 훈련 단계의 학생들에게 적합하다. 우리는 이것을 특정 프로그램의 상황과 필요에 맞게 조정할 수 있는 하나의 모델로 제시한다. 예를 들어, 강사들은 다른 강의, 실습, 학외 연수와 인턴십에서의 훈련 행사, 워크샵, 그리고 치료자의 대학원 이후 교육을 위해 그 일부를 차용해서 사용할 수 있다.

강의 제목: 체계론적 가족치료 입문

강의 설명

이 강의의 목적은 학생들이 체계론적 치료를 실습하는 데 도움을 주는 것이다. 이에 대한 일환으로서, 여러분은 여러 기초적인 모델들을 소개받을 것이다. 훨씬 더 중요한 것은, 여러분이 의도적 연습과 역할극을 사용하여 핵심적인 체계론적 가족치료(SFT)의 기술을 배우고 연습하게 될 것이라는 점이다. 이 모든 것은 여러분이 다음 학기에 내담자를 만날 준비가 되었음을 보여주는 캡스톤 프로젝트를 마련해줄 것이다.

강의 목표

이 강의를 완료한 학생들은 다음과 같은 능력을 갖출 수 있다.

1. SFT의 핵심적인 이론과 기술을 설명할 수 있다.
2. 임상 기술 발달을 위해 의도적 연습의 원칙을 적용할 수 있다.
3. 핵심적인 SFT 기술을 보여줄 수 있다.
4. 자신의 성격과 가장 잘 맞는 치료 모델과 기술을 식별할 수 있다.

날짜	강의 및 토론	실습	과제
1	강의 소개 촉진적 대인 기술	의도적 연습의 원칙에 대한 강의: 의도적 연습 연구	교강사가 정한 자료 읽기
2	치료자의 자기	연습 1: 처치를 위한 체계론적 근거 제공하기	교강사가 정한 자료 읽기
3	가계도 발표	연습 2: 치료동맹 구축하기: 유대 확립하기와 체계에 합류하기	교강사가 정한 자료 읽기 가계도 발표 의도적 연습 일지 양식
4	가계도 발표	연습 3: 문제를 재정의하기	교강사가 정한 자료 읽기 의도적 연습 일지 양식
5	이론 및 개념화	연습 4: 상호작용의 구조화: 완화하기	교강사가 정한 자료 읽기 가족체계 보고서 의도적 연습 일지 양식
6	다세대 및 정신분석학적 모델	연습 5: 삼각관계화 피하기	교강사가 정한 자료 읽기 의도적 연습 일지 양식
7	체계론적, 전략적 모델	연습 6: 경계 강조하기	교강사가 정한 자료 읽기 치료 세계관 보고서 의도적 연습 일지 양식
8	구조적 모델	연습 7: 체계론적 질문: 관점 수용을 촉진하기	교강사가 정한 자료 읽기 의도적 연습 일지 양식
9	안전 사정(자살)	연습 8: 희망 만들어내기	교강사가 정한 자료 읽기 건강한 가족발달 보고서 의도적 연습 일지 양식
10	경험적·정서중심 모델	연습 9: 다양성에 주의 기울이기	교강사가 정한 자료 읽기 의도적 연습 일지 양식
11	해결중심 모델	연습 10: 치료동맹 구축하기: 치료목표 확립하기	교강사가 정한 자료 읽기 의도적 연습 일지 양식
12	내러티브 모델	연습 11: 상호작용 주기 추적하기	교강사가 정한 자료 읽기 의도적 연습 일지 양식
13	주관적, 객관적, 사정 및 계획 기록과 처치 계획	연습 12: 상호작용의 구조화: 실연 주도하기	교강사가 정한 자료 읽기 의도적 연습 일지 양식
14	통합하기	전사 회기 혹은 모의 회기	교강사가 정한 자료 읽기 의도적 연습 일지 양식
15	기말 보고서 마감, 기말고사, 자기평가, 기술 코칭 피드백	전사 회기 혹은 모의 회기	교강사가 정한 자료 읽기 캡스톤 프로젝트 의도적 연습 일지 양식

필수교재

Blow, A. J., Seedall, R. B., Miller, D. L., Rousmaniere, T., & Vaz, A. (2023). *Deliberate practice in systemic family therapy. American Psychological Association.* https://doi.org/10.1037/0000301-000

이론기반 필수교재

Gehart, D. R. (2015). *Theory and treatment planning in family therapy: A competency-based approach.* Cengage Learning.

Gehart, D. R. (2017). *Mastering competencies in family therapy: A practical approach to theory and clinical case documentation* (3rd ed.). Cengage Learning.

Gurman, A. S., Lebow, J. L., & Snyder, D. K. (2015). *The clinical handbook of couple therapy* (5th ed.). Guilford Press.

Nichols, M. P., & Davis, S. P. (2015). *Family therapy: Concepts and methods* (11th ed.). Allyn & Bacon.

Nichols, M. P., & Davis, S. P. (2019). *The essentials of family therapy* (7th ed.). Pearson.

Sexton, T. L., & Lebow, J. L. (2015). *The handbook of family therapy: The science and practice of working with families and couples.* Routledge.

수업 형식

강의 시간은 SFT 이론 학습과 SFT 기술 습득에 균등하게 배분된다.

- **강의 및 토론:** 매주 1시간에서 1.5시간 동안 SFT 이론과 관련 연구에 집중하는 강의/토론 수업이 있을 것이다.
- **기술 랩:** 매주 1시간에서 1.5시간 동안 한 기술 랩이 있을 예정이다. 기술

랩은 체계론적 가족치료의 의도적 연습에 나오는 연습을 사용하여 기술을 실습하는 것이다. 이 연습은 다음과 같은 사항을 의도한다.

1. 핵심적인 체계론적 가족치료의 기술을 다루는 데 도움을 준다.
2. 이러한 기술을 실습할 구체적인 기회를 제공한다.
3. 기술과 이러한 기술을 사용하는 데 필요한 자신감을 구축한다.
4. 자신만의 치료 스타일을 발견하는 데 도움을 준다.

학습 활동

1. **자료 읽기 및 출석 (50점)**: 수업에서의 자료 읽기와 출석은 학습에 필수적이며, 서로 가르치는 학습 공동체를 만드는 데에도 중요하다. 결과적으로, 읽고 와서 수업에 참여해야 한다. 학기 말에 학습 자료 읽기의 성과를 평가할 것이다. [여기에 교강사의 지각 및 결석 방침 삽입]
2. **가계도 발표 (50점)**: 치료와 잠재적으로 가장 관련이 있는 치료자의 자기 self-of-the therapist 이슈를 인식하는 것은 중요하다. 3대에 걸친 가계도를 작성한 다음, 수업에서 관련된 관계, 패턴, 역동을 강조하는 30분간의 발표를 해야 한다. 또한, 이러한 것들이 여러분이 제공하는 치료에 어떤 영향을 미칠 수 있는지를 강조할 필요가 있다.
3. **의도적 연습 리허설 (50점)**: 이 수업은 다음과 같은 12가지 핵심 가족치료 기술을 배우기 위해 의도적인 연습에 참여할 기회를 제공한다. 그것들은 처치를 위한 체계론적 근거 제공하기, 치료동맹의 부분으로서 유대 확립하기, 문제를 재정의하기, 완화를 통해 상호작용의 구조를 더하기, 삼각관계화 피하기, 경계 강조하기, 체계론적·관점 수용 질문하기, 희망 만들어내기, 다양성에 주의 기울이기, 치료목표 확립하기, 상호작용 주기 추적하기, 실연을 통해 상호작용의 구조를 감소시키기 등이다. 이 점수를 얻기 위해서 각 기술(1시간)을 연습하고, 매주 의도적 연습 일지 양식을 작성해야 한다.
4. **가족체계 보고서(50점)**: 가족체계 이론은 체계론적 치료의 기초 모델이다. 그런 이유로 해서, 체계이론과 그것이 가족에 어떻게 적용되는지에 대한

확실한 이해가 필요하다. 여러분의 지식을 더욱 확고히 하기 위해, 체계 이론의 핵심 용어가 가족에게 어떻게 적용되는지, 그리고 그것이 치료에 대해 전반적으로 시사하는 바를 논의하는 2쪽 분량의 보고서를 작성하라.

5. **세계관 보고서(50점)**: 치료자로서의 발달에서 중요한 측면은 변화를 이해하고 변화에 대한 자신의 개인적인 이론을 개발하는 것이다. 이 중 일부는 여러분의 세계관을 검토하는 것이다. 이 수업이 여러분이 가진 세계관의 면면을 고려해 보게 하고, 학술적인 참고문헌을 통해 이를 뒷받침하도록 하라. 보고서는 대략 두 쪽 정도를 작성하라.
6. **건강한 가족발달 보고서(50점)**: 치료자로서의 발달에서 중요한 측면은 변화를 이해하고 변화에 대한 자신의 개인적인 이론을 개발하는 것이다. 이 중 일부는 건강한 가족발달이 여러분에게 무엇을 의미하는지 검토하는 것이다. 즉, 무엇이 건강한 가족관계의 기초인가? 여러분의 생각을 강화하고 뒷받침할 학술 자료와 함께 이 주제에 관해 약 2쪽 분량의 보고서를 작성하라.
7. **치료 모델 발표(각 50점 2개)**: 체계론적 치료의 기본 모델 중 두 가지에 대해 다른 학생과 함께 60분 동안 발표할 기회가 주어진다. 모델이 문제와 변화를 어떻게 설명하는지 논의하고 핵심 개입을 강조한다. 그 모델을 실제로 사용하는 비디오를 10분간 보여주고, 그 모델의 핵심 요소를 설명하는 1쪽 분량의 유인물도 제공하라.
8. **캡스톤 프로젝트(150점)**: 기말 프로젝트에서는 이번 학기에 논의하고 실습한 핵심적인 체계론적 기술(12가지 의도적 연습의 기술 및 기타)을 사용하여 역량을 입증하고, 따라서 내담자를 만날 준비가 되었음을 보여줄 기회가 제공된다. 학기가 진행됨에 따라 이 과제에 대해서 더 많은 정보가 제공될 것이다.

강의 방침

1. **지각 제출**: [교강사가 결정함]
2. **APA 양식**: 모든 보고서는 참고문헌을 포함하여, 미국심리학회(APA) 스타일(7판) 양식으로 작성되어야 한다. APA 양식을 사용하지 않을 경우, 그

과제에 감점이 있을 것이다. 또한, 철자, 문법, 문장 구조 및 글쓰기의 다른 측면에서도 점수가 매겨질 것이다.

3. **다양성 및 다문화 지향:** 이 수업에서 다양성, 포용성 및 사회적 평등의 이슈는 중요하다. 따라서 우리는 "다양한 내담자와 일할 때 지식, 기술과 인식"(Owen et al., 2016, 30쪽)을 의미하는 다문화 역량을 개발하기 위해 노력할 것이다. 전반적으로, 이 강의에서는 문화적 겸양 의식을 촉진하기를 희망한다. 이 문화적 겸양의식은 다양한 배경을 가진 사람들과 작업하는 데 있어서 더 편안해지도록 하고, 궁극적으로 "치료자와 내담자가 내담자의 문화적 정체성에 대해 목적 있고 의미 있는 대화를 할 수 있는 치료의 중요한 표식이나 순간"(Owen et al., 2016, 31쪽)을 찾아내게 하는 조율attunement을 개발시킬 것이다. 다문화 지향 기술을 더욱 발전시키고자 한다면 https://sentio.org/mcovideos로 접속하라.
4. **신체장애:** [교강사가 결정함]
5. **학문적 부정행위:** [교강사가 결정함]
   a. 부정행위: [교강사가 결정함]
   b. 위조: [교강사가 결정함]
   c. 표절: [교강사가 결정함]
6. **자기 노출 및 기밀성:** 치료자가 되고 내담자를 만나는 중요한 요소 중 하나는 여러분의 경험이 잠재적으로 내담자와의 상호작용에 어떻게 영향을 미칠 수 있는지 이해하는 능력이다. 치료자로서의 존재 방식은 여러분이 누구인지에 있어 중요하지만(Fife et al., 2014), 또한 여러분의 감정과 경험이 치료 과정을 방해하지 않도록 작업해야 한다. 그러한 이유로, 우리가 수업에서 논의하는 치료자의 자기 이슈를 탐색하고 평가하기를 바란다. 그렇다고 해서, 여러분이 자신이나 과거에 대한 특별한 정보를 공개할 필요는 없다. 공개할 정도와 시기, 그리고 방법은 여러분이 선택한다. 동시에 학생들은 이 수업에서 다른 사람들이 이야기한 정보를 기밀로 유지해야 한다.
7. **불만 처리 과정:** [교강사가 결정함]

참고문헌

Anderson, T., Ogles, B. M., Patterson, C. L., Lambert, M. J., & Vermeersch, D. A. (2009). Therapist effects: Facilitative interpersonal skills as a predictor of therapist success. *Journal of Clinical Psychology, 65*(7), 755-768. https://doi.org/10.1002/jclp.20583

Bailey, R. J., & Ogles, B. M. (2019, August 1). Common factors as a therapeutic approach: What is required? *Practice Innovations, 4*(4), 241-254. https://doi.org/10.1037/pri0000100

Barlow, D. H. (2010). Negative effects from psychological treatments: A perspective. *American Psychologist, 65*(1), 13-20. https://doi.org/10.1037/a0015643

Bennett-Levy, J., & Finlay-Jones, A. (2018). The role of personal practice in therapist skill development: A model to guide therapists, educators, supervisors and researchers. *Cognitive Behaviour Therapy, 47*(3), 185-205. https://doi.org/10.1080/16506073.2018.1434678

Bertalanffy, L. (1968). *General system theory: Foundation, development, applications*. Allen Lane.

Bohart, A. C., & Wade, A. G. (2013). The client in psychotherapy. In M. J. Lambert (Ed.), *Bergin and Garfield's handbook of psychotherapy and behavior change* (5th ed., pp. 219-257). John Wiley & Sons.

Bordin, E. S. (1979). The generalizability of the psychoanalytic concept of the working alliance. *Psychotherapy: Theory, Research, & Practice, 16*(3), 252-260. https://doi.org/10.1037/h0085885

Bowen, M. (1978). *Family therapy in clinical practice*. Jason Aronson.

Butler, M. H., & Gardner, B. C. (2003). Adapting enactments to couple reactivity: Five developmental stages. *Journal of Marital and Family Therapy, 29*(3), 311-327. https://doi.org/10.1111/j.1752-0606.2003.tb01209.x

Butler, M. H., & Harper, J. M. (1994). The divine triangle: God in the marital system of religious couples. *Family Process, 33*(3), 277-286. https://doi.org/10.1111/j.1545-5300.1994.00277.x

Carlson, J., & Dermer, S. (Eds.). (2017). The sage encyclopedia of marriage, family, and couples counseling (Vols. 1-4). SAGE Publications.

Castonguay, L. G., Goldfried, M. R., Wiser, S., Raue, P. J., & Hayes, A. M. (1996). Predicting the effect of cognitive therapy for depression: A study of unique and common factors. *Journal of Consulting and Clinical Psychology, 64*(3), 497-504. https://doi.org/10.1037/0022-006X.64.3.497

Coker, J. (1990). *How to practice jazz.* Jamey Aebersold.

Cook, R. (2005). *It's about that time: Miles Davis on and off record.* Atlantic Books.

Crenshaw, K. W. (1991). Mapping the margins of intersectionality, identity politics and violence against women of color. *Stanford Law Review, 43*(6), 1241-1300. https://doi.org/10.2307/1229039

Csikszentmihalyi, M. (1997). *Finding flow: The psychology of engagement with everyday life.* HarperCollins.

de Shazer, S. (1988). *Clues: Investigating solutions in brief therapy.* Norton.

Ellis, M. V., Berger, L., Hanus, A. E., Ayala, E. E., Swords, B. A., & Siembor, M. (2014). Inadequate and harmful clinical supervision: Testing a revised framework and assessing occurrence. *The Counseling Psychologist, 42*(4), 434-472. https://doi.org/10.1177/0011000013508656

Ericsson, K. A. (2003). Development of elite performance and deliberate practice: An update from the perspective of the expert performance approach. In J. L. Starkes & K. A. Ericsson (Eds.), *Expert performance in sports: Advances in research on sport expertise* (pp. 49-81). Human Kinetics.

Ericsson, K. A. (2004). Deliberate practice and the acquisition and maintenance in medicine and related domains: Invited address. *Academic Medicine, 79*(Suppl.), S70-S81. https://doi.org/10.1097/00001888-200410001-00022

Ericsson, K. A. (2006). The influence of experience and deliberate practice on the development of superior expert performance. In K. A. Ericsson, N. Charness, P. J. Feltovich, & R. R. Hoffman (Eds.), *The Cambridge handbook of expertise and expert performance* (pp. 683-703). Cambridge University Press. https://doi.org/10.1017/CBO9780511816796.038

Ericsson, K. A., Hoffman, R. R., Kozbelt, A., & Williams, A. M. (Eds.). (2018). *The Cambridge handbook of expertise and expert performance* (2nd ed.). Cambridge University Press. https://doi.org/10.1017/9781316480748

Ericsson, K. A., Krampe, R. T., & Tesch-R mer, C. (1993). The role of deliberate practice in the acquisition of expert performance. *Psychological Review, 100*(3), 363-406. https://doi.org/10.1037/0033-295X.100.3.363

Ericsson, K. A., & Pool, R. (2016). *Peak: Secrets from the new science of expertise*. Houghton Mifflin Harcourt.

Fife, S. T., Whiting, J. B., Bradford, K., & Davis, S. (2014). The therapeutic pyramid: A common factors synthesis of techniques, alliance, and way of being. *Journal of Marital and Family Therapy, 40*(1), 20–33. https://doi.org/10.1111/jmft.12041

Fisher, R. P., & Craik, F. I. M. (1977). Interaction between encoding and retrieval operations in cued recall. *Journal of Experimental Psychology: Human Learning and Memory, 3*(6), 701–711. https://doi.org/10.1037/0278-7393.3.6.701

Goldberg, S. B., Rousmaniere, T., Miller, S. D., Whipple, J., Nielsen, S. L., Hoyt, W. T., & Wampold, B. E. (2016). Do psychotherapists improve with time and experience? A longitudinal analysis of outcomes in a clinical setting. *Journal of Counseling Psychology, 63*(1), 1–11. https://doi.org/10.1037/cou0000131

Goodyear, R. K. (2015). Using accountability mechanisms more intentionally: A framework and its implications for training professional psychologists. *American Psychologist, 70*(8), 736–743. https://doi.org/10.1037/a0039828

Goodyear, R. K., & Nelson, M. L. (1997). The major formats of psychotherapy supervision. In C. E. Watkins, Jr., (Ed.), *Handbook of psychotherapy supervision* (pp. 328–344). John Wiley & Sons.

Granello, D. H., Kindsvatter, A., Granello, P. F., Underfer-Babalis, J., & Hartwig Moorhead, H. J. (2008). Multiple perspectives in supervision: Using a peer consultation model to enhance supervisor development. *Counselor Education and Supervision, 48*(1), 32–47. https://doi.org/10.1002/j.1556-6978.2008.tb00060.x

Haggerty, G., & Hilsenroth, M. J. (2011). The use of video in psychotherapy supervision. *British Journal of Psychotherapy, 27*(2), 193–210. https://doi.org/10.1111/j.1752-0118.2011.01232.x

Hargrave, T. D., & Pfitzer, F. (2011). *Restoration therapy: Understanding and guiding healing in marriage and family therapy*. Routledge. https://doi.org/10.4324/9780203817247

Hatcher, R. L. (2015). Interpersonal competencies: Responsiveness, technique, and training in psychotherapy. *American Psychologist, 70*(8), 747–757. https://doi.org/10.1037/a0039803

Henry, W. P., Strupp, H. H., Butler, S. F., Schacht, T. E., & Binder, J. L. (1993). Effects of training in time-limited dynamic psychotherapy: Changes in therapist behavior. *Journal of Consulting and Clinical Psychology, 61*(3), 434–440. https://doi.org/10.1037/0022-006X.61.3.434

Hill, C. E., Kivlighan, D. M., III, Rousmaniere, T., Kivlighan, D. M., Jr., Gerstenblith, J. A., & Hillman, J. W. (2020). Deliberate practice for the skill of immediacy: A multiple case study of doctoral student therapists and clients. *Psychotherapy: Theory, Research, & Practice, 57*(4), 587–597. https://doi.org/10.1037/pst0000247

Hill, C. E., & Knox, S. (2013). Training and supervision in psychotherapy: Evidence for effective practice. In M. J. Lambert (Ed.), *Handbook of psychotherapy and behavior change* (6th ed., pp. 775–811). John Wiley & Sons.

Johnson, S. M., & Salvetti, A. M. (2019). *The practice of emotionally focused therapy: Creating connection* (3rd ed.). Routledge. https://doi.org/10.4324/9781351168366

Koziol, L. F., & Budding, D. E. (2012). Procedural learning. In N. M. Seel (Ed.), *Encyclopedia of the sciences of learning* (pp. 2694–2696). Springer. https://doi.org/10.1007/978-1-4419-1428-6_670

Lambert, M. J. (1992). Implications of outcome research for psychotherapy integration. In J. C. Norcross & M. R. Goldstein (Eds.), *Handbook of psychotherapy integration* (pp. 94–129). Basic Books.

Lambert, M. J. (2010). Yes, it is time for clinicians to monitor treatment outcome. In B. L. Duncan, S. C. Miller, B. E. Wampold, & M. A. Hubble (Eds.), *Heart and soul of change: Delivering what works in therapy* (2nd ed., pp. 239–266). American Psychological Association. https://doi.org/10.1037/12075-008

Markman, K. D., & Tetlock, P. E. (2000). Accountability and close-call counterfactuals: The loser who nearly won and the winner who nearly lost. *Personality and Social Psychology Bulletin, 26*(10), 1213–1224. https://doi.org/10.1177/0146167200262004

McGaghie, W. C., Issenberg, S. B., Barsuk, J. H., & Wayne, D. B. (2014). A critical review of simulation-based mastery learning with translational outcomes. *Medical Education, 48*(4), 375–385. https://doi.org/10.1111/medu.12391

McGoldrick, M., & Carter, B. (2001). Advances in coaching: Family therapy with one person. *Journal of Marital and Family Therapy, 27*(3), 281–300. https://doi.org/10.1111/j.1752-0606.2001.tb00325.x

McLeod, J. (2017). Qualitative methods for routine outcome measurement. In T. G. Rousmaniere, R. Goodyear, D. D. Miller, & B. E. Wampold (Eds.), *The cycle of excellence: Using deliberate practice to improve supervision and training* (pp. 99–122). John Wiley & Sons. https://doi.org/10.1002/9781119165590.ch5

Minuchin, S. (1974). *Families and family therapy.* Harvard University Press.

Minuchin, S., & Fishman, C. (1981). *Family therapy techniques.* Harvard University Press.

Mock, M. R. (2008). Visioning social justice: Narrative of diversity, social location, and personal compassion. In M. McGoldrick & K. V. Hardy (Eds.), *Re-visioning family therapy* (pp. 425–441). Guilford Press.

Nichols, M. P., & Fellenberg, S. (2000). The effective use of enactments in family therapy: A discovery-oriented process study. *Journal of Marital and Family Therapy, 26*(2), 143–152. https://doi.org/10.1111/j.1752-0606.2000.tb00285.x

Norcross, J. C., & Guy, J. D. (2005). The prevalence and parameters of personal therapy in the United States. In J. D. Geller, J. C. Norcross, & D. E. Orlinsky (Eds.), *The psychotherapist's own psychotherapy: Patient and clinician perspectives* (pp. 165–176). Oxford University Press.

Norcross, J. C., Lambert, M. J., & Wampold, B. E. (2019). *Psychotherapy relationships that work* (3rd ed.). Oxford University Press.

Orlinsky, D. E., & Ronnestad, M. H. (2005). *How psychotherapists develop.* American Psychological Association.

Owen, J. (2013). Early career perspectives on psychotherapy research and practice: Psychotherapist effects, multicultural orientation, and couple interventions. *Psychotherapy: Theory, Research, & Practice, 50*(4), 496–502. https://doi.org/10.1037/a0034617

Owen, J., & Hilsenroth, M. J. (2014). Treatment adherence: The importance of therapist flexibility in relation to therapy outcomes. *Journal of Counseling Psychology, 61*(2), 280–288. https://doi.org/10.1037/a0035753

Owen, J., Tao, K. W., Drinane, J. M., Hook, J., Davis, D. E., & Kune, N. F. (2016). Client perceptions of therapists' multicultural orientation: Cultural (missed) opportunities and cultural humility. *Professional Psychology: Research and Practice, 47*(1), 30–37. https://doi.org/10.1037/pro0000046

Owen, J. J., Tao, K., Leach, M. M., & Rodolfa, E. (2011). Clients' perceptions of their psychotherapists' multicultural orientation. *Psychotherapy: Theory, Research, & Practice, 48*(3), 274–282. https://doi.org/10.1037/a0022065

Patterson, J., Williams, L., Edwards, T. M., Chamow, L., & Grauf-Grounds, C.

(2018). *Essential skills in family therapy: From the first interview to termination.* Guilford Press.

PettyJohn, M. E., Tseng, C. F., & Blow, A. J. (2020). Therapeutic utility of discussing therapist/client intersectionality in treatment: When and how? *Family Process, 59*(2), 313–327. https://doi.org/10.1111/famp.12471

Rait, D. S. (2000). The therapeutic alliance in couples and family therapy. *Journal of Clinical Psychology, 56*(2), 211–224. https://doi.org/10.1002/(SICI)1097-4679(200002)56:2<211::AID-JCLP7>3.0.CO;2-H

Rousmaniere, T. G. (2016). *Deliberate practice for psychotherapists: A guide to improving clinical effectiveness.* Routledge. https://doi.org/10.4324/9781315472256

Rousmaniere, T. G. (2019). *Mastering the inner skills of psychotherapy: A deliberate practice handbook.* Gold Lantern Press.

Rousmaniere, T. G., Goodyear, R., Miller, S. D., & Wampold, B. E. (Eds.). (2017). *The cycle of excellence: Using deliberate practice to improve supervision and training.* Wiley-Blackwell. https://doi.org/10.1002/9781119165590

Seedall, R. B., & Butler, M. H. (2006). The effect of proxy voice intervention on couple softening in the context of enactments. *Journal of Marital and Family Therapy, 32*(4), 421–437. https://doi.org/10.1111/j.1752-0606.2006.tb01618.x

Sexton, T. L., & Alexander, J. F. (2003). Functional family therapy: A mature clinical model for working with at-risk adolescents and their families. In T. L. Sexton, G. R. Weeks, & M. S. Robbins (Eds.), *Handbook of family therapy: The science and practice of working with families and couples* (pp. 323–348). Brunner-Routledge.

Smith, S. M. (1979). Remembering in and out of context. *Journal of Experimental Psychology: Human Learning and Memory, 5*(5), 460–471. https://doi.org/10.1037/0278-7393.5.5.460

Squire, L. R. (2004). Memory systems of the brain: A brief history and current perspective. *Neurobiology of Learning and Memory, 82*(3), 171–177. https://doi.org/10.1016/j.nlm.2004.06.005

Stiles, W. B., Honos-Webb, L., & Surko, M. (1998). Responsiveness in psychotherapy. *Clinical Psychology: Science and Practice, 5*(4), 439–458. https://doi.org/10.1111/j.1468-2850.1998.tb00166.x

Stiles, W. B., & Horvath, A. O. (2017). Appropriate responsiveness as a contribution to therapist effects. In L. G. Castonguay & C. E. Hill (Eds.),

How and why are some therapists better than others? Understanding therapist effects (pp. 71–84). American Psychological Association. https://doi.org/10.1037/0000034-005

Stith, S. M., McCollum, E. E., & Rosen, K. H. (2011). *Couples therapy for domestic violence: Finding safe solutions.* American Psychological Association. https://doi.org/10.1037/12329-000

Sue, D. W., & Sue, D. (2015). *Counseling the culturally diverse: Theory and practice* (7th ed.). Wiley and Sons.

Szapocznik, J., & Hervis, O. E. (2020). *Brief strategic family therapy.* American Psychological Association. https://doi.org/10.1037/0000169-000

Taylor, J. M., & Neimeyer, G. J. (2017). The ongoing evolution of continuing education: Past, present, and future. In T. G. Rousmaniere, R. Goodyear, S. D. Miller, & B. Wampold (Eds.), *The cycle of excellence: Using deliberate practice to improve supervision and training* (pp. 219–248). John Wiley & Sons. https://doi.org/10.1002/9781119165590.ch11

Tilley, D., & Palmer, G. (2013). Enactments in emotionally focused couple therapy: Shaping moments of contact and change. *Journal of Marital and Family Therapy, 39*(3), 299–313. https://doi.org/10.1111/j.1752-0606.2012.00305.x

Tomm, K. (1988). Interventive interviewing: Part III. Intending to ask lineal, circular, strategic, or reflexive questions? *Family Process, 27*(1), 1–15. https://doi.org/10.1111/j.1545-5300.1988.00001.x

Tracey, T. J. G., Wampold, B. E., Goodyear, R. K., & Lichtenberg, J. W. (2015). Improving expertise in psychotherapy. *Psychotherapy Bulletin, 50*(1), 7–13.

Wampler, K. S., Blow, A. J., McWey, L. M., Miller, R. B., & Wampler, R. S. (2019). The profession of couple, marital, and family therapy (CMFT): Defining ourselves and moving forward. *Journal of Marital and Family Therapy, 45*(1), 5–18. https://doi.org/10.1111/jmft.12294

Wampold, B. E., & Imel, Z. E. (2015). *The great psychotherapy debate: The evidence for what makes psychotherapy work.* Routledge. https://doi.org/10.4324/9780203582015

Wass, R., & Golding, C. (2014). Sharpening a tool for teaching: The zone of proximal development. *Teaching in Higher Education, 19*(6), 671–684. https://doi.org/10.1080/13562517.2014.901958

Zaretskii, V. K. (2009). The zone of proximal development: What Vygotsky did not have time to write. *Journal of Russian & East European Psychology, 47*(6), 70–93. https://doi.org/10.2753/RPO1061-0405470604

찾아보기

(ㅈ)

저자 소개

에이드리언 블로우 Adrian J. Blow, PhD는 미시간주립대학교(MSU)의 커플가족치료 개입 연구자이자 교육자이다. 그는 인간발달·가족학과 교수이자 학과장이며, 커플가족치료 프로그램의 핵심적인 교수이다. 그는 고 더그 스프렝클Doug Sprenkle이 주요 멘토로 있었던 퍼듀대학교에서 1999년에 박사학위를 취득했다. 퍼듀대학교를 졸업한 이후, 그는 6년 동안 세인트루이스대학교에서 교수로 일했다. 이후 블로우 박사는 2005년에 MSU에 합류했다. 그의 연구는 가족과 트라우마, 군인 가족, 체계론적 가족치료에 관한 개입에서의 변화과정에 초점을 두고 있다. 그는 주요연구자principle investigator로서 2백만 불 이상의 연구기금을 받았으며, 수많은 동료검토 출판물과 책의 장들을 출간했다. 그는 커플과의 임상 작업에 초점을 둔 『체계론적 가족치료 핸드북The Handbook of Systemic Family Therapy(제3권)』의 공동편집자였다. 그는 많은 학생의 멘토였고, 가족치료 교육에서의 우수성을 인정받아, 2017년 미국부부가족치료학회(AAMFT) 훈련상을 수상했다. 블로우 박사는 많은 능력으로 체계론적 가족치료 분야에서 일해 왔으며, 2012년부터 2014년까지 AAMFT 총무이사, 2016년부터 2019년까지 재무이사를 역임했다.

라이언 시달 Ryan B. Seedall, LMFT은 면허받은 결혼가족치료자이며, 유타주립대학교(USU) 인간발달·가족학과 부교수이다. 그는 USU 결혼가족치료 프로그램의 부학과장이다. 시달 박사는 예방과 개입 노력뿐만 아니라 (커플과 치료적) 관계 과정을 이해하고 향상하는 것과 관련된 주제로 거의 40편의 동료검토 논문들과 7권의 책의 장들을 출판했다. 또한, 그는 체계론적 가족치료의 전문직에 초점을 둔 『체계론적 가족치료 핸드북(제1권)』의 공동편집자였다.

데브라 밀러 Debra L. Miller, MSW는 면허받은 사회복지사이며, 미시간주, 동부 랜싱에 있는 미시간주립대학교의 임상연구자이다. 그녀는 그 대학의 커플가족치료 임상훈련 프로그램의 학과장으로 일하고 있다. 그녀의 연구는 특히 처치에 대한 근거기반 접근을 배우는 것과 관련해서, 체계론적 가족치료자에게 기술 발달을 지원하는 것에 집중되어 있다. 2012년 이래로, 그녀는 미국 전역에 단기전략적 가족치료 모델로 훈련을 제공하면서, 마이애미 가족치료훈련연구소의 교수로 일해 왔다.

토니 루스마니에르 Tony Rousmaniere, PsyD는 캘리포니아주 로스앤젤레스에 있는 센티오대학교의 공동설립자이자 프로그램 학과장이다. 그는 세계를 돌며 임상가들에게 워크숍, 웨비나와 고급 임상 훈련과 슈퍼비전을 제공한다. 루스마니에르 박사는 의도적 연습과 심리치료 훈련에 관한 6권의 책과 2개의 임상훈련 도서 시리즈인 『필수 의도적 연습The Essentials of Deliberate Practice』(미국심리학회[APA] 출판도서)과 『고급 치료적, 임상적, 대인적 기술Advanced Therapeutics, Clinical and Interpersonal Skills』(엘스비어출판사)의 저자이면서 공동편집자이다. 2017년에, 그는 「월간 애

틀랜틱The Atlantic Monthly』에 "당신의 치료자가 모르는 것"이라는 폭넓게 인용되는 논문을 발표하였다. 루스마니에르 박사는 데이터 개방 운동을 지지하며, 모아놓은 임상 성과 데이터를 그의 웹싸이트인 http://www.drtonyr.com에 발표한다. 미국심리학회의 회원인 그는 심리치료향상분과학회(APA 29분과)가 수여하는 조기경력상을 수상하였다.

알렉상드르 바즈 Alexandre Vaz, PhD는 캘리포니아주 로스앤젤레스에 있는 센티오대학교의 공동설립자이자 최고 학사 책임자이다. 그는 세계를 돌며 임상가들에게 의도적 연습 워크숍과 고급 임상훈련 및 슈퍼비전을 제공하고 있다. 바즈 박사는 의도적 연습과 심리치료 훈련에 관한 4권의 책과 2개의 임상훈련 도서 시리즈인 『필수 의도적 연습』(미국심리학회[APA] 출판도서)과 『고급 치료적, 임상적, 대인적 기술』(엘스비어출판사)의 저자이면서 공동편집자이다. 그는 심리치료통합탐색분과학회와 심리치료연구분과학회에서 다중적인 위원 역할을 수행해왔다. 바즈 박사는 저명한 심리치료자들, 치료 연구자들과의 인터뷰 시리즈로 호평을 받는 "심리치료 전문가 대담Psychotherapy Expert Talks"의 창설자이자 진행자이다.

옮긴이 소개

최연실

서울대학교 학사, 석사, 박사
현 상명대학교 가족복지학과 교수
한국가족치료학회 슈퍼바이저
한국상담학회 부부가족상담분과학회 슈퍼바이저
한국가족관계학회 가족상담 슈퍼바이저
전 한국가족관계학회 회장
전 가정과삶의질학회 회장
전 한국가족치료학회 회장

본 연구는 2025년 상명대학교 교내연구비를 지원받아 수행하였음. (2025-A000-0176)

의도적 연습으로 익히는

가족치료 기술

초판발행 2025년 8월 25일 **1판 1쇄 인쇄** | 2025년 8월 31일 **1판 1쇄 발행**

지은이 Adrian J. Blow, Ryan B. Seedall, Debra L. Miller, Tony Rousmaniere, Alexandre Vaz
옮긴이 최연실
펴낸이 최용구 | **펴낸곳** 도서출판 **신정**
주소 (04316) 서울시 용산구 원효로 89길 19 (원효로1가)
전화 02)3211-4782, 0266(영업부), 3211-4783(편집부), 3211-4784(팩스)
이메일 shinjeong72@naver.com | **홈페이지** www.sjbook.co.kr
등록 2001년 5월 11일 제13-702호
기획마케팅 최용구 장만동 최충구 송대용 | **책임편집** 석기은 황가연

ISBN 978-89-5912-942-3 93590
정가 21,000원